二十五史藝文經籍志考補萃編續刊

第十四卷

明史藝文志

王承略 劉心明 主編

[清]黄虞稷 編
張雲 整理

清華大學出版社
北京

版權所有,侵權必究。舉報:010-62782989,beiqinquan@tup.tsinghua.edu.cn。

圖書在版編目(CIP)數據

二十五史藝文經籍志考補萃編續刊.第十四卷/王承略,劉心明主編.—北京:清華大學出版社,2020.10
ISBN 978-7-302-56373-0

Ⅰ.①二… Ⅱ.①王… ②劉… Ⅲ.①中國歷史-古代史-紀傳體 ②二十五史-研究 Ⅳ.①K204.1

中國版本圖書館 CIP 數據核字(2020)第 167005 號

責任編輯:馬慶洲
封面設計:曲曉華
責任校對:劉玉霞
責任印製:叢懷宇

出版發行:清華大學出版社
   網 址:http://www.tup.com.cn,http://www.wqbook.com
   地 址:北京清華大學學研大厦 A 座 郵 編:100084
   社 總 機:010-62770175   郵 購:010-62786544
   投稿與讀者服務:010-62776969,c-service@tup.tsinghua.edu.cn
   質量反饋:010-62772015,zhiliang@tup.tsinghua.edu.cn
印 裝 者:三河市金元印裝有限公司
經 銷:全國新華書店
開 本:148mm×210mm 印 張:12.25 字 數:273 千字
版 次:2020 年 10 月第 1 版   印 次:2020 年 10 月第 1 次印刷
定 價:69.00 元

產品編號:087599-01

《二十五史藝文經籍志考補萃編續刊》編纂委員會

學術顧問：張高評
主　　編：王承略　劉心明
副 主 編：馬慶洲　李　兵
特約作者：劉兆祐　顧力仁　劉　琳　聶鴻音　張固也
點校整理：辛知慧　李學玲　張　雲　杜志勇　于少飛
　　　　　　楊勝男　由墨林　張　偉　陳福盛　解樹明
　　　　　　邱琬淳
校　　對：王成厚　李　博　王　瑞　王志遠　肖鴻哉
　　　　　　楊潤東　靳亞萍　馬慶輝　李古月　王銀萍
　　　　　　張孜烜　盧姝宇

目　　録

明史藝文志 ································· 1

整理説明 ···································· 3
史部 ··· 5
　國史類 ···································· 5
　正史類 ···································· 9
　通史類 ··································· 12
　編年類 ··································· 13
　雜史類 ··································· 20
　霸史類 ··································· 40
　史學類 ··································· 41
　史抄類 ··································· 46
　職官類 ··································· 49
　故事類 ··································· 57
　時令類 ··································· 68
　食貨類 ··································· 69
　儀注類 ··································· 76
　政刑類 ··································· 82
　傳記類 ··································· 89
　地里類 ·································· 111
　譜牒類 ·································· 146

簿録類 ………………………………………… 151
子部 ………………………………………………… **155**
　　　儒家類 ………………………………………… 155
　　　雜家類 ………………………………………… 179
　　　農家類 ………………………………………… 187
　　　小説家類 ……………………………………… 190
　　　兵家類 ………………………………………… 209
　　　天文類 ………………………………………… 217
　　　曆數類 ………………………………………… 220
　　　五行類 ………………………………………… 223
　　　醫家類 ………………………………………… 234
　　　藝術類 ………………………………………… 254
　　　類書類 ………………………………………… 258
　　　道家類 ………………………………………… 267
　　　釋家類 ………………………………………… 276
集部 ………………………………………………… **287**
　　　制誥類 ………………………………………… 287
　　　表奏類 ………………………………………… 289
　　　騷賦類 ………………………………………… 310
　　　別集類 ………………………………………… 314

明史藝文志

〔清〕黃虞稷 編
張 雲 整理

底本：日本京都大學圖書館藏抄本

整理説明

此抄本《明史藝文志》,現藏于日本京都大學圖書館。書中並未有編者的信息。據日本學者及筆者的考證,可以判定此即爲在我國失傳已久清初學者黃虞稷所編的《明史藝文志稿》。

黃氏初爲《千頃堂書目》,清康熙二十年(1681),徵入史館與修明史,在《千頃堂書目》基礎上,完成了《志稿》。之後,熊賜履主持删定的四百一十六卷本《明史》中《明史藝文志》(抄本《明史》卷第133—137,現藏于國家圖書館,《續修四庫全書》第326册,整理本收入《二十五史藝文經籍志考補萃編》第24册),便是依據黃氏《志稿》,略加删改而成。

京大所藏黃氏《志稿》上的批注,與熊《志》相關者,主要有兩種,一是朱筆批注,多爲條目的調整;一是墨筆圈改,主要在集部的表奏類、别集類的一些條目上,這些改動之處,有些熊《志》已入正文。

京大藏本現存僅有史部、子部、集部的前半部,首尾都已缺失,很多重要的信息没法得見。但存留下來的部分,已彌足珍貴,爲我們考察《明史藝文志》編纂初期的形態,提供了最直接的材料。

我們知道,清初學者盧文弨曾以《明史藝文志稿》校勘《千頃堂書目》,做了詳細的校記。儘管盧氏校本後來不知所終,但幸運的是這些校記被同時的吴騫迻録在了杭世駿舊藏《千頃堂書目》上。長期以來,學者多依據這些校記來論證相關問題。那我們可不可以依據盧氏校記對缺失的《志稿》經部等部分進行還原?筆者進行了嘗試,再核以京大所藏《明史藝文志》,發現根據盧氏校記還原的文本,並不能完全與《志稿》原文對應。比較明顯的現象是,如果《千頃堂書目》中的條目有完整的注文,而《志稿》没有,盧氏往往並未指出。還原的關鍵在於求真求原,這樣顯然是不符合的。因此,儘管盧氏校記十分詳盡,但還是不能僅僅依此進行文本還原的工作。

此次整理,盡量將文中批注的內容,以校勘記的形式顯示,並指明在熊《志》中的情況,藉此可明見二書沿襲的脈絡。

史　　部

史之類十有八：一曰國史類，朝廷敕編當代史。二曰正史類，三曰通史類，通輯列代之史。四曰編年類，五曰雜史類，六曰霸史類，七曰史學類，八曰史抄類，①九曰故事類，十曰職官類，十一曰時令類，十二曰食貨類，十三曰儀注類，十四曰政刑類，十五曰傳記類，十六曰地理類，十七曰譜牒類，十八曰簿錄類。

國史類

太祖高皇帝實錄二百五十七卷　先是建文元年五月敕修《太祖實錄》，命禮部侍郎董倫、王景等纂修，三年十二月書成。靖難後，成祖命重修，以李景隆、茹瑺爲監修，解縉爲總裁。永樂元年六月，書成進呈。至九年，帝以景隆、瑺心術不正，又成于急促，未極精詳，乃命胡廣、胡儼、黄淮、楊榮爲總裁，楊士奇、金幼孜爲纂修官，而命姚廣孝、夏原吉爲監修。十六年五月，書成進呈。始于元至正辛卯，終于洪武三十一年戊寅。

太宗文皇帝實錄一百三十卷　洪熙元年五月癸酉，命行在禮部翰林院修《太宗實錄》，以太師英國公張輔、少師吏部尚書蹇義、少保兼太子少傅户部尚書夏原吉爲監修官，少傅兵部尚書兼華蓋殿大學士楊士奇、少保户部尚書兼武英殿大學士黄淮、太子少傅工部尚書兼謹身殿大學士楊榮、太子少保禮部尚書兼武英殿大學士金幼孜、太常寺卿兼翰林院學士楊溥爲總裁官，至宣德五年正月書成。

仁宗昭皇帝實錄十卷　洪熙元年閏七月，命纂修，總裁即修《太宗實錄》諸人，惟監修增太子太保成山侯王通，至宣德五年正月書成。②

宣宗章皇帝實錄一百十五卷　宣德十年七月丙子，命大學士楊士奇、楊榮、

---

① 旁有墨批："下有職官類，須第八，今誤十，須釘轉。"
② "正月"，《千頃堂書目》卷四作"五月"。（案：《千頃堂書目》采用的本子爲吴騫藏抄本，收入《原北平國立圖書館甲庫善本叢書》，第 458—459 册，國家圖書館出版社，2013 年）

礼部尚書兼翰林院學士楊溥爲總裁,以少詹事王英、王直副之,至正統三年四月乙丑書成進呈,士奇等各進一官,以他官纂修者,俱改翰林院官。

英宗睿皇帝實錄三百六十一卷
天順八年□月,①憲宗即位,敕修《英宗實錄》,以太□會昌侯孫繼宗爲監修,②禮部尚書兼翰林院學士陳文、兵部尚書兼翰林院學士彭時等爲纂裁,太常寺少卿兼翰林院侍讀學士劉定之、吴節副之,與纂修官柯潛等同纂修,成化三年八月書成進御。起宣德十年正月,迄天順八年正月,首尾三十年,附景泰帝事實于中,稱廢帝郕戾王,附錄凡八十七卷。

憲宗純皇帝實錄二百九十三卷
弘治元年閏正月敕修,以英國公張懋爲監修,大學士劉吉、徐溥、學士劉健爲總裁,禮部尚書丘濬、少詹事汪諧爲副總裁,少卿兼侍讀傅瀚等纂修。弘治四年八月,書成進御。

孝宗敬皇帝實錄二百二十四卷
正德元年十二月敕修,命少師劉健、李東陽、少傅謝遷總裁,吏部侍郎張元禎、詹事楊廷和、學士劉忠副之。未幾健、遷去位,再命少傅焦芳、王鏊、少保廷和同東陽總裁,而以尚書梁儲爲副,至四年五月書成。時焦芳秉筆,褒貶任情,正人皆肆詆誣。嘉靖二年,御史盧瓊請改正,不允。

武宗毅皇帝實錄一百九十七卷
正德十六年六月敕修,先命楊廷和、蔣冕、毛紀、費宏爲總裁。其後廷和、冕、紀去位,申命宏與楊一清、石珤、賈詠、毛澄、羅欽順爲正副總裁,復增以侍郎吴一鵬,至嘉靖四年六月書成。

世宗肅皇帝實錄五百六十六卷
隆慶元年五月,命徐階等總裁。纂修未及成,神宗登極,再命張居正、吕調陽、張四維爲總裁,馬自强、萬鏜、申時行、王錫爵副之。五年八月,書成進御。

穆宗莊皇帝實錄七十卷
隆慶六年十月敕修,總裁張居正、吕調陽,副總裁王希烈、丁士美、汪鏜、申時行、王錫爵,纂修官范應期等二十四人,二年七月書成。

神宗顯皇帝實錄五百九十四卷
天啓□年敕修,監修國公張惟賢,總裁大學士顧秉謙、丁紹軾、黄立極、馮銓,副總裁尚書孟時芳、侍郎黄儒炳、③李思誠、駱從

---

① □,正文中原爲空白,以此代之,下同。空格處,熊《志》作"八"。1974年中華書局點校本《明史》卷十三"憲宗"本紀:"天順八年正月,英宗崩,乙亥即皇帝位。"

② 空格處,熊《志》作"保"。

③ "炳",原誤作"柄",《千頃堂書目》卷四作"炳",《續修四庫全書》第674册據1934年商務印書館影印清道光二年刻本《(道光)廣東通志》卷二百八十二"黄儒炳"條言:"黄儒炳字士明,順德人,……登萬曆癸卯鄉薦,甲辰進士,改庶吉士,授編修,……纂修《神宗》《光宗實錄》副總裁。"據改。

宇、施鳳來、丘士毅、李康先、錢龍錫、韓日纘等共九人。

光宗貞皇帝實録八卷 總裁大學士葉向高等修，天啓三年七月進呈，熹宗御製序。後逆奄柄國政，①給事中黃承昊題請改修，於是霍維華等大肆塗抹，未及上而熹宗崩，至崇禎元年二月始進呈。閣臣施鳳來請焚向高先所修本，司禮監太監王體乾以前所修亦係奉旨事理，②國朝無焚實録之例，請并貯皇史宬中。其後詞臣文震孟、許士柔皆疏請改修，震孟請刊定改録所筆，士柔則抉摘録所削帝紀、皇子女誕生事，俱奉不必煩議之旨，然原本卒以不焚得并行云。

熹宗悊皇帝實録八十七卷 崇禎□年編，監修成國公朱純臣，總裁大學士溫體仁、張至發、孔貞運、賀逢聖、黃士俊，副總裁禮部尚書姜逢元，左侍郎劉宇亮、右侍郎掌翰林院事兼詹事府事傅冠，久未成編。九年十月，禮科給事中馮元飇疏請速竣，至□年□月始成，今缺四年□月及七年□月。

獻皇帝實録五十卷 嘉靖四年□月，③大學士費宏疏言獻皇帝享國長久，嘉言懿行，舊邸承奉長史等官必有成書，宜遣官取付史館，并促張元懇速進長史張景明原撰日録。詔可之。

大明日曆一百卷 洪武中，翰林學士承旨兼吏部尚書詹同等編帝起兵渡江以來，征討平定之績、禮樂治道之詳，爲此書，始于洪武六年九月，迄七年五月，書成。同與侍講學士宋濂等上進，命藏之金匱，留其副于秘書監。

大明寶訓五卷 《日曆》既成，宋濂等又言于上曰："《日曆》藏之天府，人欲見不可得，臣請如《貞觀政要》，分類更輯聖政，爲書以傳天下後世。"帝從之。于是分爲四十類，自敬天至制蠻裔，總四萬五千五百餘言。自是而後，凡有聖政，史官日記録之，隨類增焉。

皇明寶訓十五卷 亦紀太祖一代事，蓋因濂書而增廣之。

太宗皇帝寶訓十五卷

仁宗皇帝寶訓六卷

宣宗皇帝寶訓十二卷

英宗皇帝寶訓十二卷

憲宗皇帝寶訓十卷

---

① "政"字原脱，據《千頃堂書目》卷四補。
② "理"字原脱，據《千頃堂書目》卷四補。
③ 空格處，《千頃堂書目》卷四作"三"。

孝宗皇帝寶訓十卷

武宗皇帝寶訓十卷

世宗皇帝寶訓二十四卷

穆宗皇帝寶訓八卷

神宗皇帝寶訓□卷

光宗皇帝寶訓四卷

獻皇帝寶訓十卷　以上俱與實錄同時修。

洪武聖政記二卷　翰林院侍講學士兼太子賓客宋濂編,凡七類。

永樂聖政記三卷　起洪武三年封國,至永樂元年政典。

仁宗聖政記二卷

永樂年表四卷

洪熙年表二卷

宣德年表四卷

萬曆起居注二十卷

明倫大典二十四卷　嘉靖六年正月敕修,以大學士費宏、楊一清、石珤、賈詠及禮部尚書席書爲總裁,兵部右侍郎張璁、詹事桂萼副之。十一月,改命謝遷、張璁、翟鑾,而以萼及方獻夫爲之副。明年七月,書成。惟一清、璁、鑾、萼、獻夫列名,餘皆去位,其纂修官則熊浹、霍韜、黃綰、席春、孫承恩、廖道南、王用賓、張治八人。始名《大禮全書》,後更定曰《明倫大典》。上自製序,①仍命一清等五人序于後。

三朝要典二十四卷　天啓五年□月,禮科給事中楊所修。請編纂梃擊、紅丸、移宮三案事,成書如《明倫大典》例。六年正月開館,以閣臣顧秉謙、黃立極、馮銓爲總裁,侍郎施鳳來、楊景辰、詹事孟紹虞、曾楚卿爲副總裁,徐紹吉、謝啓光、余煌、朱繼祚、張翀、華琪芳、吳孔嘉、吳士元、楊世芳爲纂修,六月書成。閣臣請其名曰《傳信鴻編》,曰《三大政紀》,中旨定今名。崇禎元年五月,編修倪元璐亟言其當毀,詔從之。福王南渡,通政使楊維垣疏請重刊,會金陵失守,不果。

皇明寶訓一百二十二卷　自洪武至隆慶凡十朝,萬曆初,大學士呂本彙刊。

一作三十九卷。

---

① "上",熊《志》作"帝"。

內直日記二十一册

補遼

遼耶律儼　皇朝實録七十卷　遼知樞密院事。①
蕭韓家奴　耶律庶成同撰　遥輦可汗至重熙以來事迹二十卷
室昉　統和實録二十卷

補金

始祖以下十帝實録三卷　金源郡王完顔勯撰。
楊廷秀　四朝聖訓　章宗承安二年類編太祖、太宗、世宗、熙宗聖訓。

補元

王惲　世祖聖訓六卷
元朝秘史十二卷　《秘史》十卷,《續》二卷,共十二卷,前卷載沙漠之事,續卷紀滅金之事,蓋其國人所紀録也。②　其紀年稱鼠兒、羊兒等,不以干支。
經世大典八百八十卷　目録十二卷　公牘一卷　纂修通議一卷　天曆二年命趙世延、虞集等修。
歐陽玄等修　太平經國二百十二卷

正史類

宋濂等修　元史二百十二卷　洪武二年二月丙寅朔,詔修《元史》,上謂廷臣曰:"近克元都,得元十三朝實録,元雖亡國,事當紀載,況史記成敗示勸懲,不可廢也。"乃詔中書左丞相宣國公李善長爲監修,前起居注宋濂、漳州府通判王禕爲總裁,徵山林遺逸之士汪克寬、胡翰、宋禧、陶凱、陳基、趙壎、曾魯、高啓、趙汸、張文海、徐尊生、黃篪、傅恕、王錡、傅著、謝徽十六人同爲纂修,開局天界寺,取元《經世大典》諸書以資參考,至八月癸酉書成。善長表進,凡爲紀三十七卷,志五十二卷,表六卷,傳

---

① 兩"遼"字,朱筆圈去。
② "共十二卷""蓋其國人所紀録也"諸字,朱筆劃去。

六十三卷，通一百六十九卷。至三年二月乙丑，儒士歐陽和等采摭元統以後事實還朝，仍命濂、禕爲總裁，趙壎、朱右、貝瓊、朱世廉、王廉、王彝、張孟兼、高巽志、李懋、李汶、張宣、張簡、杜寅、殷弼、俞同十五人續纂修，七月丁亥朔書成。計五十有三卷，紀十，志五，表二，①傳三十六，凡前書未備者，悉補完之，通二百一十二卷。翰林學士表進，詔刊行之。人賜白金二十兩，文綺、帛各二，授儒士張宣等官，惟趙壎、朱右、朱世廉乞還，從之。

劉應秋等　皇明七朝帝紀四十卷

陳懿典　正史七太子傳一卷

楊繼禮　后妃傳一卷　又　外戚傳一卷　以上俱萬曆二十六年大學士陳于陛題請編纂。

鄭曉　吾學編六十九卷　《大政紀》十卷，《遜國記》一卷，《同姓諸王表》二卷，《傳》三卷，《異姓諸侯表》一卷，《傳》二卷，《直文淵閣諸臣表》一卷，《兩京典銓表》一卷，《名臣記》三十卷，《遜國臣記》八卷，《天文述》一卷，《地理述》二卷，《三禮述》二卷，《百官述》二卷，《四裔考》二卷，《北虜考》一卷。

鄧元錫　皇明書四十五卷　輯洪武至嘉靖十一朝君臣事迹。

陳翼飛　史待五十卷　字小翮，漳州人。萬曆庚戌進士，宜興知縣。

何喬遠　名山藏一百八卷　分三十七類，曰典謨記，曰坤則記，曰開聖記，曰繼體記，曰分藩記，曰勳封記，曰天因記，曰天畷記，曰輿地記，未全。曰典禮記，曰樂舞記，皆缺。曰刑法記，曰河漕記，曰漕運記，曰錢法記，曰兵制記，曰馬政記，曰茶馬記，曰鹽法記，曰臣林記，曰臣林外記，曰關柝記，曰儒林記，曰文苑記，曰俘賢記，曰宦者記，曰列女記，曰臣林雜記，曰宦者雜記，曰高道記，曰本士記，曰本行記，曰藝妙記，曰貨殖記，曰方伎記，曰方外記，曰王享記，始于洪武，迄于隆慶。

朱國禎　皇明史概一百二十卷　其目曰大政，曰大訓，曰大因，曰大志，曰大事。大因、大志皆缺列傳。曰開國，曰遜國，曰歷朝，曰類，曰外，亦惟開國、遜國二傳，餘并缺。

尹守衡　皇明史竊一百七卷　字用平，東莞人。舉人，新昌知縣，左遷趙府審理正書。爲帝紀八卷，志六卷，世家十卷，列傳八十三卷。高后紀、百官志、田賦志、河漕志四卷，缺。

吳士奇　皇明副書一百卷　字無奇，歙縣人。萬曆壬辰進士，由寧化知縣擢

---

① "二"，原誤作"三"，《千頃堂書目》卷四作"二"，正合"五十三卷"之數，據改。

南京户部主事,歷官太常寺卿,卒贈工部右侍郎。書爲帝紀十四卷,表四卷,志九卷,列傳七十三卷,起洪武,迄隆慶。

雷叔聞　國史四十卷　始洪武,迄泰昌。叔聞字實先,江陵人。萬曆中舉人,景東府同知。

劉振　識大錄□卷　字自我,宣城人。

廷左平國書□卷　不知爲何人書,不全,僅存帝紀及天官、輿地、曆、禮、樂五書,餘皆缺。有干化滸序,起太祖,迄熹宗,莊、閔帝有錄無書。

柯維騏　宋史新編二百卷　會宋、遼、金三史爲一,以宋爲正統,遼、金列于外國傳。瀛國二王升于帝紀,以存宋統,正亡國諸叛臣之名,以明倫升道學于循吏之前,以重道。釐複補漏,擊異訂訛,閱二十寒暑始成。其後祥符王惟儉、吉水劉同升皆有刪定《宋史》,咸未行世。

謝陛　季漢書六十六卷　正論五篇　問答二十篇　字少連,歙人。

蔣之翹　更定晉書一百三十卷

朱右　元史補遺十二卷

補宋

方岳　重修南北史一百十卷

熊方　後漢書年表十卷　字廣居,豐城人,靖康中鄉舉,澧州參軍,自名其堂曰補史。

補金

蕭永祺　遼紀三十卷　志五卷　傳四十卷　金太常丞。

陳大任　遼史

完顏孛迭　中興事迹　金翰林學士。

蕭貢　史記注一百卷　户部尚書,京兆咸陽人。

蔡珪　南北史志三十卷

補元

脱脱等修　宋史四百九十六卷　遼史一百十六卷　金史一百

三十五卷

郝經　續後漢書一百三十卷　　經使宋被羈於真州時作,用《朱子綱目》義例,以昭烈爲正統,魏吳爲僭僞,凡爲年表一卷、帝紀二卷、列傳七十九卷、錄八卷,共九十卷,別爲一百三十卷,號曰《續後漢書》。

張樞　刊定三國志六十三卷　　樞以陳壽一書没武侯之豐功偉烈,善譙周之賣降覆國,反道害義,莫大於是,因刊而正之。　又　續後漢書七十三卷　　樞既刊定《三國志》,又别撰漢本紀、列傳,以魏吳載紀附之爲《續後漢書》。三國之臣,有能致節於其君者,舊史或諱不書,或書而失實,或僅見於異代之史,皆爲更定。經筵檢討危素言其書於朝,詔藏於宣文閣。

瞻思　金哀宗紀　又　正大諸臣史傳

通史類

唐順之　史纂左編一百四十二卷

穆孔暉　諸史通編

安都　十九史節定一百七十卷　　太康人。憤諸史書法不公,改正爲是書。嘉靖十三年,上于朝,世宗以諸史已有定論,都妄肆贅疣,命燬而譙之。

吳琉　史類六百卷　　字汝秀,號甘泉,嘉興人。

鄧元錫　函史上編九十五卷　函史下編二十卷

魏國顯　史書大全五百十二卷　　帝紀一百七卷,列傳四百五卷。　又　三才考四十六卷

況叔祺①　二史會編十六卷　　合《史》《漢》。

楊寅冬　歷代史彙二百四十卷　　泰和人,楊寅秋弟。

張萱　西園彙史□□卷　彙史義例二卷

饒伸　學海君道部二百三十四卷　　世系一百四十三卷,創業五十卷,中興五卷,繼統二十五卷,餘氛五卷。全書甚多,行世者僅此一類。續成大禮、大祀、征伐

---

①　"況",原誤作"祝",《千頃堂書目》卷四作"況",子部類書類有同作者"考古詞宗二十卷",中華書局2008年影印浙本《四庫全書總目》卷一百三十七著録(案,以下引用,皆據此本),提要言:"明況叔祺編。"據改。

等部,又三百餘卷,未見。

邵經邦　學史會同三百卷　起帝皇三代以迄于隋,依鄭氏《通志》別爲紀傳,而加以論斷。　又　弘簡録二百五十四卷　繼鄭樵《通志》而作,以唐、宋二代爲正統,五代及遼、金爲載記,正前史之踳駁,删其繁蕪,分類十有四,一曰天王,二曰宰輔,三曰功臣,四曰侍從,五曰臺諫,六曰庶官,七曰后主,八曰系屬,九曰儒學、道學,十曰文翰,十一曰旌德,十二曰雜行,十三曰載記,十四曰附載。

鄭郊　史統一百四十六卷

編年類

吳朴　龍飛紀略十卷　又　洪武大記二十卷　字華甫,詔安人。嘉靖中布衣。

蔡于穀　開國事略十卷　莆田人。嘉靖中歲貢,湖廣行都司經歷。在太學時,禮部郎鄭繼之薦其明習理數,請擢用以正司天之謬,不果行。

雷禮　大政記三十六卷

黃光升　昭代典則二十八卷

夏浚　皇明大紀三十六卷　字惟明,玉山人。嘉靖中進士,廣東布政司參議,依《朱子綱目》爲此書。

張元忭　明大政紀

陳建　明通紀四十卷　又　續通紀十卷　隆慶間,給事中李貴利言,建以草莽之臣,越職僭擬,請毁其板,從之。或云,梁儲弟億托名建作。

薛應旂　憲章録四十六卷

沈越　嘉隆聞見紀十二卷　字中甫,南京錦衣衛人。嘉靖壬辰進士,由知縣擢監察御史,忤嚴嵩坐監試事,出判開州,稍遷衛輝府推官、德安府同知,罷歸。

吳瑞登　明繩武編三十四卷　又　兩朝憲章録二十卷　嘉、隆二代。

黃鳳翔　嘉靖大政編年紀一卷　又　嘉靖大政類編二卷

范守己　肅皇外史四十六卷　一名《肅皇大謨》。

支大倫　永昭二陵編年信史六卷

譚希思　皇明大紀纂要六十三卷　茶陵州人,號岳南。萬曆甲戌進士,官御史。

馮琦　两朝大政紀

皇明通紀述遺十二卷　起元至正十一年,迄明隆慶六年。萬曆時人輯。

涂山　明政統宗三十卷　字子壽,豫章人。萬曆乙卯編。

薛敷教　續憲章錄

姚文蔚　國朝紀要十卷　首卷至八卷爲洪武至正德編年,末二卷則《弇山堂別集》抄也。

王大綱　皇明朝野紀略一千二百二十卷　浙江山陰人。以太學生官兖州府東平州同知。輯列朝實錄,旁及野史稗編成是書,起太祖迄穆宗,別有《野史編年》,未見。

周永春　皇明政紀纂要二卷　又　熙朝政紀纂要二卷

張銓　國史紀聞十二卷　萬曆四十八年,巡按江西時輯。

楊惟休　泰昌日錄二卷　字叔度,豐城人。錄中直書梃擊、紅丸、選侍事,無所避。霍惟華劾惟休,草莽一介何從記注朝廷起居,稱述舛錯,語意閃鑠,非潛授意旨,即暗含譏刺,得旨提問,并燬其書。惟休時爲保定通判,聞之仰藥死。惟休萬曆庚申嘗作《黃河清賦》及《山陵頌》以獻,他著作尚多,咸散佚。

沈國元　明從信錄四十卷　又　两朝從信錄三十五卷　又　甲申大事記六卷

萬曆編年　不知何人著。

許重熙　憲章外史續編十四卷　一名《五朝注略》。起正德十六年四月,迄天啓七年八月。崇禎九年九月,誠意伯劉孔昭論其居下訕上,實錄未成,《五朝注略》先刊行世,旨令斥革。　又　神宗大事紀要二卷　又　光宗大事紀要一卷

文秉　定陵注略　又　甲乙事案一卷

江旭奇　通紀集要六十卷

東村老人两年事略三卷　一名《甲乙彙編》,不知何人。

李清　南渡錄二卷

談遷　國榷一百卷　字仲木,海鹽人,諸生。

明法傳錄二十八卷

明傳信錄四十卷

十六朝彙紀二十八卷

皇明紀略□卷　以上皆不知何人撰。①

徐昌治　昭代芳模三十五卷　起太祖,至熹宗。昌治字覲周,崇禎中編。

馮復京　明右史略三十卷　始太祖,迄穆宗。

李長春　纂修熹宗七年都察院實錄十四卷　崇禎時,以纂修《熹宗實錄》,六部、都察院各命官纂修事實。都察院以浙江道監察御史李長春董其事,長春乃輯成十五卷。今缺五年下卷。

續宋元資治通鑑綱目二十七卷　成化九年敕修,遵朱熹《資治通鑑綱目》例,纂宋、元二史上續其書。總裁大學士彭時、户部尚書商輅、禮部尚書萬安。

歷代通鑑纂要九十二卷　弘治十八年,諭内閣李東陽等纂輯《綱目》及《續編》切于治道者,以備觀覽,正德□年書成。

張居正　通鑑直解二十五卷　萬曆元年十二月進呈,一作二十八卷。

王樟　大事紀續編七十七卷

楊維楨　補正三史綱目

梁寅　宋史略四卷　又　元史略四卷

張九韶　元史節要二卷　字美和,清江人。洪武三年,用薦爲縣教諭,入官國子助教,擢編修,致仕。

孫蕡　通鑑前編綱目

胡粹中　元史續編十六卷　名由,以字行,山陰人。永樂初楚府右長史,盡心輔導,在王門者二十年。

王逢　通鑑釋義□卷　宣德初,樂平人。

謝鐸　元史本末

丘濬　世史正綱三十二卷　書始于嬴秦庚辰之歲,滅六國,終于元至正戊申之春,彗出于昴,首尾凡一千六百十有一年。

劉剡　宋元資治通鑑節要三十卷　字用章,建陽人。

金濂　諸史會編一百十二卷　字戀光,太倉州人。歲貢,象山訓導。

---

① "撰"字原脱,據《千頃堂書目》卷四補。

南軒　資治通鑑綱目前編二十五卷　渭南人。官吏部郎中。起于伏羲，下迄周季。

薛應旂　宋元資治通鑑一百五十七卷

王宗沐　宋元資治通鑑六十四卷

黄仲昭　通鑑綱目六家注録五十九卷　仲昭以考異、考証、集覽、正誤、書法、發明六書，各自爲書，不便覽，乃分録于綱目各條之下，而爲此書。

許誥　綱目前編三卷　補《春秋綱目》，未紀七十餘年事。

顧應祥　人代紀要三十卷　又　人代紀略三卷

穆孔暉　前漢通紀

余本　綱目備忘

杜思　考信編七卷　浙江人。

黄佐　通厯三十六卷　起庖犧氏，迄于元，以大書分書紀年爲正僞，于三代及漢唐宋則詳，餘皆略。

謝九成　綱目前紀　號仁峰，繁昌人。□進士，吏部郎中。①

趙時濟　綱鑑統宗□卷　字子輿，蘭溪人。嘉靖丙辰進士，福建屯田僉事。

李沂　帝王紀年通録　南安人。

蔡伸　通鑑綱目集要十卷　又　宋元通鑑輯略二卷

姜寶　稽古編大政記綱目八卷　又　資治上編大政記綱目四十卷　又　資治下編大政記綱目三十二卷

劉元卿　六鑑舉要

許孚遠　續麟正史

黄洪憲　資治歷朝紀政綱目七十四卷

諸燮　通鑑集要三十八卷　字子相，餘姚人。嘉靖乙未進士，授兵部主事，謫州同知，謝歸，再起潮州判，晋邵武同知。持父服還，過嚴陵灘，溺水死。

沈堯中　治統紀略五卷

---

①　據《千頃堂書目》卷四、上海古籍出版社 1980 年版《明清進士題名碑録索引》（案：以下引用，皆據此本），謝九成爲嘉靖五年（丙戌）進士。

馮琦　宋史紀事本末二十八卷
陳邦瞻　元史紀事本末六卷
朱謀㙔　古今通曆
余繼登　通鑑進講錄五十卷
楊伯珂　綱目訂正□卷　淮安大河衛人。萬曆丙戌進士，汾州府同知。
包瑜　通鑑綱目事類一百二十一卷
李頲　年代紀要　李材子。萬曆丙午舉人，教諭。
楊惟休　歷代長秩七十四卷
包萬有　編年合錄八十卷
張光啓　宋元通鑑節要續編三十卷
沈朝陽　通鑑紀事本末前編十二卷　江寧人。貢士，池州府學教授。
湯桂禎　戰國紀年四十六卷
王世貞　綱鑑會纂六十九卷
李廷機　大方綱鑑三十九卷
袁黃　歷史綱鑑補三十九卷
葉向高　玉堂綱鑑七十二卷
汪明際　通鑑箋注六十卷　字無際，嘉定縣人。萬曆戊子舉人，工部員外郎。
李槃　綱鑑世史類編四十五卷
顧錫疇　綱鑑正史約三十六卷
嚴衍　資治通鑑補二百七十卷　字永思，嘉定人。與其門人談允厚補正溫公缺失，始于萬曆乙卯，成于崇禎戊寅。漏者補之，複者刪之，紊與雜及誣誤者正之。師弟取十七史全文刊校，凡歷二十餘寒暑乃成。
寧獻王權　天運紹統二卷
周定王橚　甲子編年十二卷
歷代大統易見一卷　不知何人輯，蓋明初人，宣宗時曾進呈。一稱《歷代紀年圖》。
朱右　歷代統紀要覽
王行　宋系統圖二卷

袁時億　歷代統系五篇① 　浙江新城人。洪武初吳江教諭。

方孝孺　帝王基命錄

龔艮　歷代甲子編年一卷 　字熙止，天順時人。

歷代世譜十卷 　不知撰人姓氏。始于三代，迄元。

周祁　世略二卷

呂顒　世譜增定二卷

韋相　帝王世系圖記 　字良弼，湯溪人。章懋弟子。

涂觀　正統世年表 　字恒孚，豐城人。天順庚辰進士，授南京吏部主事，歷文選郎中，出知衢州、寧國二府。

汪循　帝祖萬年金鏡錄

薛應旂　甲子會紀五卷

陳士元　歷代世曆四卷

吳繼安　帝王曆祚考八卷 　休寧縣人。

王漸逵　歷年圖

徐師曾　世統紀年六卷

張家玉　歷代帝王世統

夏洪基　歷代帝王統系二卷 　高郵州人。

魯藩□□□當㴐　紀元考一卷 　號《望洋子》。嘉靖元年輯。

袁仁　歷代紀元彙編二卷

郁紹賢　紀元考四卷 　字闓緒，吳人。一作一卷。

陳懋仁　年號韻編一卷 　字無功，嘉興人。泉州府經歷，書仿《史記》年表例，依《洪武正韻》，以歷代正僞紀元類入。

韓承祚　朝代紀元二卷 　字德夫，萬曆中人。

補宋

歐陽守道　皇朝通鑑紀事本末一百五十卷 　起建隆，迄靖康。

---

① "代"，原誤作"伐"，據《千頃堂書目》卷四改。文中"伐"字亦朱筆改爲"代"字。

宋史全文續資治通鑑長編三十六卷

宋季三朝政要六卷　以上二種,不知撰人姓氏。

陸唐老　集百家音注資治通鑑一百二十卷　一作《陸狀元增節音注精議資治通鑑》。唐老,會稽人,淳熙十六年兩優釋褐進士。

江贄　少微通鑑詳節三十卷　崇安人,隱居不仕,政和中太史奏少微星見,特舉遺逸不起,賜號少微先生,立少微坊旌之。

呂大著　增節備注資治正鑑一百二十卷

補金

楊雲翼等編　續資治通鑑　大安元年命儒臣等編輯。

趙秉文　楊雲翼等編　龜鏡萬年錄　正大二年編。

傅慎微　興亡金鏡錄一百卷　泰州沙溪人,禮部尚書。

張特立　歷年係事記

補元

楊奐　正統書六十卷

金履祥　通鑑前編十八卷　又　前編舉要二卷

胡三省　音注資治通鑑二百九十四卷

趙居信　蜀漢本末三卷　字季明,許州人,翰林學士,追封梁國公,諡□□。

胡一桂　歷代編年

呂思誠　兩漢通紀

劉時舉　續宋中興編年十五卷　通直郎,户部架閣,國史實錄院檢討官。

陳桱　通鑑續編二十四卷　又　筆記二百卷　洪武初官起居注。

朱隱老　皇極經世書說十七卷

徐詵　續通鑑要言二十卷

曹仲埜　通鑑日纂二十四卷

陳櫟　歷代通略三卷　又　增廣通略

倪士毅　帝王傳授圖說

鄭滁孫　直說通略十三卷
察罕　帝王紀年纂要一卷　平章政事,白雲翁明翰林侍講學士黃諫補。
吳迂　重定綱目
陳剛　歷代帝王正閏圖說
馮翼翁　正統五德類要三十四卷
陸以道　宋鑑提綱　無錫人,翰林待制。
鄭鎮孫　歷代史譜二卷
張明卿　世運略八卷　字子晦,天臺人,別字務光。

雜史類

成祖御製孝陵碑一卷
劉辰　國初事迹一卷　金華人。北京刑部侍郎。
俞本　紀事錄二卷
張紞　雲南機務抄黃一卷
王褘　造邦勳賢略一卷
劉基　禮賢錄一卷　又　翊運錄二卷
劉璟　閽門遇恩錄一卷①
夏原吉　萬乘肇基錄一卷
張定　在田錄一卷
徐禎卿　剪勝野聞一卷
卞瑞　興濠開基錄一卷
陳敬則　明興雜記四卷　一作《開創歷紀》六卷。稱漳南陳敬則,不詳其人。
孫宜　明初略二卷
陸深　平元錄一卷
童承叙　平漢錄一卷

---

① "遇恩",《千頃堂書目》卷五作"恩遇"。

黃標　平夏錄一卷　上海人。

平吳錄一卷

北平錄一卷

平蜀錄一卷　皆不知撰人。

王文祿　龍興慈記一卷

邵相　皇明啓運錄八卷

梁億　洪武輯遺二卷　廣東人。

董穀　洪武聖政纂二卷

范守己　造夏略二卷

唐志大　高廟聖政記二十四卷　字士迪，上海人。嘉靖辛丑進士，南京行人司左司副。其書于元、明之際，考據事實尤詳。

周藩宗正睦㮮　聖典三十四卷①

何棟如　皇祖四大法十二卷　字子極，南京留守左衛人。萬曆戊戌進士，授襄陽府推官。沈稅璫、陳奉爪牙于江，璫黨激變楚會城，坐是下詔獄，四年乃釋。光宗立，起南京職方主事，尋加太僕寺少卿，坐募兵冒餉，再下北司獄。崇禎元年，始釋，尋卒。

楊起元　訓行錄三卷　一名《近光錄》。

王象乾　皇明開天玉律四卷　分錄《太祖聖訓》，曰《事天》《恤民》《勤政》《聖學》《訓儲》《用人》《諭臣》《求言》《慎刑》《理財》《止稅》《弭災》《保業》，凡十有三篇，而附以論述。萬曆三十八年，奏進御覽。

趙琦美　洪武聖政記三十二卷

戴重　和陽開天記一卷　字敬夫，和州人。貢士。

皇明本紀一卷

孝陵紀略一卷

國初明良隆遇錄十卷

開國紀略一卷

洪武成憲錄

---

① 此條後朱筆補"遜國記二卷"。

高廟紀事本末

逐鹿記一卷　以上不知撰人。

錢謙益　太祖實錄辨証三卷

王達　椒宮舊事一卷

王泌①　東朝記一卷

沈文　聖君初政記一卷

袁祥　建文私記一卷

建文事迹一卷　不知撰人。

孫交　國史補遺六卷

朱端儀　革除錄

姜清　姜氏秘史一卷　弋陽人。仿實錄編年法，記建文事，諸臣附見。清舉正德辛未進士。

武陵免歸漁叟革除編年三卷　不著名，或云陳洪謨作。

黃佐　革除遺事六卷

許相卿　革朝志十卷

陸時中　建文逸史　字幼真，歸安人。嘉靖壬午舉人。

王會　建文野史　漳浦人，嘉靖甲午舉人。曲靖府同知。

周藩宗正睦㮮　遜國記二卷

屠叔方　建文朝野彙編二十卷　萬曆甲申，叔方爲監察御史，常上疏請祠謚建文仗節諸臣，恤錄其子孫免諸姻黨之波及謫戍者，得俞旨，歸田後復輯成是書。首爲編年，次爲列傳，而以傳疑定論附之。

陳繼儒　建文史待

朱鷺　建文書法儗四卷　《攟絮迂談》附。

陳仁錫　壬午書二卷

曹參芳　遜國正氣紀九卷　貴池人，字日贊。崇禎時布衣。

---

① "泌"，原誤作"秘"，《千頃堂書目》卷四作"泌"，此書收入明馮可賓《廣百川學海》甲集中，作者作"王泌"，據改。

劉廷鑾①　建文遜國月表二卷
周遠令　讓皇帝本紀三卷
史仲彬　致身錄一卷　錢謙益辨其爲僞作，別有程濟《從亡隨筆》一卷，劉琳《拊膝錄》四卷，皆僞書。錢士升輯爲《遜國逸書》，不錄。
革除漫錄一卷　又　革除紀遺一卷　又　建文君臣逸事　皆不知撰人。
宣宗御製長陵神功聖德碑一卷
奉天靖難記四卷　不知何人作，語多誣僞。
都穆　壬午功臣爵賞錄一卷　又　壬午功臣別錄一卷　穆既成前錄，又得指揮而下功賞之數，仍次序之。
袁褧　奉天刑賞錄一卷
郁衮　順命錄一卷
楊榮　北征記一卷
金幼孜　北征前錄一卷　又　後錄一卷
黃福　安南事宜一卷
丘濬　定興王平定交南錄一卷
征安南事迹一卷　不知撰人。
霍韜　太宗政要一卷　又　仁宗政要一卷　又　宣宗政要一卷
楊士奇　三朝聖諭錄三卷　永樂、洪熙、宣德三朝。　又　西巡扈從紀行錄一卷　宣德。
袁彬　北征事迹一卷　一作尹直。
楊銘　正統臨戎錄一卷　又　北狩事迹一卷
李實　使北錄一卷

---

①　"廷"字原脱，《千頃堂書目》卷五有"廷"字，又《續修四庫全書》第1710册影印清貴陽陳氏聽詩齋刻本《明詩紀事》乙籤卷一首言："田按：紀建文朝事者，鄭曉《吾學編》……劉廷鑾《遜國之際月表》"，《遜國之際月表》當即《建文遜國月表》，據補。

趙榮　使鹵錄一卷
楊都御史使鹵記一卷　記楊善使北事，不知何人撰。
劉定之　否泰錄一卷　又　三患傳一卷
劉濟　革書一卷　記英宗北狩事，塞外無楮，以牛皮書之，故曰"革書"。
復辟錄一卷　不知撰人。
李賢　天順日錄二卷
湯韶　天順實錄辯証一卷
張楷　監國曆略一卷
韓襄毅　平蠻錄
彭時　可齋筆記二卷
陸釴　賢識錄一卷　又　病逸漫記二卷
尹直　謇齋瑣綴錄八卷
梁億　尊聞錄二卷　記太祖及英宗六朝事。
張瑄　南征錄三卷
趙輔　平彝錄一卷　又　平彝賦一卷
馬文升　西征石城記一卷　又　撫安東夷記一卷① 又　興復哈密記一卷
宋端儀　立齋閒錄四卷
梅純　損齋備忘錄二卷　字一之，南京孝陵衛人。駙馬都尉殷曾孫。舉成化辛丑進士，授懷遠知縣，與上官不合，投檄歸。再補蔭孝陵衛指揮使，擢中都留守，致仕。
李東陽　燕對錄二卷
劉大夏　宣召錄一卷
陳洪謨　治世餘聞四卷　弘治。又　繼世紀聞四卷　正德。
王佐　朝事日錄
許進　平番始末一卷

----

① "安"，原誤作"東"，據《千頃堂書目》卷五改。

朱國祚　孝宗大紀一卷

費宏　武廟初所見事一卷

楊廷和　視草餘錄二卷

王鏊　震澤紀聞一卷　續震澤紀聞一卷　又　震澤長語二卷　又　守溪筆記二卷

王瓊　雙溪雜記二卷

楊一清　西征日錄一卷　又　制府雜錄一卷　又　車駕幸第錄二卷　武宗南巡，幸一清第，凡三至，上賦絕句十二首賜之，一清和上，又有應制諸律，輯成二編。

胡世寧　桃源建昌征案東鄉撫案共十卷　又　述滄州退賊事略一卷

平寇錄□卷　記正德十二年王守仁平浰頭桶岡賊事。

吳子孝　江上日錄一卷

祝允明　江海殲渠記一卷　記劉六、劉七、趙風子事。　又　九朝野記四卷

李充嗣　靖危錄□卷　記江西之變。

丁相　臥憂志一卷

夏良勝　東成錄一卷

謝賁　後鑑錄三卷　閩縣人。正德辛巳進士，官禮科給事中，以爭大禮劾張桂，出知直隸太平府。《錄》皆正德時諸叛逆爰書也。

世宗大禮集議六卷　一作四卷。　又　大禮纂要二卷　嘉靖四年十二月，《大禮集議》成，原編書一卷爲奏議，二卷爲會議，學士方獻夫纂著，①後又增侍郎胡世寧所纂，及前人議論有關典禮者爲第三卷，再增特進世廟議爲第四卷。已，學士張璁復請依《春秋》編年法，始正德辛巳，迄嘉靖乙酉，大書其綱，細書其目，附己意于下，爲《纂要》二卷，附錄遺議數篇，古今考証數篇，并《集議》四卷，通爲六卷上進。

又　大狩龍飛錄二卷

王之垣　承天大志基命紀錄事實三十卷　隆慶元年編進。

―――――――――

①　"著"，原誤作"者"，據《千頃堂書目》卷五改。

費宏　宸章集録一卷
楊一清　閣諭録七卷
張孚敬　敕諭録三卷　又　諭對録三十四卷　又　大禮要略二卷 嘉靖六年編進。　又　靈雪編一卷　又　欽明大獄録二卷 嘉靖六年九月，署都察院事侍郎張璁以張寅先後獄詞，及上所裁定并所賜敕諭，輯録成書。
李時　南城召對録一卷　又　文華盛記一卷
夏言　聖駕渡黄河記一卷　又　記召對廟廷事一卷　又　扈蹕録一卷
嚴嵩　嘉靖奏對録十二卷
毛澄　聖駕臨雍録一卷　又　大禮奏議
毛玉　議禮略 子霸州知州□□輯。
陳杞　大禮正義
何淵　大禮輯略揭帖　又　大禮續奏議 嘉靖六年九月，上林苑監左監丞何淵奏上。①
陸深　聖駕南巡録一卷　又　大駕北還録一卷
韓邦奇　大同紀事一卷
尹耕　大同平叛志一卷
孫允中　雲中紀變一卷 記大同兵變始末。允中，東郡人，官僉事。
蘇祐　雲中事紀一卷
彭少保　西平録二卷 不知撰人。　又　彭大司馬征西紀事一卷
會問劉東山疏一卷
林瓊　罪黜録一卷 臨清州人。嘉靖中，官刑部郎中，以不肯傅會張延齡獄，坐黜，自記其事。
曾忭　廷諍録一卷
張謙　罪謫録 記張崔齡事。

---

① "上"字原脱，據《千頃堂書目》卷五補。

張岳　交事紀聞一卷
翁萬達　平交紀事十卷
江美中　安南來威輯略三卷　婺源人。美中父一桂,嘉靖中,爲廣西太平知府,毛伯温命一桂往招諭莫登庸稱臣入貢,築受降城及昭德臺于鎮南關,進秩亞中大夫,交人祀之。美中輯其往來文告之詞爲是書,給事中嚴從簡有序。
談愷　平粵錄二卷　又　後平粵錄二卷　嘉靖丁巳,殷正茂序。
霍尚守　翁襄敏安邊記
王軾　平蠻錄一卷　又　平蠻記一卷
郭仁　南征實錄一卷
馮時可　俺答前後志二卷
趙時春　誅仇鸞始末
宋淯　秉忠定議集十三卷　嘉靖十年,平四川真播賊,周天星疏議詔敕及贈頌歌詩。
范表　前後海寇議二卷　又　海寇後編一卷
鄭茂　靖海紀略一卷　嘉靖中海鹽知縣。
徐宗魯　松寇紀略一卷
任公　平倭錄
李日華　倭變志一卷
張鼐　吳淞甲乙倭變志二卷　萬曆中,追記前事。
朱紈　茂邊紀事一卷
趙汝謙　平黔三記一卷
楊希淳　庚申紀事一卷　記嘉靖末南都振武營之變。
徐學謨　世廟識餘錄二十六卷　又　沙市獄記一卷　又　冰廳劄記一卷
茅維　嘉靖大政記二卷
高拱　病榻遺言一卷　又　邊略五卷
劉紹岬　雲中降鹵傳一卷
劉應箕　款塞始末一卷

方逢時　平惠州事一卷　又　上谷議略一卷
林庭機　平曾一本叙一卷①
查志隆　安慶兵變一卷
曹子登　甘州記變一卷
王尚文　征南紀略一卷
嘉隆大政輯要　不知撰人。
萬曆政綸錄要六卷
郭子章　聖旨日記五卷
張居正　召對紀事一卷
申時行　毓德宮召見紀事一卷　又　升儲彙錄二卷
王錫爵　暖閣召見紀事一卷　又　召對錄一卷　又　請儲瀝
　　疏二卷
趙志皋　平臺召見紀事一卷
方從哲　乙卯召對錄三卷　附《杞人問答》一卷。
王士昌　宣召紀略一卷
董其昌　萬曆事實纂要三百卷　又　留中奏議筆斷四十卷
萬曆識小錄一卷
星變志二卷
張江陵　忍情遺迹一卷　俱不知撰人。
支大綸　江陵遺事二卷
吳中行　延陵小刻二卷
朱國祚　請册立東宮疏
劉虞夔　漆室葵忱　山西高平人。隆慶辛未進士，庶吉士，歷官少詹事，錄萬曆
　　中建儲疏。

---

①　"庭"，《千頃堂書目》卷五作"廷"，據文淵閣《四庫全書》第 460 册《閩中理學淵源考》卷四十四"文僖林肖泉先生庭機"條可知，可知林氏弟爲庭楊、兄爲庭材，故作"庭"字爲確。

蕭大亨　藩封紀略　記潞王出封事。
鮑應鰲　大禮始末一卷
劉元珍　東林志
丁元薦　萬曆辛亥京察紀事十卷
顧憲成　涇皋寤言寐言一卷
余寅　乙未私志一卷
伍袁萃　貽安堂稿八卷　又　彈園雜志四卷　又　林居漫錄八卷　又　希齡錄□卷　又　希齡續錄二卷　又　駁漫錄評正一卷①
賀燦然　漫錄評正八卷　又　駁駁漫錄評正四卷　駁伍袁萃。
　又　賀氏危言一卷
李鼎　杞說私評一卷
劉塙　問世狂言一卷
姜□□　續眉山論二卷　具載劾李三才及救三才疏，而伍袁萃、王三善之論及諸持平之說，咸錄焉。　又　遵典錄二卷
吳玄　從吾錄　輯萬曆中小人攻君子之疏，玄復爲說以揚之，頗肆詆毀。
周永春　殿爭錄三卷　又　萬曆起廢考三卷
徐大化　比曹紀實一卷
岳駿聲　閩宮始末一卷
陸□□　梃擊始末一卷
陳惟之　乞停礦稅疏圖一卷
蔡毅中　祖訓節略注疏二卷
姚思仁　開採圖說
郭子章　黔中止榷記一卷
王禹聲　鄖事紀略一卷　記稅監激變楚人事。

---

① "評"，原誤作"許"，據《千頃堂書目》卷五改。

楊東明　饑民圖說一卷
郭正域　楚事妖書始末
朱賡　楚宗招擬一卷　又　勘楚始末一卷　又　妖書始末一卷
蔡獻臣　勘楚紀事一卷　又　妖書紀事一卷　又　儀曹存稿二卷
沈裕　妖書事迹一卷
盛訥　玉堂日記　又　聞見漫錄
瞿九思　萬曆武功錄十四卷　萬曆四十年八月，神宗聖誕，九思以原授翰林院待詔進是書及《聖誕五表樂章》二十五篇。
諸葛元聲　兩朝平攘錄五卷　會稽人。
茅瑞徵　萬曆三大征考五卷　哱氏、關白、楊應龍。
鄧林喬　三封北鹵始末一卷
涂宗濬　北鹵封貢始末三卷
鄭洛　撫裔紀略二卷　《款塞答問》附。又　諭鹵俗言四卷
王象乾　諭鹵俗語四卷
吳伯與　雲事評略一卷　又　大同款貢志一卷
郭應聘　西南紀事二卷
郭子章　西南三征記一卷
謝詔　征西紀事一卷
周光鎬　征南紀事一卷
李士達　再征南紀事一卷　以上四書皆記徐元太征松潘事。
許一德　曾中丞平蠻錄二卷　浙江按察司僉事許一德編輯曾省吾平都蠻事。
梅國楨　征西奏議二卷
曾偉芳　平夏紀事一卷　一作《寧夏紀事》。字君彥，惠安人。萬曆己丑進士，兵部職方主事，奉使定寧夏叛卒。
劉芳譽　平夏疏錄二卷

朔方紀事一卷
西事紀略一卷
北樓日記一卷　以上不知撰人。
梅之熉　西征曆一卷　國楨子。
宋應昌　朝鮮復國經略要編六卷
邢玠　東征公議四卷
蕭應宮　朝鮮征倭紀略一卷
劉黃裳　東征雜記
吳紹勳　王公東征紀略一卷
王士琦　封貢紀略一卷
楊伯珂　東征客問
熊尚文　倭功始末
沈思賢　經略復國情節二卷
東事紀實
東封始末
關白　據倭始末一卷　俱不知撰人。
李化龍　平播全書十五卷
郭子章　黔中平播始末三卷
楊寅秋　平播錄五卷
程正誼　播酋始事一卷
鍾奇　播事述一卷
綏交錄二卷
綏交記一卷
平黎紀事一卷　俱不知撰人。
蔣光彥　交黎末議三卷
蕩平勻哈錄一卷　不知撰人。
澳裔諭略三卷　不知撰人。

顧季亨　遼事備考一卷　又　漏居寓言一卷　又　九十九籌一卷　又　時務體要二卷

朱祖文　籌遼末議

籌遼碩畫二十卷

張鼐　遼籌四卷

方震孺　遼事顛末一卷

倪鉅　滇南紀亂錄一卷　字偉長，常熟人。

武塘倡亂始末二卷

磨盾漫錄五卷

刑部十大招十卷　俱無作者姓名。

李維楨　庚申紀事一卷①

張潑　庚申紀事一卷

葉茂才　三案記　又　聞見摘錄

邪氛錄一卷

倒戈錄一卷

點將錄一卷　王紹徽作。

天啓虐熖錄一卷

媚璫錄

盜柄東林夥一卷

天鑑錄一卷

東林同志錄一卷

東林朋黨錄一卷　以上多不知撰人。

劉若愚　酌中志略二十二篇

蔡士順　同時尚論錄十六卷②　又　傔菴野抄十一卷

①　"紀"字後，《千頃堂書目》卷五有一"錄"字。
②　"論"，原誤作"綸"，據《千頃堂書目》卷五、《四庫全書總目》卷一百九十三"同時尚論錄十六卷"條改。

天啓邸抄四册

吳應箕　兩朝剝復録十卷　又　東林紀事本末

侯岐曾　丙丁雜志二卷

金日升　頌天臚筆二十四卷　又　聖代褒忠紀三卷　又　太平洪業五卷　又　中興頌治三卷　四書皆紀崇禎初除魏、崔諸奸事。

王在晉　三朝遼事實録十七卷

錢希言　遼邸紀聞

劉錫玄　黔南十集十三卷　又　圍城日録一卷

周宇　乘城日録二册

李橒　全黔紀略一卷

張鍵　平藺紀事一卷

徐從治　平妖紀事一卷　山東徐鴻儒之亂。　又　定譁兵略一卷　崇禎元年，臺頭營兵譁事。　又　圍城日録一卷　登州叛人事。

斥奸書二十卷　不知撰人。

朱一馮　福寧定亂紀事二卷　又　符離弭變紀事一卷

沈德符　野獲編八卷　一名《萬曆野獲編》，以多紀萬曆事也。別本二十四卷。

文秉　先撥志始六卷　又　烈皇小識四卷

崇禎紀略四卷　不知撰人。

李遜之　三朝野記七卷

王瑞　國朝野見聞紀略一卷

謝三賓　視師紀略一卷　一名《笏記》，紀平登州亂事。

孫承宗　督師事宜十八卷　又　東便門紀事一卷　又　督師全書一百卷　又　前督師紀略十六卷　又　後督師紀略十卷　又　撫裔志十卷

茅元儀　督師紀略十三卷

楊嗣昌　督師紀事五十卷

陳夢璧　東事紀略一卷

蔣德璟　慤書十卷　又　召對日記一卷
楊仕聰　玉堂薈記四卷　又　戊寅紀事　又　甲申核真略
夏允彞　幸存錄一卷
夏完淳　續幸存錄一卷
張鏡心　馭交紀十八卷①
李日宣　平猢始末二卷　又　清祿始末二卷　又　枚卜始末一卷
陳貞慧　書事七則一卷　字定生,宜興人。
吳偉業　綏寇紀略十二卷　又　別錄三卷
彭孫貽　流寇志十四卷
戴笠　流寇志
高斗樞　守鄖紀略一卷
陸啓浤　客燕雜記三卷　字叔度,平湖人。
皇明聖政記十卷
婁性　皇明政要二十卷　弘治十六年十月,前南京兵部郎中婁性編輯進呈,仿唐《貞觀政要》,凡四十一類。
黃瑜　雙槐歲抄十卷　字廷美,香山人。以鄉薦入太學,授福建長樂知縣。記明洪武迄成化中事,凡二百二十餘條。孫佐以春坊諭德掌南京翰林院事,於院堂書櫃中得吳元年故簡,足成之。
尹直　明良交泰錄
倫以訓　國朝彝憲二十卷　一作二百卷。
孫宜　國朝事迹一百二十卷
高岱　鴻猷錄八卷　一本十六卷。
鄭曉　今言四卷　又　徵吾錄二卷
潘恩　美芹錄二卷
顏木　十朝小識

---

① "馭",原誤作"駁",據《千頃堂書目》卷五改。

趙可與　孤樹裒談十卷　字會中,安成人。正德癸酉舉人,福建鹽運使。舊作李默,誤。

廣孤樹裒談二十五卷　不知何人輯。亦起洪武,迄正德。

袁袠　皇明獻實二十卷　一作四十卷。

鄭曉　吾學編餘一卷

楊儀　明良記四卷

孫世芳　磯園稗史二卷

章焕　國朝典故三十卷

李先芳　本朝安攘新編三十卷

國朝謨烈輯遺二十卷

王撐　昭代史略　安福人,鄒守益門人。

李文鳳　月山叢談四卷　臨海王士性刪訂。文鳳,宜山人,字廷儀。嘉靖乙酉解元,壬辰進士,廣東雲南按察司僉事。月山在其郡城,所記明初事多確。

王世貞　弇山堂別集一百卷　又　弇山堂識小錄二十卷　初輯名《丁戊小識》,始嘉靖丁未,迄戊午,後多所增益,更今名。　又　少陽叢談二十卷　在青州作,故曰少陽,皆國典也。凡十三類,談國故,談異典,談際,談國是,談西省,談死事,談壬午,談英略,談史砭,談雜藝,談武成,談宗變,談盜亂,談裔狄,談老釋。　又　明野史彙一百卷　又　觚不觚錄一卷　又　權幸錄□卷　又　朝野異聞□卷　又　國朝叢記六卷　又　皇明異典述五卷　又　盛事述三卷　又　異事述一卷

鄧球　皇明泳化類編一百三十六卷　又　泳化類編雜記二卷　祁陽人。嘉靖己未進士。

高鳴鳳　今獻彙言二十八卷

昭代遺聞二卷　不知何人輯。起建文,至嘉靖。

劉元卿　國史舉凡

吳肇東　皇明野史　字敬堂,懷寧人。隆慶戊辰進士,福建按察司副使。

周子義　國朝故實二百卷　一名《國朝典故補遺》。

王禪　國朝史略上集二十四卷　下集二十三卷　別集二卷

張問仁　續瑣綴錄□卷　字子兼，句容人。萬曆初明經，合肥縣學訓導。
于慎行　筆麈十八卷
余繼登　國朝典故紀聞十八卷
余懋學　皇明大政纂要十八卷
鄧士龍　國朝典故一百十卷　南昌人。萬曆乙未進士，由庶吉士授編修，歷官國子監祭酒。
黃汝良　野紀矇搜十二卷　自洪永，迄嘉隆十二代。
曹育賢　皇明類考二十二卷　貴陽人。萬曆中，爲四川大邑知縣。輯太祖及萬曆初事，范守己爲之序。①
董復表　彙次弇州史料前集三十卷　後集七十卷　字章甫，華亭人。
周應賓　識小編內篇九卷　又　外篇五卷
鄒德泳　聖朝泰交錄八卷
詹在泮　國朝宏略　常山人。萬曆癸未進士，廣東按察使。
項篤壽　聖朝略記八卷
朱國楨　湧幢小品三十二卷
張萱　西園聞見錄一百六卷
焦竑　玉堂叢語八卷
顏季亨　國朝紀勝通考八卷②
吳士奇　綠滋館徵信編五卷③　又　考信編二卷
徐來鳳　尊今林二卷
吳桂森　皇明開泰錄　無錫布衣。
張以誠　國史類記一卷
項鼎鉉　名臣寧攘編三十卷

---

①　"之"字原脱，據《千頃堂書目》卷五補。
②　"紀勝"前，《千頃堂書目》卷五有"武功"二字。
③　"綠"，原誤作"錄"，據《千頃堂書目》卷五、《四庫全書總目》卷一百七十九"綠滋館藁"條改。

范景文　昭代武功録十卷　分二類，曰親征，曰勳績，自洪永至萬曆，凡四十七事。

函雅堂雜記

國事雜志

朱謀㙔　遂古記八卷

朱統鎜　古史記四十卷

陳士元　荒史六卷

程元初　季周傳十二卷

寧獻王權　漢唐秘史二卷　洪武中奉敕編次。下斷語，太祖筆也。

包宗吉　包氏古史補二百卷

漢雜事秘辛一卷　楊慎得于安寧土官家，不知何人作。

南北朝續世説新語十□卷　唐李垕撰。出于明代，前史藝文志不著録。

張大齡　五胡指掌録六卷　又　晉唐指掌四卷　又　唐藩鎮指掌一卷

錢穀　南北史摭言

袁祥　新舊唐書折衷二十四卷　袁黄祖。

茅元儀　平巢事迹考一卷

李維楨　韓范經略西夏始末紀一卷

張鼐　宋西事案一卷

程敏政　宋紀受終考一卷

王昂　宋史補　字仰之，揭陽人。成化甲辰進士，太僕寺丞。

楊諿　宋薝䖲録　本浦城人，明初，徙家太倉，與秦玉、袁華爲友。

李廷機　宋賢事彙二卷

錢謙益　北盟會編抄三卷

宋端儀　宋行朝録

朱諫　宋史辯疑

陳霆　宣靖備史

胡震亨　靖康盜鑑録一卷

楊循吉　遼小史一卷　又　金小史八卷
尤義　元史輯要　字從道,吳人。洪武中湖廣布政司經歷。
陳濟　元史舉要
元史外聞十卷　不知撰人。
劉實　元史略
葉夔　元史提綱　武進人。汝陽訓導。
呂光洵　元史正要
權衡　庚申外史二卷　字以制,吉安人。至正末,隱居太行黃華山中,李察罕聘之,不應。
吳源　至正近記二卷
秦約　樵史補遺
晏璧　史鉞二十卷
都穆　史外類抄
李栻　歷代小史一百五卷

補宋

羅泌　路史五十卷　前編九卷,後紀十四卷,國名紀八卷,發揮六卷,餘論十卷。泌字長源,廬陵人。
裘萬頃　歷朝史稗四十卷　字元量,新建人,淳熙進士,官大理寺丞,差江西撫幹。
葉紹翁　四朝聞見錄五卷
鄒伸之　使韃日錄一卷
謝翱　南史補帝紀贊一卷　又　唐書補傳一卷
鄧光薦　續宋書　又　德祐日記
錢時　兩漢筆記十二卷

補遼

王鼎　焚椒錄一卷
大遼事迹　金時高麗所進。

葉隆禮　契丹國志二十七卷　元人。

補金
金元好問①　壬辰雜編
劉祁　歸潛志十四卷　一本八卷。
宇文懋昭　大金國志四十卷
大定治績二卷　元王磐、徐世隆至元二年進呈，凡一百八十餘事。
金人吊伐錄二卷　記金人伐宋往來文檄盟誓書。
北風揚沙錄一卷　記金國始末。
天興墨淚　記金亡事，不知何人作。
天興近鑑三卷　元楊奐編。

補元
皇元太祖聖武開天記一卷
親征錄一卷　記世祖征伐事，以上不知撰人。
劉敏中　伯顏平宋錄二卷　一作十卷。
史□□　至正遺編四卷　溧陽州人。
張樞　宋季逸事
秦玉　宋三朝摘要
張雯　墨記　記宋末遺文逸事，可補野史之缺者。
張延　東晉書二卷　槁城人，真定路教授。
吾衍　晉史乘一卷　又　楚史檮杌一卷
仇遠　稗史一卷
徐顯　稗史集傳一卷
陶九成　草莽私乘
高德基　平江紀事一卷

---

①　"金"字，朱筆圈去。

霸史類

張羽　滁陽王碑一卷
楊儀　壟起雜事一卷　記張士誠、韓林兒、徐壽輝事。　又　金姬傳一卷
趙琦美　僞吳雜記三卷
保越錄一卷　張士誠幕客記呂珍守紹興事。
楊學可　明氏實錄一卷
何榮祖　廬江郡何氏家記一卷　何真子記真事。
姚淶　驅除錄二卷
錢謙益　開國群雄事略十五卷
魏國顯　列國史補十八卷
程元初　戰國策編年輯遺十二卷
孫如法　古春秋傳六卷　又　廣戰國策十七卷
劉宣化　三國策十二卷
王士騏　苻秦書十五卷
姚士粦　後梁春秋十卷　一作三卷。
陳霆　唐餘紀傳二十一卷
陳金鳳　外傳一卷　金鳳，閩王延鈞后。王宇序云："萬曆中，閩農夫掘地，于石函中得之。"蓋僞書也。
倪輅　南詔野史一卷
楊慎　滇載記一卷
大越史略三卷　上卷《越紀》《丁紀》《黎紀》，中、下二卷《阮紀》。
東國史略六卷
吳明濟　朝鮮世記一卷　字子魚，會稽人。

補宋

胡恢　南唐書　金陵人。

補元
戚光　陸游　南唐書音釋一卷
張宗說　紀古滇說集一卷

史學類

陸深　史通會要四卷
王惟儉　史通訓故二十卷
郭孔延　史通評釋二十卷
寧獻王權　通鑑博論二卷　又　史斷一卷
楊維楨　史義拾遺二卷　又　宋遼金正統辨一卷　又　歷代
　史鉞　《史鉞》今未見，維楨門人章木《評史義拾遺》，每稱此《鉞》之可畏，疑即其書。
孔克表　通鑑綱目附釋　字正夫，永嘉人。孔子五十五世孫，元至正戊子進士，官翰林院修撰。
汪克寬　通鑑綱目凡例考異一卷
孫吾與　通鑑綱目音釋一卷
方孝孺　宋史要言
劉瑞　讀漢書改本
胡粹中　讀史筆記　又　元史評
陳濟　資治通鑑綱目集覽正誤五十九卷　字伯濟，武進人。官春坊右贊善。正王幼學《集覽》之誤。
瞿佑　通鑑綱目集覽鐫誤一卷　又　閱史管見
鄭棠　全史評　字叔美，浦江人。永樂初，召修《大典》，授檢討。
趙弼　雪航膚見十卷　蜀人，永樂初，以明經授儒學教諭，家于漢陽。
趙遷　膚見餘論一卷　又　木峰史論　遷，弼曾孫，舉人，知縣。
劉定之　呆齋宋論三卷
許誥　宋史闡幽二卷　又　元史闡幽一卷

何喬新　宋元史臆見

張寧　讀史錄六卷

沈津　讀史備遺　字子貴,平湖人。景泰辛未進士,山東道御史。

魏偁　讀史編　字達卿。① 石城訓導,成化中人。

李浩　通鑑斷義七十三册　浩爲南光禄寺署正,弘治元年進呈,賜紵幣抄,定旌其功。②

蔣誼　續宋論紀

顧充　歷朝捷錄四卷

張吉　貞觀小斷一卷

盧璣　外紀辨疑

邵寶　學史十三卷　嘉靖四年,巡撫都御史吳廷舉進呈。

周禮　朱子綱目折衷　又　續編綱目發明　又　通鑑外紀論斷　三書弘治中進呈。　又　通鑑筆記

呂本　通鑑綱目續編考正

金江　續資治通鑑綱目書法

蔡清　通鑑隨筆一卷

鄭瓘　綱目撮要補遺　字溫卿,蘭溪人。弘治庚戌進士,楚雄府通判。

王峰　通鑑綱目發微三十卷　南直隸通州人。

張時泰　續資治通鑑綱目廣義十七卷　字吉甫,華亭人。秀水縣訓導。嘉靖中,進呈史館。

卜大有　史學要義四卷

許讚　讀史博論

周山　師資論統一百卷　字子仁,武進人。嘉靖戊戌進士,南京戶部郎中。

---

① "達",原誤作"進",據《千頃堂書目》卷五、《四庫全書總目》卷一百三十一魏氏"聞見類纂小史十四卷"條改。

② "功",原誤作"勤",據《千頃堂書目》卷五改。

男鴻臚寺丞良金增廣之。①

鄭曉　刪改史論十卷

許相卿　史漢方駕三十五卷

柯維騏　史記考要十卷　又　史解六卷

王洙　宋元史質一百卷

鄒守愚　史疑 ·卷

戴璟　漢唐通鑑品藻三十卷

王廷幹　史疑

貢珊　史學斷義

郎瑛　青史衮鉞六十卷

周復俊　元史弼違

陳深　諸史品節四十卷

王尊賢　史學辯疑

鄭宣　讀史續談四卷

胡應麟　史評十二卷　又　史叢十卷

湯聘尹　史稗四卷②　字國衡。蘇州人。南京吏部□□。

郭大有　評史心見十二卷　字用亨，南京人。

張元忭　讀史膚評

王世懋　讀史訂疑一卷

程一枝　史詮五卷

李維楨　南北史小識□卷　條目凡八：明例、辨誤、雜評、紀異、傳疑、比事、瑣錄、拾遺。

魏國顯　歷代史書總論二卷

---

①　"金"，原誤作"全"，《千頃堂書目》卷五作"金"，《續修四庫全書》第1364冊影印明萬曆三十九年朱汝鼇刻本《焦氏澹園續集》卷二"師資論統序"言："縝庵公名山，字子仁，嘉靖戊戌進士。若齋公名良金，字汝礪。"等等，據改。另，"京"字原無，據《千頃堂書目》補。

②　"稗"，《千頃堂書目》卷五作"裨"。

張泰復　讀史謾抄二卷①
梁夢龍　史要編十卷
萬廷言　經世要略二十卷
陳堯　史衡六卷　又　八書一卷
張之象　太史史例一百卷　一作一百三十卷。
吳從周　史辯書疑四卷
徐明勳　史衡二十卷　字約若，永康人。
鄒璧　通史補遺二卷
劉述　讀史摭言
趙宸　讀史愚見四卷
張鶴　疑史自質二卷
于慎行　讀史漫錄十四卷
黃克纘　百氏繩愆二卷
袁黃　史漢定本十八卷
胡瓉　史奕
謝肇淛　史觿二十一卷　又　史測二卷
吳無奇　史裁二十六卷
熊尚文　蘭曹讀史日記四卷
陳繼儒　古今人物論三十六卷
張大齡　說史俙言十八卷　又　玄羽史論四卷
凌稚隆　史記百家評林一百三十卷　又　漢書百家評林一百卷
郝敬　史漢愚按八卷
曹珖　史評
王志堅　讀史商語四卷

---

① "謾"，《千頃堂書目》卷五作"漫"。

王志慶　讀史日錄四卷
陳朝璋　史乘考誤　臨川人。萬曆中選貢，常州通判。
孫慎行　事編內篇八卷
鍾惺　史懷二十卷
楊時偉　狂狷裁中十卷
陸曾曄　綱目答問　彙諸史考訂《綱目》。
梅士亨　訂補綱目摘要六卷　宣城人。
張溥　史論二編十卷
楊以任　讀史四集四卷
陳子龍　史論一卷
黃淳耀　史記雜論四卷　一作《史記質疑》二卷。
釋信受　綱目集覽正誤
南山逸老　宋元綱目愚管二十卷
李士實　世史稽疑二卷
宋史筆斷十二卷　不知撰人。
譚世選　史評八卷
馮尚賢　史學彙編十二卷　邵武府人。
朱明鎬　史斜二卷　又　史書異同三卷　又　新舊異同二卷
何譔　讀史機略十卷　字韋長，黃岡人。

補宋
胡三省　資治通鑑釋文辯誤十二卷
南宮靖一　小學史斷六卷　明徐師曾注。靖一，字仲靖，分寧人，端平進士。
諸史偶論十卷

補元
尹起莘　資治通鑑綱目發明五十九卷

劉友益　資治通鑑綱目書法五十九卷　永新人,號水窗先生,與龍鱗洲、李省中、蕭芳洲同輩行。
王幼學　資治通鑑綱目集覽五十九卷　字行卿,望江人。
徐昭文　資治通鑑綱目考證五十九卷　字季章,上虞人,韓性門人。
董蕃　通鑑質疑　字子衍,宜興人,釣臺書院山長。
郝經　通鑑書法
何中　通鑑綱目測海三卷
金居敬　通鑑綱目凡例考異
呂溥　史論
俞漢　史評八十卷
雷光霆　史辯三十卷
許謙　觀史治忽幾微
趙居信　史評
楊如山　讀史說三卷
王約　史論三十卷
謝端　正統論辯一卷
戈直　集注貞觀政要十卷
潘榮　通鑑總論一卷　陽節潘氏,字伯誠,婺源人,隱居博學,通諸經史。①
朱震亨　宋論一卷

史抄類

朱右　三史鈎元
歐陽貞　□史提鈎七十卷　分宜人。
黎貞　古今一覽二卷
王逢　史略標題②　宣德時人。

―――――――
①　"史"字原無,據《千頃堂書目》卷五補。
②　"題",《千頃堂書目》卷五作"疑"。

徐咸　史略啓蒙
范理　讀史備忘八卷
盧文政　歷代一覽一卷　　江夏人。建文己卯舉人，太僕寺寺丞。
李裕　南臺分類史抄二十二卷　　張元禎序。
吕柟　史約三十七卷
楊慎　歷代史略詞話二卷
謝遷　通鑑分類撮要四卷　　陝西臨洮人。
鍾芳　續古今紀要十卷
歸有光　讀史纂言十卷
馮時可　南史伐山四卷
陳肅　歷代君相事略二卷
錢岱　南北史合纂四十卷
金瑶　十七史摘奇
許應元　史雋
林祺　古今指掌録　　字子祥，龍溪人。
陶大年　讀史日抄
沈科　史抄二十卷　　嘉善人。嘉靖甲辰進士，河南按察司副使。
王大紀　讀史詳節十卷①
鄭休　讀史備忘四卷
王伸　史學綱領六卷
吳韶　史鑑類編十六卷
陳朝璋　南北史藻四卷
李贄　李氏藏書六十卷
馬惟銘　史書纂略一百卷
祝萃　宋遼金元史詳節

---

① "讀"，原誤作"續"，據《千頃堂書目》卷五改。

余文龍　史鬻二十五卷
王思義　宋史纂要二十卷
錢世揚　古史談菀三十六卷
趙維寰　雪廬讀史快編六十卷
王惟儉　史抄十三卷
陳梁　史抄八卷　字則梁，海鹽人。
蔣杰　十七史摘要　吳縣人。萬曆己丑進士，廣東副使。
包節　二十一史意抄
包萬有　史編餘言
張延登　元史略二卷
霍鵬　宋史抄節十四卷　又　遼史抄節二卷　又　金史抄節六卷　又　元史抄節七卷　總名《四史抄節》。鵬，真定人。萬曆丁丑進士，巡撫山西，都御史。

補宋

岳珂　讀史備忘捷覽六卷
黃震　古今紀要十九卷

補元

滕賓　萬邦一覽集□卷
曾先之　十九代史略十八卷　一作十卷。
胡一桂　十七史纂古今通要十七卷
董鼎　汪亨　史纂通要後集三卷
吳簡　史學提綱　字仲廣，吳江人，紹興學錄。
古今通略句解五卷
車若水　宇宙略記

職官類

大明官制二十八卷

諸司職掌十卷　洪武二十六年三月,吏部署部事侍郎翟善同翰林儒臣編。先是,帝以諸司秩有崇卑,政有大小,無方冊以著成法,恐蒞官者罔知職任政事設施之詳,乃命依《唐六典》制,自五府至六部都察院以下諸司,凡設官分職之務,類編成書,及是成。①

憲綱一卷　洪武四年五月,御史臺進,凡四十條,上親加刪定。其後,諸臣有任情增改者,宣宗再令考舊文而申明之。

宣宗御製官箴一卷　凡三十五篇。

諸司衙門官制考二卷

官制大全十六卷

品級考二卷　又　**品級考五卷**

郭子章　官釋十卷

李日華　官制備考二卷

六部職掌六卷

雷禮　國朝列卿年表一百三十九卷　起明初,至隆慶。②

王世貞　國朝公卿年表二十四卷

項篤壽　列卿年表

李維楨　國朝進士列卿表二卷

徐鑑　續列卿年表十冊

黃尊素　隆萬兩朝列卿紀

許重熙　國朝殿閣部院大臣年表十六卷　起吳元年,迄天啟七年八月。

范景文　國朝大臣譜十六卷　自吳元年至泰昌元年止,編年類次,內閣六部都察院遷除卒官事實皆具。③

---

① "成"後,《千頃堂書目》卷九尚有"詔刊行,頒布中外"語,當據補。
② 此條後朱筆補:"銓曹表、南京太僕寺志十六卷、宋兩府年表。"熊《志》入正文。
③ 此條後朱筆補:"南樞志一百七十卷,張可仕同輯。"熊《志》入正文。

明宰輔編年録
內閣事宜一卷
鄭曉　直文淵閣年表一卷①
陳盟　崇禎閣臣年表一卷　又　內閣行略一卷
黃佐　翰林記二十卷②
陳沂　皇明翰林志
廖道南　殿閣詞林記二十二卷
續殿閣詞林記□卷　不知撰人。
陸深　翰林記
呂本　館閣類録二十二卷
張元忭　館閣漫録十卷
周子義　中書直閣記
焦竑　詞林歷官表三卷③
翰苑題名録一卷
張位　詞林典故一卷　又　翰苑須知一卷　又　史職議一卷
周應賓　舊京詞林志六卷
董其昌　南京翰林院志十二卷
劉昌　南京詹事府志二十卷
鄭曉　典銓表一卷
雷禮　銓曹表
李默　吏部職掌四卷
張瀚　吏部職掌八卷
吏部新修四司職掌四十卷
鄭汝璧　封司典故八卷

---

①　此條後朱筆補："典銓表一卷。"熊《志》入正文。
②　此條後朱筆補："南雍志二十四卷、南雍條約一卷。"熊《志》入正文。
③　此條後朱筆補："京學志八卷。"熊《志》入正文。

王士騏　銓曹紀要十六卷

宋啓明　吏部志四十卷

王佐　太宰問①

袁祥　天官紀事

銓衡　人鑑考十四卷

汪宗伊　南京吏部志二十卷　又　留銓志餘二卷

徐大相　銓曹儀注五卷

戶部職掌十三卷

曾嶼　計部大事記

祝鳩氏十書　《皇恩大賚錄》《京邊會議疏》《邊鎮舊餉》《遼餉支放册》《黔餉簡明册》《屯田議額》《鹽法條例》《搜括加派》《官員姓名册》。

王崇慶　南京戶部志二十卷

謝彬　南京戶部志二十卷

吏禮二部條例

宋端儀　祠部典故

李廷機　春官要覽六卷

禮部儀制司職掌八卷

兵部四司職掌

李化龍　邦政條例十卷

譚綸　軍政條例類考七卷　萬曆二年修進。

軍政條例七卷

兵部會議揭帖一卷

軍政事例六卷

軍政條例摘抄十卷

武選司邦政條例十一卷

陳夢鶴　武銓邦政二卷

---

① 此條後朱筆補："橋門錄,和順人。戶部尚書。"熊《志》入正文。

南京兵部職掌五卷
李邦華　南樞新志四卷　崇禎十三年,新定《四司職掌》。
范景文　南樞志一百七十卷　張可仕同輯。
留樞參贊考一卷　又　參贊行事
俞汝爲　南京兵部車駕司職掌八卷
應廷育　刑部志　字仁卿,永康人。嘉靖癸未進士,福建按察司僉事。
龐嵩　刑曹志四卷　又　南京刑部志六卷
劉文徵　刑部事宜十卷　萬曆。
陳公相　陸夢履　刑部文獻考八卷　萬曆。
來斯行　刑部獄志四十卷
范宗文　秋官紀　字以正,永寧人。萬曆甲辰進士,刑部郎中。
江山麗　南京刑部志二十六卷
刑部便覽四册
曾同亨　工部條例十卷　萬曆十九年編。
都穆　工部器皿志
周夢暘　水部備考十卷
劉振　工部志一百三十九卷
南京工部職掌二十一卷
風憲事宜一卷
憲綱事例二卷
王廷相　申明憲綱錄一卷
劉宗周　憲綱規條
傅漢　風紀輯覽四卷
符驗　西臺雜記八卷　凡九類,曰天文,曰院址,曰院臺,曰官制,曰職守,曰俸秩,曰廨宇,曰表,曰文。
何出光　蘭臺法鑑錄二十三卷

徐必達　南京都察院志四十卷①

留臺雜考八卷

丁旦　臺省寶鑑　貴池人。

南京大理寺志七卷

朱廷益　通政司志六卷

陳贄　太常志　天順中修。

夏時正　太常志十卷

陳慶　太常寺志十六卷

盧維楨　太常寺志十六卷　太常寺博士。隆慶四年修。

蕭彥　太常紀二十二卷②

呂鳴珂　太常記二十二卷　括蒼人。萬曆二十年纂。

倪嵩　太常典禮總覽六卷　字中卿，③當塗人。嘉靖己丑進士。官太常寺博士時編進。

屠本畯　太常典錄六卷

太常寺考五卷　不知撰人。

南京太常寺志十三卷

太常寺志外備錄一卷　不知撰人。

沈若霖　南京太常寺志四十卷

南京太常寺典簿廳新纂便覽五卷

顧存仁　太僕寺志十四卷

楊時喬　皇明馬政記十二卷

李日宣　太僕寺志二十二卷

雷禮　南京太僕寺志十六卷

---

① 此條後朱筆補："光祿寺志二十卷。"熊《志》入正文。
② 此條後朱筆補："披垣人鑑十七卷。"熊《志》入正文。
③ "中"，《千頃堂書目》卷九作"仲"。文淵閣《四庫全書》第511冊《(乾隆)江南通志》卷一百四十九人物志"倪嵩"條，作"中"，知作"中"爲確。

汪宗元　馬政條例　官太僕寺卿修。
蔣宗魯　牧政事宜
何熊祥　馬政事宜
光祿寺志四卷
黃宗明　光祿須知　嘉靖中編進。
高尚賢　供儲錄　字大賓，新鄭人。正德丁丑進士。官光祿寺少卿時修。
徐必達　光祿寺志二十卷
南京光祿寺志四卷
鴻臚寺志四卷
韓鼎　尚寶司實錄一卷　合水人。成化辛丑進士，戶部右侍郎。
熊尚文　符司紀
潘煥宿　南京尚寶司志二十卷
周崑　六科仕籍六卷　嘉興人。嘉靖癸未進士。官刑科都給事中時輯。
蕭彥　掖垣人鑑十七卷
南垣論世考
國子監監規一卷　錄洪武以來聖諭，凡監生入監，皆令背誦，不能者，不准支饌。
國子監建置沿革一卷　始吳元年，至永樂五年。
呂柟　監規發明
邢讓　國子監志二十二卷　一作《國子監通志》十卷。
謝鐸　國子監續志十一卷①
王佐　橋門錄　和順人，戶部尚書。
張位　太學條陳覆抄一卷
吳節　南雍舊志十八卷
黃佐　南雍志二十四卷　又　南雍條約一卷
南雍新志十八卷

---

① 此條後朱筆補："宰輔沿革。"

王材　南雍申教録十五卷　又　太學儀節二卷　又　南雍再蒞録一卷

崔銑　國子監條例類編六册　嘉靖二年編。

王儼　南京國子監條例六册　起洪武十五年,至成化十五年。　又　續條例二十六册　起成化十六年,至嘉靖二十二年。

吳錫　冑監長編　字用庶,金谿人。洪武中國子監助教。

盧上銘　馮士驊　辟雍紀事十五卷

汪俊　四彝館則例二十卷　四彝館考二卷

兩館題名記一卷

使規

使職文獻通編二十二卷

秘省合編

楊樞　上林記八卷

王象雲　上林彙考□卷

南京上林苑志

李楨　首善編□卷　萬曆初,官順天府丞時輯。

焦竑　京學志八卷　南京應天府學。

錦衣衛紀事總目　又　紀事須知　又　錦衣衛事件

張可大　南京錦衣衛志二十卷

操練軍士律一卷　洪武六年頒。　又　軍法定律一卷

天下都司衛所一卷

驛傳事例

兵部續議驛傳事例

楊紹芳　清軍條例①　清軍兩廣時輯。　又　刷卷事例

傅鸚　軍政類編二卷　凡十四類。鸚,應州人。嘉靖癸未進士,御史,山東副使。

---

① "例"字原脱,據《千頃堂書目》卷九補。

熊太古　元京畿官制二卷
雷禮　宋兩府年表
呂邦燿　續宋宰輔編年錄二十卷
彭韶　政訓五卷　又　天曹日錄　又　秋臺錄
汪天錫　官箴集要二卷　嘉靖中御史。汝陽張□□命仁和教諭汪天錫編。
明職一卷
官常政要十四卷　皆不知撰人。
謝鐸　宰輔沿革
李□□①　鹽梅志二十卷　字尉元。萬曆中，官雁門兵備。
王蓂　仕範
胡拱辰　文武學則
張選　作縣事宜
殷近仁　茋政諴銘四十二篇　嘉興人。洪武初，爲平遥知縣，獻于朝。後官廣西參議。②

補宋
許月卿　百官箴六卷
胡太初　晝簾緒論一卷　寶祐間知汀州事。

補元
高謙　吏部格例一百八十卷　雄州人，河間等路都轉運使。
潘迪　憲臺通紀二十三卷　監察御史。
索元岱　南臺備紀二十九卷　《國子監書目》作二十二卷。

---

① 文淵閣《四庫全書》第 394 册《續通志》卷一百五十九"藝文略"載作者爲"李茂春"。

② "諴"，原誤作"誠"，據《千頃堂書目》卷十、文淵閣《四庫全書》第 545 册《山西通志》卷九十二"殷近仁"條改。

王惲　中堂事紀三卷　又　烏臺筆補□卷

陳剛　歷代官制說

趙世延　風憲宏綱

郝經　行人志

曾德裕　考功曆式二卷　永豐人，大德中翰林直學士，知制誥。

周伯琦　官箴一卷　凡十篇，首經筵，次中書、兵部、御史、翰林、國史、崇文、宮學、太府、參政，皆伯琦所歷官也。

六曹法十二卷　不知撰人。

故事類

太祖御製永鑑錄一卷　訓親藩，一作二卷。　又　紀非錄一卷　訓周齊潭魯諸王。　又　世臣總錄二卷　自魯周公至唐劉蘭止，各有論斷。
又　宗藩永鑑錄五卷　又　御製祖訓一卷　洪武二十八年九月庚戌，頒于內外文武諸司。　又　祖訓條章一卷　洪武二年四月乙亥，詔中書省編定封建諸王國邑及官屬之制，至六年六月書成，目凡十三，帝自為序，頒之諸王。且錄于謹身殿及乾清宮東壁，命諸王亦書于王宮正殿、內宮東壁，以時觀省。
又　昭鑑錄五卷　太祖常命禮部尚書陶凱、主事張籌等采錄漢、唐以來藩王善惡以為鑑戒。後凱出參行省，編輯未成。於是詔秦王傅文原吉、翰林編修王僎、國子博士李叔元、助教朱綬、錄事蔣子杰等續修之。至六年三月書成，太子贊善、大夫宋濂為序，以進，頒賜諸臣。一作二卷。　又　申明誡諭書　洪武五年八月丙戌成，頒示天下。　又　為政要錄一卷　其書載文武官屬體統及僉書案牘次第，軍士月俸廩餼，與宿衛之禁、屯田之政，凡十有三條，洪武三十年正月頒行。

存心錄十八卷　洪武四年，詔吳沈等編次祭祀壇位禮儀圖說，又以歷代災祥可驗者條列于後，且述齋戒之義以備觀覽。《國子監書目》作十卷。

省躬錄十卷①　《存心錄》既成，復命贊善劉三吾編類漢唐宋以來災異之應于臣下者為一書。洪武十九年三月成編，詔頒行之。

精誠錄三卷　洪武十六年二月，吳沈等撰進，類編古聖賢敬天忠君孝親之言散見

---

① "十"，《千頃堂書目》卷十一作"七"。

于六經、《語》《孟》《國語》諸書者，每事各爲一類，命沈爲序。

醒貪録二卷　　洪武二十五年八月，命户部臣將內外官月給俸米之數以米計其用穀之數，又計其田畝米穀之數與其用力多寡爲書，頒賜中外，使知卹民。一名《醒貪簡要録》。

武士訓戒録一卷　　洪武二十一年頒，編類古今武臣善惡事，直解其義以訓之。

國朝制作一卷　　洪武初，王叔銘奉敕編集。

宮殿額名①

大明會要八十卷　　不知何人編，太祖開國時事，凡三十九則，曰帝系，曰仁政，曰后妃，曰封建，曰職官，曰官制，曰內職，曰版籍，曰方域，曰鬭放，曰禮樂，曰祭祀，曰賞賜，曰勸賞，曰祥異，曰學校，曰建言，曰兵政，曰除寇，曰僧道，曰開基濠泗，曰定策渡江，曰定鼎金陵，曰定北平，曰降西蜀，曰平雲南，曰克張士誠，曰取關隴，曰取山西，曰平廣海，曰來方谷珍，曰下八閩，曰平溪峒，曰收塞北，曰服荆楚，曰降遼東，曰奠西域，曰來納哈出，曰定四彝。

志戒録二卷　　洪武十九年十月頒，采古爲臣悖逆者，賜□臣教官諸生講誦，俾知所鑑戒。

歷代公主録二卷　　洪武時編，始隋蘭陵公主，終唐襄陽公主，分善惡，以爲勸誡。

臣戒録一卷　　洪武十三年，胡惟庸謀叛事覺，命翰林侍臣纂修歷代諸侯王宗戚、宦官之悖逆不道者，凡二百十二人行事，録示中外群臣。

歷代君鑑

宣宗御製歷代臣鑑三十七卷　　又　**外戚事鑑五卷**　　俱宣德元年。

大明會典一百八十卷　　弘治十年十一月，上以累朝典制，散見疊出，未會于一，敕大學士徐溥等仿《唐會要》、元《經世大典》、《大元通制》爲書。十五年正月書成，未及頒行。正德四年，復命大學士李東陽、焦芳、楊廷和等校定，補正遺缺，成書。兩朝皆有御製序，其書止于弘治十五年。至嘉靖八年，復命閣臣纂修十六年以後迄于嘉靖九年以前事，例續之。

重修大明會典二百二十八卷　　萬曆四年，命閣臣續修嘉靖以來事例，迄萬曆十四年止。

條例全文三十卷

---

① "額"，原誤作"類"，據《千頃堂書目》卷九改。

條例節略三十二卷
條例備考二十四卷
增修條例備考二十六卷　一作二十卷。
宗藩要例二卷
宗藩條例二卷　嘉靖四十四年二月,大學士李春坊等輯。①
邦政條例二卷
武黃條例一卷②
問刑條例六卷
政刑類要八卷
科場切要事宜一卷　萬曆四十六年,禮部頒。
學政格式
節行事例
呂㘸　國朝條例
諸司便覽見行條例十册
國朝山陵考
勞堪　皇明憲章類編四十二卷
徐學聚　國朝典彙二百卷　都察院右僉都御史徐學聚督學山東日,編輯典故,爲此書。始于開國,迄于慶、曆。③
馮應京　皇明經世實用編二十八卷
陳仁錫　皇明世法錄九十二卷
宗藩名封錄
宗藩事宜覆疏
戚元佐　宗藩議一卷　隆慶初,元佐爲禮部郎中時上。

---

① "坊",《千頃堂書目》卷九作"芳"。
② "一",《千頃堂書目》卷九作"二"。
③ 此條後有朱筆補:"歷朝璿鑑四卷。"

鄭汝璧　功臣封爵考八卷①

公侯襲封底簿

國朝功臣鐵券式

黃溥　皇明經濟錄五十二卷

陳九德　刪次名臣經濟錄十八卷

黃仁溥　皇明經世要略四卷

鄧球　泳化續編十七卷

秘閣元龜政要十六卷

何鏜　修攘通考六卷

汪鯨　大明會計類要十二卷　　字時躍,績溪人。嘉靖戊子舉人,保寧府通判。

萬曆會計錄四十三卷

戶部新餉款目

萬曆九年清丈田糧錄四卷

王儀　吳中田賦錄　　字克敬,文安人。嘉靖癸未進士,右副都御史。

婁志德　兩浙賦役成規十卷　　字存仁,通許人。正德丁丑進士,爲浙江右布政使時輯,後官山東巡撫,都御史。

均平錄

兩浙賦役全書十二卷

均平全議二卷

徐民式　三吳均役全書四卷

均役均田條議一卷

長洲縣清查全書六卷

錢嶫　賦役詳稿四卷　　字民望,南直隸通州人。嘉靖壬辰進士,浙江參政。

劉斯潔　太倉考十卷　　萬曆八年訂。

何士晉　廠庫須知十二卷

---

① 此條後有朱筆補:"皇明臣謚類抄二卷。"

席書　皇明漕船志一卷　又　漕運録二卷

邵寶　漕政録十八卷①

户部漕運議單二册

楊宏　漕運志四册　字希仁，大河衛人。嘉靖中漕運總兵官。

漕乘八卷　一曰《政》，二曰《船》，三曰《卒》，四曰《官》，五曰《河》，六曰《海》，七曰《倉》，八曰《刑》，不著撰人名氏。

漕運通志十卷

王在晉　通漕類編九卷

陳仁錫　漕政考二卷

趙官　後湖志五卷附録一卷　字惟賢，合州人。正德辛未進士，南□科給事中。②

後湖黄册志六卷　又　重修後湖志十一卷

陳鍾盛　運册新考　字惟德，臨川人。萬曆己未進士，曹濮兵備副使。

余懋學　留儲志

丁賓　排門條編便民册

蔣宗魯　齊梁監兑録

崔旦　海運編二卷　附元熊。《海道經》一卷。

海運則例一卷

海運末議一卷

劉體仁　海道漕運記一卷

王宗沐　海運志二卷

梁夢龍　海運新考三卷

海運詳考

陸深　科場條貫一卷

明歷科殿試録七十卷　又　歷科會試録七十卷　俱起洪武辛亥，迄

---

① "政"後，《千頃堂書目》卷九有"舉要"二字。

② 空格處，《千頃堂書目》卷九作"京"。

崇禎庚辰科。

俞憲　皇明進士登科考十二卷

皇明歷科進士考二十卷

張朝瑞　皇明貢舉考八卷　　起洪武四年辛亥科,迄萬曆八年庚辰科。①

明狀元考四卷

雷禮　明元魁表　又　豫章科目表　又　豐城科第記

顧祖訓　皇明狀元圖考五卷

張弘道　皇明三元考十四卷　又　科名盛事錄七卷

宋端儀　莆陽科名志　又　高科考②

張朝瑞　南國賢書六卷　前編二卷

陳汝元　皇明浙士登科考十卷　　一作蘭溪郭若偉著。

邵捷春　閩省賢書六卷

甘雨　吉安貢舉考四卷

張志淳　諡法二卷

何三省　帝后尊諡紀略

王世貞　諡法考六卷

鄭汝璧　皇明臣諡類抄二卷

鮑應鰲　皇明臣諡彙考二卷　　字山甫,歙人。禮部祠祭司郎中。③

葉秉敬④　皇明諡考三十八卷

孫能傳　皇明諡法纂十卷　　字一之,奉化人。萬曆壬午舉人,中書舍人,後官主事。

郭良翰　皇明諡紀彙編二十五卷

咨訪諡號冊

---

① 此條後有朱筆補:"南國賢書六卷前編二卷、金華荒政、常平倉記、宋登科錄"。

② "考",《千頃堂書目》卷九作"錄"。

③ "祠",原誤作"詞",據《千頃堂書目》卷九改。

④ "秉",原誤作"來",據《千頃堂書目》卷九、《四庫全書總目》卷八十三"明諡考三十卷"條改。

諡號錄二册
王圻　諡法通考十八卷
功臣廟壁圖一卷
兵部見行事例
驛傳事例
史繼階　皇明兵制考三卷
軍政律條
軍政事實
兵部清軍事宜
侯繼高　全浙兵制考四卷
畢□□　國朝九邊兵略二卷　官御史。
王士琦　三雲籌俎考四卷
陝西四鎮軍馬數
吕高　勘定三城錄
復河套議
何孟春　軍務集錄六册
閻世科　計遼始末四卷　萬曆中督餉户部。
蔡鼎　邊務要略十卷
周文郁　邊事小紀六卷
王士騏　皇明馭倭錄八卷
三省礦防考二卷
劉應節　沿邊軍籌
武舉錄式樣一卷　正德十五年頒。
王瓊等　武舉奏議一卷
武進士登科考二卷
方日乾　屯田事宜五卷
屯政紀略一卷

楊守謙　屯田議一卷

張抱赤　屯田書一卷　崇禎□□年□月,具疏呈進。

沈啓　南船記四卷　又　南廠記

倪涷　船政新書四卷　字霖仲,上虞人。萬曆甲戌進士,爲南兵部郎時修,後官瓊州知府。　船政要覽二卷

船政條議一卷

司舫卮言二卷

繕司條議　以上不知撰人。

胡彥　茶馬類考六卷

陳講　茶馬志四卷　遂寧人。嘉靖□□進士,山西提學副使。

譚宣　茶馬志　蓬溪人。

徐彥登　歷朝茶馬奏議四卷

王宗聖　榷政記十五卷　字汝學,義烏人。嘉靖甲辰進士,福建按察司僉事。

薛僑　南關志六卷

許天贈　北關志十二卷

田藝蘅　北新關志□卷

王廷幹　北新關志十五卷

荆之琦　北新抄關志十六卷

張裕　滸墅關志十六卷

焦希程　維揚關志四卷

潘潢　清原關志四卷

袁表　河西關志六卷

開國以來節次賞賜則例文册三帙

洪武中招撫逃民榜文一卷

林希元　荒政叢言一卷　嘉靖八年,希元爲廣東按察司僉事上,凡爲六綱三十三目,參酌古法,體悉民情,帝以其切于救民,從之。①

―――――

①　"三十三",《千頃堂書目》作"二十三"。

宋纁　荒政輯略二册① 萬曆十五年，河南、陝西災荒，戶部尚書宋纁條奏事宜。

賀燦然　備荒議一卷②

劉世教　荒箸一卷③

長洲縣救荒全書八卷

宋繼吉　救荒活民補遺書三卷

陳幼學　救荒全書

張朝瑞　金華荒政　又　常平倉記

俞汝爲　荒政要覽十卷

章嘉禎　里役書

南國畜艾編八册

余夢鯉　大明會典抄略十三卷　戶部郎中。

鄒泉　古今經世格要二十八卷

王圻　續文獻通考二百五十四卷

徐奮鵬　古今治統二十卷

朱健　古今治平略三十六卷　進賢人。天啓辛酉舉人，推官。

李賢　鑑古錄　英宗時進呈，取堯舜以下二十三君所行最善者數十事。

顧潛④　稽古政要十卷　弘治十六年，潛爲監察御史時進呈。

張居正　帝鑑圖說六卷　隆慶六年八月進呈，取歷代人君善可爲法者八十一事，惡可爲戒者三十六事，每一事爲一圖。

焦竑　養正圖解二卷　萬曆二十五年九月，修撰竑爲皇長子講官編進。上命賜皇長子，同官有嫉之者，言其私因，陳矩以進，坐浮躁，降廣東斷事。

―――――

① 此條後有朱筆補："古今藥石。"

② "備"，《千頃堂書目》卷九作"救"。

③ "箸"後，《千頃堂書目》卷九有一"略"字。

④ "潛"，原誤作"濆"，《千頃堂書目》卷十一作"潛"，同時，卷二十一載有顧氏"靜觀堂集十四卷"，小注言："字孔昭，崑山人，御史，出爲馬湖知府。"《續修四庫全書》第576册影印民國二十二年上海蟬廬石印本《緣督廬日記抄》卷六載："桴亭先生名潛，字孔昭，……嘗輯唐虞以來事可爲治法者，名《稽古政要》。"據改。

劉誠　千秋日鑑錄　成化中,誠爲秀王長史編進。
劉元卿　六鑑舉要六卷
戚雄　歷代君臣紀略四卷
唐瑶　歷代志略四卷　凡八類十五事。
馮柯　歷代宗藩訓典十二卷
張銓　纂古錄六卷①
耿定向　碩輔寶鑑要覽四卷
黃廷鵠　爲臣不易編八卷　字孟舉,松江人。順天府通判,崇禎初進呈。
宋纁　古今藥石
吳伯與　宰相守令宙合
喬懋敬　古今廉鑑八卷　一名《壺天玉露》。號純所,松江人。
錢陞　錢氏廉鑑四卷
徐元太　全史吏鑑四卷
李仲僎　循良彙編四卷
牧津四十四卷②
李廷寶　牧民懿矩　曲江人。舉人,官長史。
蔡國熙　守令懿範四卷　隆慶間蘇州府知府。
李春芳　增輯殷棠川仕途監懲錄
李栻　循良政範三卷
丁旦　守令寶鑑
成勇　李署炯戒錄　取古今吏治得失加以論斷爲書。
夏寅　政鑑三十二卷　起堯舜,迄元,采經史諸書之言吏事者。成化十六年自序。
張朝瑞　宋登科錄

---

①　"纂",《千頃堂書目》卷十一作"慕",清乾隆四年(1739)武英殿刻本《明史》(以下簡稱"殿本《明史》")卷九十七"藝文志"作"鑑"。
②　《千頃堂書目》卷十一著錄作者,爲"祁承爜"。

張幹　狀元紀事三卷　起宋太祖建隆庚申,至明世宗嘉靖己丑科。

宋狀元考十二卷

劉三吾　志戒錄二卷　採晉里克至宋劉正彥諸人事實,一名《歷代奸臣備傳》。

王畿　中官中鑑錄七卷

張世則　貂璫史鑑四卷

中貴芳摹一卷

李貴　思齊錄　集古宦寺可法者,以訓內書堂中官。

徐學聚　歷朝璫鑑四卷

吳麟徵　黨鑑四卷

金忠　御世仁風四卷　萬曆時守備鳳陽中官。

補宋

呂中　皇朝大事記九卷　又　中興大事記六卷　字時可,泉州人,淳祐七年進士,官秘書郎。一本二十三卷。

漢七制唐三宗史編句解十三卷　不知撰人名氏。

史志通典治原十五卷　不知撰人名氏。

馬端臨　文獻通考三百四十八卷

柴望　丙丁龜鑑六卷

補金

楊伯雄　瑤山往鑑　槁城人,官右補闕,顯宗在東宮,伯雄編進。

補元

大元通制八十八卷　至治三年命完顏納丹、曹伯啟纂集累朝格例而損益之,凡二千五百三十有九事。

朵爾直班　治原通訓四卷　一曰學本,二曰君道,三曰臣職,四曰國政。

國朝憲章十五卷

成憲宏綱四十卷

郝經　玉衡貞觀十二卷
王惲　守成事鑑十五篇　成宗即位時編進。　又　承華事略二十篇
　　　又　相鑑五十卷
瞻思　帝王心法　文宗時進呈。
馬祖常　列后金鑑　又　千秋紀略
李好文　歷代帝王故事　其目有四，一曰聖慧，二曰孝友，三曰恭儉，四曰聖學，凡百有六篇。　又　大寶錄　取古史自三皇迄金宋歷代授受國祚久速、治亂興廢成書。　又　大寶龜鑑　取前代帝王善惡之當法當戒者，三書皆至正九年進呈。
孟夢恂　漢唐會要
許師敬　皇圖大訓
揭奚斯　奎章政要
蘇天爵　治世龜鑑一卷
王士熙　禁匾五卷
陳櫟　六典撮要
葉留　爲政善惡報應事類十卷
張養浩　三事忠告三卷
張光大　救荒活民書八卷

時令類

李泰　四時氣候解四卷
黃諫　月令通纂四卷
盧翰　月令通考十六卷
袁裒　歲時記一卷
許仲譽　月令事紀四卷
陳垲　編日新書十二卷　字吉藪，應城人。陳士元子，人稱博學如其父。
洪常　歲時節氣集解一卷
陳經邦　月令纂要一卷

陳三謨　歲序總考七卷　又　歲時事要一卷
馮應京　月令廣義二十四卷
吳嘉言　四季須知二卷
陸啓浤　長安歲時記一卷

補宋
陳元靚　歲時廣記四卷
周守忠　養生月覽一卷

食貨類

張之象　注桓寬鹽鐵論十二卷
朱廷立　鹽政志十卷
兩淮簡明鹽法二卷
史啓蟄①　兩淮鹽法志十二卷
陳聘　兩淮鹽法志六册　運使。嘉靖間修。
袁世振　兩淮鹽政疏理成編十五卷　字仲建,祁州衛人。萬曆戊戌進士,兩淮鹽法副使。
唐臣　兩浙鹾志　巡鹽御史。
兩浙鹽法條例五十卷
欽依鹽法要覽　又　要覽續編共十四卷
兩浙行鹽事宜六卷
招商事宜一卷
場所公費事宜一卷
重修兩浙鹾志三十卷
兩浙訂正鹽法四卷

---

① "蟄",原誤作"哲",殿本《明史》卷九十七同,據《千頃堂書目》卷九、《四庫全書總目》卷八十四"兩淮鹽法志"條改。

王圻　两浙鹽志二十四卷
冷宗元　長蘆鹺志七卷
許天贈　两浙長蘆事宜　字德夫，黟縣人。嘉靖乙丑進士，山東參政。①
李開先　山東鹽法志六卷
譚耀　山東鹽法志四卷
王貴　山東鹽法志　字道先，清江人。嘉靖壬午舉人，鹽運同知。②
詹榮　河東運司志十七卷
蔣春芳　河東運司志五册
八閩鹽政志
謝肇淛　王宇　八閩鹺政志十六卷
李檖　粵東鹽政考
粵西鹽政考二册　萬曆間修，不知撰人。
陳善　黑白鹽井事宜二卷　又　六衛倉條革二卷
傅浚　鐵冶志二卷　福建南安人。弘治己未進士，工部郎中，督理遵化鐵冶。
羅汝芳　大明通寶義一卷
郭子章　泉史十二卷③
□□□　錢通
□□□　錢法八規一册
余思孝　食貨志選三卷
陸深　古奇器錄一卷
徐象梅　廣古奇器錄二卷

---

①　"贈"，原誤作"增"，據《千頃堂書目》卷九、《四庫全書總目》卷十七"詩經正義"條改。
②　"清"，《千頃堂書目》卷九作"靖"。《四庫存目叢書》史部第212册影印明崇禎刻本《(崇禎)清江縣志》卷七"王貴"條載："王貴字道充，嘉靖壬午舉人，……以善讞稱，轉鹽運司同知，條鹽政時宜，……有《賄方辨》《祠堂議》《序卦傳測災疾稿》《金陵稿》《山東鹽法志》等等，當即此王貴，故作"清"是。
③　此條後朱筆補："劍記一卷。"

王惟儉　古事抄五卷　又　璽史一卷
胡文煥　古器具名二卷　又　古器總説一卷
郭子章　劍記一卷
錢希言　劍筴
寶璽圖式二册　洪武二十一年,内使阮程于内承運左六庫,取出大玉寶五十顆,① 小玉圖書一百四十一顆,辯驗文字,分類編進。
顧□□　印藪六卷②
周應愿　印説一卷
羅王常　秦漢印統八卷　字延年,歙人。
徐官　古今印史一卷
周嘉冑　香乘三十六卷
林有麟　素園石譜四卷
范明泰　清宛堂石譜一卷
葉良貴　歙硯志四卷　婺源人。饒州知府,一作葉天球。
許如蘭　天然硯譜一卷
茅康伯　硯譜一卷
麻三衡　墨志
顧□□　冠譜一卷　字孟容。永樂甲辰,尤芳序。
蘇化雨　麴志七卷
馮時化　無懷山人酒史二卷　又　酒經三卷
夏樹芳　酒顛四卷　又　茶董四卷
寧獻王權　臞仙茶譜一卷
顧元慶　茶具圖一卷　又　大石山房十友譜一卷　又　茶譜二卷
田藝蘅　煮泉水品一卷

---

① "寶",《千頃堂書目》卷九作"璽"。
② 《四庫全書總目》卷一百十四有"印藪六卷"條,明顧從德撰。

徐燉　茗笈三十卷
張源　茶錄一卷　字伯淵。
方于魯　墨譜六卷
程君房　墨苑十卷
鍾泰華　文苑四史一卷
甘旭　印正五卷
張應文　焚香略一卷　又　清秘藏二卷　崑山人。
趙世顯　玉史一卷①
徐令　印史一卷　號榆菴，吳縣人。
王希旦　大禹九鼎圖述一卷
屠本畯　茗笈三卷②
陸樹聲　茶寮記一卷
許然明　岕茶疏一卷
馮可賓　岕茶箋一卷
高元濬　茶乘四卷③
陳克勤　茗林一卷
羅廩　茶解一卷
朱曰藩　盛時泰　茶事彙輯四卷　一名《茶藪》。
萬邦寧　茗史二卷
程伯二　品茶要錄補一卷
李鳴雷　古酒史六卷
徐炬　酒譜一卷
午橋釣叟　酒譜續編四卷
馮元仲　酒克一卷

---

① 此條後朱筆補："鳳談一卷。"
② 此條後朱筆補："閩中荔枝譜八卷、閩中海錯疏三卷。"
③ 此條後朱筆補："花疏六卷。"

李伯良　酒史評二卷
韓奕　易牙遺意二卷　又　續易牙遺意一卷　周履靖。
孫鑛　坡公食飲錄二卷
朱泰來　飲食須知一卷
王路　花史左編二十四卷
陳詩教　灌園史四卷
王象晉　二如亭群芳譜二十八卷
蔣以化　花編六卷
江之源　百花藏譜二卷
高濂　三徑怡閒錄二卷
靜虛子　花譜一卷
高元濬　花疏六卷
陳正學　灌園草木識六卷
周憲王橚　誠齋牡丹譜并百咏一卷
安泯　叢桂牡丹譜一卷
朱統鐩　牡丹志
亳州牡丹志一卷
薛□□[1]　牡丹史四卷
東會王　草花譜一卷
鎮平恭靖王有炫　德善齋菊譜一卷
黃省曾　藝菊書一卷[2]
盧璧　東籬品彙錄一卷[3]　字國賢，南京金吾右衛人。嘉靖戊戌進士，苑馬寺少卿。

---

[1]　《千頃堂書目》卷九、《四庫全書總目》卷一百十六"牡丹史四卷"條著者作"薛鳳祥"，可據補。
[2]　此條後朱筆補："養魚經一卷；獸經一卷，自注。"
[3]　"一"，《千頃堂書目》卷九作"六"。

施三捷　澹圃菊譜二卷
周履靖　菊譜一卷
陳淏①　桐譜一卷
張應文　羅鍾齋蘭譜二卷　國香集一卷　集宋元諸家蘭譜。
屠本畯　閩中荔枝譜八卷
徐燉　荔枝通譜十六卷　鄧慶寀補。
宋珏　荔枝譜一卷
曹蕃　荔枝乘一卷②
宋□□　竹嶼山房雜部二十七卷　前集《樹畜》四卷,《養生》六卷,《家要》二卷,《宗儀》二卷,《家規》四卷,後集《種植》一卷,《尊生》八卷。前集宋久甫著,後集宋天民著,孫孝廉稚源輯。
楊慎　異魚圖讚四卷
屠本畯　閩中海錯疏三卷
張九崚③　海味索隱一卷
曹蕃　食品記一卷
吳禄　食品集二卷
黃省曾　養魚經一卷　又　獸經一卷　自注。
袁達　禽蟲述二卷　字德修,閩縣人。博學強記,性迂不曉事,人謂爲痴,爲貴溪令。嘉靖間,詣闕獻賦,執政以其無奇也,罷之。
蔣德璟　鵝經十二卷④
趙世顯　鳳談一卷
郭子章　馬記一卷
楊時喬　馬書十四卷　又　牛書十二卷

---

① "淏",原誤作"蒿",據文淵閣《四庫全書》第 674 册《直齋書録解題》卷十、《千頃堂書目》卷九改。
② 此條後朱筆補:"食品記二卷。"
③ "崚",《千頃堂書目》卷九作"峻"。
④ "鵝",《千頃堂書目》卷九作"鶴"。

賈□□　牛經四卷
鴿經一卷
徽府敘刻促織譜一卷
徐㷆　蜂經疏二卷
蜂譜一卷
鄧玉函①　遠西奇器圖說三卷

補宋
杜綰　雲林石譜三卷
高似孫　硯箋四卷
林洪　文房職官圖贊一卷
羅先登　續文房圖贊一卷
安晚先生　文房四友除授制一卷
史鑄　百菊集譜六卷　又　菊史補遺六卷
陳達叟　本心齋蔬食譜一卷
陳仁玉　菌譜一卷
賈似道　促織經一卷
王貴學　王氏蘭譜一卷
趙時庚　金漳蘭譜一卷

補元
趙孟頫　印史二卷
申屠致遠　集古印章二卷
吾衍　古人印式二卷
王厚之　復齋漢晉印章圖譜一卷

――――――
①　"玉"，原誤作"王"，據《千頃堂書目》卷九、《四庫全書總目》卷一百十五"奇器圖說三卷"條改。

陸友仁　墨史三卷　又　硯史□卷　又　印史□卷
朱德潤　古玉圖一卷
費著　蜀錦譜一卷　又　蜀牋譜一卷
常普　蘭溪飲膳正要三卷
雲林堂飲食製度集一卷
曹繼善　安遠堂酒令一卷
張穆仲　司牧安驥集□□卷　兵部員外郎。
馬經通元方論六卷　卞管句集。
安驥集八卷
治馬牛駝騾等經三卷
劉美之　續竹譜一卷①

儀注類

大明集禮五十卷　洪武二年八月，上以國家創制之初，禮制未備，中書省令天下郡縣舉素志高潔、博通古今、練達時宜之士，年四十以上者，禮送至京。參考古今制度，以成一代之典。于是儒士徐一夔、梁寅、劉于、周子諒、胡行簡、劉宗弼、董彝、蔡深、滕公琰等至京。時曾魯以《元史》方成，共奏留之，與諸儒同纂修。明年九月書成，詔頒行之。一作五十三卷。初係寫本，嘉靖九年命禮部校定刊行。

孝慈錄一卷　洪武七年九月庚寅成。穆貴妃孫氏薨，敕禮官定喪服之制，乃命翰林學士宋濂考定古制爲是書，十一月庚戌書成，上自爲序。

行移繁減體式一卷　洪武十二年八月，先是，元末官府文移案牘繁冗，非老吏不能通曉。欲習其業，必以吏爲師，官亦惟吏是聽。每曹主之者曰主文，附之者曰貼書，曰小書生，肆爲奸利。帝厭之，命廷臣減其繁文，著爲定式，鏤板頒之，永爲遵守。

禮儀定式一卷　洪武二十年冬十月頒。

洪武禮制一卷

教民榜文一卷　洪武三十一年二月十九日，戶部尚書郁新等同文武群臣于奉天門早朝，欽奉聖旨頒行。

---

① "竹"，原誤作"行"，據《千頃堂書目》卷九改。

稽制録一卷　洪武二十六年三月，詔儒臣編輯功臣服舍制度，自爲序。

禮制集要一卷　命學士劉三吾編輯官民服舍器用等類成書，以戒僭越。凡爲目十有三，自冠服器用以至儀從奏啓書押，皆有等第。洪武二十八年十一月成。

稽古定制一卷　洪武二十九年十一月，頒示功臣。

鄉飲酒禮圖式一卷　洪武十六年十月頒。

祭祀禮儀六卷　載明初列在祀典諸神祇儀注。

建言格式　洪武八年十二月頒。　又　繁文鑑戒　又　表箋式

皇明禮制一卷　明初祀典諸儀，自郊丘至王國山川，凡二十一類。

國初郊壇祭享儀注十卷

祭祀儀注十卷　自大祀天地至普濟禪師各祭祀儀注。　又　祭祀儀注十卷　自圜丘至祀壇圖、陳設、樂舞、祭器、禮物、祝文、樂章、儀注。

禮書四十一卷　不知何時纂，凡十七册，目録一册，吉禮五册，軍禮、凶禮共一册，喪禮三册，①制度一册，考正一册，官制二册，公式三册，雜禮一册。

大明禮制二十五卷　不知何人編。

太祖謚議一册　永樂元年，上謚群臣撰進。

巡狩事宜一册　永樂間儀注。

瑞應圖一册　永樂十六年，建北京宫闕，有卿雲瑞光之祥，帝令日紀爲圖，各爲之説，以示皇太子，令修德以應天意。

成化元年幸學儀注一册

世宗御製忌祭或問一卷　嘉靖七年。

祀儀成典七十一卷　嘉靖間，更定大小諸祀典，自一卷至三十七卷爲更定儀文，三十八卷以後附録章奏賦頌。

郊祀通典二十七卷　嘉靖□□年，禮部尚書夏言等撰進，採集四郊禮儀，以欽定儀注爲經文，附以考議爲傳注。一作五十卷。

世宗尊上皇天上帝儀注一卷

大駕鹵簿圖一册

① "喪"，《千頃堂書目》卷九作"嘉"，當據改。

中宮鹵簿圖一册

儀仗圖三册

東宮儀仗圖一册

親王儀仗圖一册

東宮妃及公主郡主儀仗圖一册

乘輿冕服圖説一册　　嘉靖八年□月,上諭大學士張璁,謂古者上衣下裳,不相掩
覆,今衣通掩其裳,且古裳如帷幔,今止兩幅,均非禮制,命更定之。因分十二章,衣
裳各六。璁考自古有虞及周以下之制爲説,繪圖以進。

乘輿武弁服制圖一卷　　上又謂璁凡乘輿親征,有類造宜禡之祭,當具載武弁
服,令考古制,繪圖以進,璁爲之注説。

玄端冠服圖一卷　　嘉靖七年,上製燕居之冠曰燕弁,服曰玄端,並深衣帶履,大學
士張璁繪圖爲説以進。

御製保和冠服圖一卷　　嘉靖七年,光澤王□奏請冠服之式,上命大學士張璁以
燕弁爲準,參考降殺以賜宗室,璁爲圖説以進。

中宮以下及郡主冠服圖式一卷

朝服圖一册　　文武諸臣朝服、公服、常服、衣履、帶笏之式。

太廟總圖一卷

獻皇帝廟殿圖一卷

天壽山諸陵總圖一卷

泰神殿圖册一卷

帝王廟總圖二卷

大仙都等殿并旋坡臺圖樣一卷

大高玄等殿圖一卷

皇史宬並景神等殿圖二卷①

圓明閣陽雷軒殿宇圖一卷

圜丘總圖一卷

---

① "二",《千頃堂書目》卷九作"一"。

方澤總圖一卷

皇穹宇崇雩壇神祇壇圖樣一卷

大享殿圖一卷

朝日壇總圖一卷

夕月壇總圖一卷

神祇壇總圖一卷

社稷壇圖一卷

雩壇總圖一卷

沙河行宮圖一卷

鼓樓圖一卷

龍鳳船方船四脊黃船圖一卷　以上皆嘉靖間繪進。

圜丘方澤祭器圖一卷

樂器圖一卷

朝日夕月壇祭器圖一卷

樂器圖一卷

太廟供器祭器圖一卷

大享殿供器祭器圖一卷

司設監圖四卷

兵仗局圖五卷

巾帽局圖四冊

鍼工局圖四冊　以上皆圖各壇所用神御物件,並大次帷幄各鎖鑰、執事人冠帶靴履祭服等圖式。嘉靖九年繪進。①

嘉靖祀典十七卷　紀嘉靖祀典沿革,不知編輯名氏。

皇明典禮一卷　萬曆三十四年三月初三日,封皇太子才人頒。

太廟儀注便說一冊　萬曆二十一年,御史趙楷輯。

---

① 此條下,墨筆補一條目:"東宮聖學圖。嘉靖十八年閏七月,禮部尚書霍韜、考功郎中鄒守益同進。"

朝儀二册
親王昏禮儀注一册　又　公主郡主郡君昏禮儀注一册
昏禮傳制遣官圖一册
車駕巡幸禮儀一册
陵寢禮式一册
欽降禮制一册
欽禁奢侈一册
儀制禮式一册
王國儀注一册
儀制事例一册①
鴻臚儀注二册
出使儀注二册
射禮儀注一册
到任儀注一册
累朝禮儀榜例一册
行移體式二卷
欽定儀注輯錄一册　　隆慶六年，漳州府知府羅青霄採輯郡邑慶賀、祭祀諸儀。
射禮儀節二册　　萬曆二十三年，四川提學副使黃克纘編。
嚴嵩　東宮監國事宜一册
朱國祚　册立儀注一卷
皇甫濂　皇明藩府政令一册
郭正域　皇明典禮志二十卷
朱勤美　王國典禮八卷
謝鐸　祭禮儀注
俞汝楫　禮儀志一百卷　　字汝濟，華亭人。

---

①　"制"，《千頃堂書目》卷九作"注"。

容臺儀注
鴻臚寺儀注要録二卷
正德二年新奏禮儀一卷

補宋
咸淳文廟儀式一卷　又　禮器圖一卷

補金
禮器纂修雜録四百卷　世宗命禮官修。
大金儀禮　明昌六年禮部尚書張暐等進。
大金集禮四十卷
陳大任　遼禮儀志
張行簡　禮例纂一百二十卷

補元
李好文　太常集禮五十卷
脫脫木　太常續集禮十五册
王守誠　續編太常集禮三十一册
太常至正集禮二十册
大德編輯釋奠圖八卷　第一至第四卷爲釋奠器服，朱□所定；第五卷爲釋奠節次，元學録劉芳實、彭埜編次；第六卷至第八卷爲侯國通祀儀，宋吳郡何元壽編次，元刻于瀫州路學。
魯巽申　鹵簿圖　又　郊祀禮樂圖十册　又　鹵簿志十卷　又　鹵簿中道外仗圖志十卷　永豐人，爲嚴州教授進書，授大樂署丞，後官應奉翰林文字，人稱之曰亦軒先生。
趙孟頫　祭器圖式十卷①

---

① 類末有墨筆識語："此類應並入經，將此寫完入禮樂之禮類。樂已另入經類。"

政刑類

大明律三十卷 洪武六年,命刑部尚書劉惟謙詳定,其篇目皆準唐律,采用舊律三百八十八條,舊令改律三十六條,因事制律三十一條,掇唐律以補遺一百二十三條,合六百有六條。其間損益務合輕重之宜,每成一篇,輒繕寫以進。上令揭於兩廡之壁,親加裁定。及成,命學士宋濂爲表以進。九年十月,又謂猶有擬議,命右丞相胡惟庸、御史大夫汪廣洋復詳加考定,釐正者凡十有三條,餘仍故。

更定大明律三十卷 洪武二十八年,刑部言比年律條增損不一,在外理刑官及初入仕者不能盡知,致令斷獄失當,請編類頒行,俾知所遵守。遂令翰林院同刑部官取比年所增者,參考折衷,以類編附。舊律名例附斷讞之下,今移載篇首,凡四百六十條。

律令直解□□卷 吳元年,太祖以律令初頒,恐民一時不能盡知法意,乃命大理卿周禎直解其義,頒之郡縣,使人人通曉。十二月進呈。

大明令一卷 太祖命楊慈、劉基、陶安等裁定,分六曹,凡一百四十五條。洪武元年□月頒行。

御製大誥一卷 又 大誥續編一卷 又 大誥三編一卷 太祖以中外臣民染元之俗,往往不安職業,觸麗刑章,乃仿成周《大誥》治之,制爲《大誥》三編。其意切至詳明,皆上自爲序。初編成于洪武十八年,二編、三編皆成于十九年。

大誥武臣一卷 洪武二十年十二月,帝以武臣多出自行伍,罔知憲典,所爲往往麗法,乃製《大誥》三十一篇以訓。

武臣敕諭一卷 洪武二十一年頒。

昭示奸黨錄一卷 第二錄一卷 第三錄一卷 皆胡黨獄詞。

清教錄□卷 條列僧徒交結胡惟庸謀逆爰書,凡六十四人。

逆臣錄五卷 太祖敕翰林臣輯錄藍黨獄詞。

彰善癉惡錄三卷

癉惡續錄一卷

集犯論一卷 錄國初罪犯正典刑者,爲圖書其名姓罪狀以訓吏,編修吳沉序。

長史黃章等 薄福不臣榜文一卷 章,福建人,爲文華殿直府長史。洪武三十年,與侍讀張信、侍講戴德彝、贊善王俊、華司憲、修撰陳䢴、編修尹昌隆、劉諤等翻閱學士劉三吾主考會試落卷，以不用心批閱，且所進卷，有"一氣交而萬物成"及"至尊者君，至卑者臣"等語，坐罪，皆寘于法，惟德彝與昌隆免，特榜其事以示戒。

戒敕功臣鐵榜一卷

大明律例七卷

發落便覽

重修問刑條例□卷　嘉靖二十九年。

三朝律例事實四十册

欽定逆案一卷　崇禎二年。

顧應祥　重修問刑條例七卷

朱升　刑統賦解

劉惟謙　唐律疏義十二卷

何廣　律解辯疑三十卷　上海人。洪武中，以明經薦爲縣令，累官湖廣參議。

程仁壽　刑統賦解　歙縣人。

陳廷璉　大明律分類條目四卷

張楷　大明律解□□卷　又　律條撮要□□卷

應槚　大明律釋義三十卷　又　讞獄程□卷

高舉　大明律集解附例三十卷

范永鑾　大明律例三十卷

徐舟　律法詳明

應廷育　讀律管窺□□卷　字仁卿，永康人。嘉靖癸未進士，福建按察司僉事。

雷夢麟　讀律瑣言三十卷　字伯仁，豐城人。嘉靖甲辰進士，刑部員外郎。

孫存　大明律讀法書三十卷

王樵　讀律私箋二十四卷

鄭汝璧　大明律解□□卷

陸東　讀律管見　祥符人。

林兆珂　注大明律例二十卷

律解附例八卷　隆慶五年三月，刑科給事中王之垣奏請編輯。

舒化　問刑條例七卷　又　刑書會據三十卷
王肯堂　律例箋解三十卷
歐陽東鳳　闡律一卷
刑書會典十八卷
熊鳴岐　昭代王章十五卷
吳訥　祥刑要覽二卷
何文淵　司刑備用①
盧雍②　祥刑集覽　江寧人。天順丁丑進士，湖廣右布政使。
陳璋　比部招擬二卷　字宗獻，樂清人。弘治乙丑進士，刑部郎中，歷官本部
　　侍郎。
王概　王恭毅公駁稿二卷
李裕　山東雪冤錄一卷
張綸　棘臺駁稿　字大任，宣城人。成化甲辰進士，右都御史。
熊桂　大理駁稿　新建人。弘治己未進士，爲大理評事，平反獄詞。
魏有本　大理駁稿　字伯深，餘姚人。正德辛巳進士，漕運都御史。
戴時宗　大理駁稿
王樵　棘寺審駁③
李祐　南法司駁稿六卷　字吉甫，清平衛人。嘉靖丁未進士，巡撫南贛，都
　　御史。
鄭世威　陝西審錄揭帖一卷
陳璋　禮律類要　光州人。與前陳璋別一人。
蘇祐　法家衷集一卷
王鵬　洗冤叙述錄　祥符人。成化辛卯舉人，知衡州府，釋滯獄囚數百人。
金文　好生錄三卷　成化壬辰，文以刑部郎中奉敕審理南畿刑獄，平反二百七十

---

① 此條後朱筆補："□卷,牧民備用一卷。"
② "雍",《千頃堂書目》卷十作"廷佐",據文淵閣《四庫全書》第956冊《萬姓統譜》
　　卷十一可知："盧雍,字廷佐。"
③ "審駁",《千頃堂書目》卷十作"駁審。"

餘事,其奏稿也。

黃仲芳　薇垣平恕錄　又　琴堂平恕錄　建安人。永樂乙未進士,雲南右參政。

王乘　無冤錄一卷　永嘉人。一稱"羊角山叟"。

黃芳　法家要覽三冊

蕭緒　政刑辨釋五卷　字正業,萬安人。舉人,官宿遷、海門知縣。

任志　增補疑獄集一卷

王士翹　慎刑錄二冊

翁汝進　明刑錄二卷

龔大器　比擬指南五卷

杜輅　山西恤刑疏草六冊

熊尚文　天中明刑錄六冊

李文麟　淑問彙編八卷　又　聽斷衡鑑一卷

陳幼學　欽岬題稿①

何熊祥　平刑八議　新會人。萬曆壬辰進士,吏部尚書。

余懋衡　仁獄類編三十卷

閻世科　敬刑錄四卷　字伯登,其先太原人,居山陽。萬曆甲辰進士,湖州推官,治獄有聲,後歷寧前兵備道。

招擬假如十五卷

竇子偁　敬由編十二卷

王圻　洗冤錄二卷

李栻　盡心錄六卷

魏客　爰書一冊

五虎五彪招一冊

崔呈秀招一冊

―――――――――――

① 此條後朱筆補："治湖實政。"

張體乾招一册①
補注大明律例致君奇術十二卷　不知撰人。
朱逢吉　牧民心鑑三卷
鄭節　續真西山政經二卷　字從儉，蘭溪人。正統中南道御史。
何文淵　牧民備用一卷　文淵爲溫州守時所編，本之經史，參以時政爲書。
李裕　古澹政略
薛文清　從政録一卷　一名《從政名言》。
段正　柏臺公案八卷　一作十五卷。
包澤　東川政迹十二卷　字民望，鄞縣人。弘治丙辰進士，南道御史。
蔣公政訓一册
龔輝　全陝政要四卷　一作二卷。
許襄毅公　異政録一卷
徐獻忠　四明平政録
黄焯　尊美堂政録五卷
沈啓　牧越議略
蔡潮　湖湘學政一卷　又　判義六卷　臨海人。弘治乙丑進士，河南右布政使。
黄瓚　東宫録四卷
錢嶸　問政集三卷
唐隆　吏議一册　又　循吏私録一册
劉穩　兩粵政紀　又　粵中猺訓　字朝重，鄞縣人。嘉靖丙辰進士，南京太僕寺少卿。
李貴　五先生政迹　五先生者，濂溪、明道、横渠、紫陽、象山。
吕高　湖南訓規　又　校藝録
李希雒　政學訓言録三卷　太原人。嘉靖中渭南知縣，後官吏科給事中。

---

① "乾"字後，《千頃堂書目》卷十有一"等"字。

項喬　政録①

海瑞　淳安政事録

許孚遠　牧政略

孫應鰲　教秦語録　又　南雍彙稿　又　續稿

李渭　大儒治規三卷

薛應旂　學政公移三卷

宗臣　學約一卷

呂柟　署解文移

李嘉祥　治開政迹　貴池人。弘治丙辰進士,知開州,有治行,弟呈祥纂其事以傳。

林希元　欽州政略

劉時俊　三邑政編三卷

王樵　浙西行事　又　計曹判事　又　西曹判事

余自強　治譜十卷　字健吾。

梁綱　當官三事録三卷　稷山人。

張朝瑞　兩邑節愛録

儲鐵　儲公從政事宜十八冊　鐵巡按中州文移條約及巡撫奏議。

葉春及　惠安政書十二卷

呂坤　呂公實政録七卷

郭子章　撫黔公移四卷

周孔教　撫吳公移四卷

沈節甫　代庖公案八卷

胡友信　政迹録

鄒元標　筮仕要訣一卷

曹璜　治術綱目　字子渭,益都人。萬曆丙戌進士,通政司右參議。

袁黄　寶坻政書二卷　又　袁氏政書二卷

---

①　"政"前,《千頃堂書目》卷十有"歐東"二字。

姜志禮　溫陵實政錄一卷
王士騏　代庖錄二卷
曹學程　侯城政略①
陳玉輝　文江政紀三卷　惠安人。萬曆辛丑進士,吉水知縣,後官南京河南道御史。
黃汝亨　江西學政申言一卷
蘇茂相　臨民寶鏡十六卷
陳幼學　治湖實政
陳龍正　政書二十卷

補金
新定律令敕條格式五十二卷　泰和元年司空襄等進。
泰和律義

補元
至正條格四冊
大元聖政國朝典章一冊
何榮祖　至元新格
吳萊　唐律刪要三十卷
梁琮　唐律類要六卷　又　官吏須用十六卷　安陽人,福建轉運副使。
東甌王氏平冤錄二卷
瞻思　審聽要訣
清明集十四卷
鄭克　折獄龜鑑二十卷
吏學指南八卷

---

① "侯",《千頃堂書目》卷十作"緱"。

馮翼翁　異政錄十一卷
黃邦俊　真陽共理集二卷　永福人,延祐進士,知英州。
真定　東和善政錄　字朝用,蒙古人,爲政和縣達魯花赤,縣人集其斷獄善政爲此書。
何槐孫　善政指南　宜黃縣尹。
辜君政迹一卷　元永豐令辜中政迹。
甘棠集一卷　至元間阿宰浦江致政歸,邑人去思詩。

傳記類

黃金　開國功臣錄三十一卷　續錄一卷　字良貴,定遠人。成化甲辰進士,吏部郎中,出爲廣西參議。錄自徐達至指揮李觀,凡五百九十一人。
錢謙益　開國功臣事略
靖難功臣錄□□卷　不知撰人。
謝鐸　國朝名臣事略□□卷[①]　前集洪武時人,別集永樂時人,後集洪熙、宣德以至成化時人。
彭韶　皇明名臣錄贊二卷　凡三十一人。
楊廉　皇明名臣言行錄四卷　凡五十四人。　又　理學名臣言行錄二卷
徐咸　皇明名臣言行錄前集十二卷　後集十二卷　海鹽人。正德辛未進士,襄陽知府。
李廷機　國朝名臣言行錄[②]
沈應奎　名臣言行錄新編三十四卷
孟化鯉　理學名臣言行錄
何喬新　勳賢琬琰集
王道　皇明名臣琬琰錄二卷　又　琬琰續錄二卷

---

① 空格處,《千頃堂書目》卷十作"二十"。
② 此條後朱筆補:"皇明閣臣錄六卷。"

徐紘　國朝名臣琬琰錄五十四卷　　字朝文，武進人。弘治庚戌進士，雲南按察司副使。

王世貞　楊豫孫　補輯名臣琬琰錄一百十册

沈節甫　琬琰廣錄

焦竑　國史獻徵錄一百二十卷　　《經籍志》作三百六十卷。

史乘通錄宗室内閣六十三卷

史乘科錄一百十五卷

尹直　名臣言行通鑑　又　名相贊一卷

雷禮　國朝列卿紀一百六十五卷　　始洪武，迄嘉靖，隆慶一朝則子映所補。①　又　閣臣行實八卷

王世貞　嘉靖以來首輔傳八卷　又　名卿績紀六卷②

李贄　史閣萬年③

李廷機　皇明閣臣錄六卷　　一名《皇明閣史》。

吳伯與　内閣名臣事略十六卷

薛應旂　皇明人物考七卷　　鄭以偉注。

唐樞　國琛集二卷

顧璘　國寳新編一卷

項篤壽　今獻備遺四十二卷

凌迪知　國朝名世類苑四十六卷　　字稚哲，歸安人。嘉靖丙辰進士，工部員外郎。

錢薇　國朝名臣事實　　海鹽人。嘉靖壬辰進士，禮科給事中。

李贄　續藏書二十七卷

唐鶴徵　明輔世編六卷　　自李善長至胡宗憲，凡四十二人，采其有裨經濟者輯之。　又　續編五卷

---

① "映"，《千頃堂書目》卷十作"㙦"。
② "績紀"，《千頃堂書目》卷十作"續紀"。
③ 此條後朱筆補："續藏書二十七卷。"

童時明　昭代明良録二十卷
董宜陽　近代人物志
劉夢雷　聖朝名世考四卷
林塾　重修明名臣録二卷
過庭訓　直省分郡人物考一百十五卷
王兆雲　詞林人物考十二卷　字元禎，麻城人。
張璽　明尚友集十六卷
江盈科　皇明小傳十六卷
李栽　皇明論世四卷　福清人。萬曆中貢士，崇陽訓導。
張問仁　國朝名臣履歷
林之盛　應諡名臣傳十二卷　字貞伯，錢塘人。自洪武迄萬曆，凡二百八十七人。
黄居中　明文徵論世録□□卷①
瞿汝説　臣略纂聞
馮復京　先賢事略十卷
劉同升　國朝名臣傳　自洪武至崇禎。
劉上卿　國朝五達編五卷　又　歷代五達編一卷
杜瓊　紀善録一卷
陳沂　畜德録一卷
耿定向　先進遺風二卷　一名《芳編》。
顧憲成　清夢録一卷
蘇茂相　皇明寶善類編二卷
史旌賢　維風編二卷
鄒期禎　東林諸賢言行録　無錫人。
太祖御製中山武寧王碑文一卷
黔寧行實

---

① 此條，《千頃堂書目》卷十"明"前有一"皇"字，無"世"字。

郭勛　三家世典一卷　輯徐達、沐英、郭英三家世系、履歷、勳伐、遭遇本末。
郭良　毓慶勳懿集八卷
李臨淮　世恩錄五卷
宋濂　歷官記一卷
鄭楷　宋氏傳芳錄五卷
青文勝　遺愛錄二卷　五世孫青時中輯。
尚書嚴公　流芳錄六卷　嚴震直曾孫思南推官續編。
寧陽王行狀
解學士年譜二卷
解春雨事略一卷
胡文穆公兩朝寵澤錄一卷
蹇忠定公年譜一卷
楊文貞公事實一卷
夏文靖公遺事一卷　孫尚寶司丞瑄輯。
楊文敏公年譜四卷　六世孫臨江府同知肇纂集。
楊可學　楊文敏公遺錄一卷
楊文敏公事實一卷
毘陵胡氏家藏集五卷　又　忠安錄一卷　胡濙。
周文襄公年譜二卷　又　事實一卷　公長子仁俊編。　思善錄一卷　又　遺愛錄一卷　俱紀周文襄事。
顧清　周文襄公年譜一卷
李祭酒傳一卷
陳文定公年譜二卷　陳其柱編。
陳文定公雍略四卷　陳念生輯。
袁廷玉傳一卷　戴良撰。

袁柳莊行實二卷　又　袁柳莊行實類編一卷①
嚴本　伊蒿子傳
魏尚書紀年錄一卷　又　遺事錄一卷
顧曾魯　顧都憲公行錄一卷
范守己　曹月川年譜一卷
張信民　曹月川年譜二卷
薛文清公行實錄五卷 河津王鴻編。
梁格　薛文清公事行錄四卷
薛先生行狀碑志一卷
劉忠愍公事迹一卷
劉持善　劉忠愍公年譜　持善，文愍公孫，官後府都事。
于冕　于少保旌功錄五卷
都御史羅公傳一卷 羅通。
祝允明　天全先生遺事一卷
章恭毅公年譜一卷　章綸子，南京工科給事中元應編。②
韓襄毅公傳志
兵部覆奏韓襄毅功次
尹旻　葉文莊公行實類編一卷
陳芳洲年譜一卷
鳴湮錄一卷　記陳循事。
商文毅公年譜四卷
商文毅公遺行錄一卷
何氏二尚書年譜二卷
劉文介持正錄二卷
項襄毅公年譜九卷　實紀四卷　又　實紀補遺四卷

①　"行實類編"，《千頃堂書目》卷十作"類編"。
②　"應"字，《千頃堂書目》卷十無。

朱英　澹庵紀年
吳都御史年譜一卷　　吳琛。
羅璟　事略
浙江按使軒楊二公始末行實
吳遇賢　楊公清政錄二卷　楊繼宗事實。
王襄敏公越年譜一卷　王紹雍編。
汪來嘉　康懿陳公錄一卷
周經　大司寇徐公行狀一卷
徐侍郎恪行實
馬維　大理寺卿王宇行狀一卷
東海遺愛錄　　南安知府張弼。
何維栢　陳子言行錄
賀欽　醫閭言行錄八卷
王㒜　大司馬三原王公傳一卷
石渠老人履歷
王承裕　太師端毅公遺事一卷　又　遺事外集一卷
太師馬端肅公傳並年譜六卷　　王鴻儒。
賈咏　馬端肅公行狀一卷
劉忠宣言行錄一卷　又　劉忠宣公實錄二卷
李夢陽　尚書黃公傳二卷
王㒜　許襄毅公傳一卷
何瑭　許襄毅公二傳異同一卷
吳奭　吳文定公考德錄二卷
邵魯　邵文莊公年譜二卷
彭澤　段可久年譜
陸崑　閔莊懿公年譜一卷
阮鶚　章楓山年譜一卷

康長公世行敘述
秦金　鄢陵劉公傳一卷
費文憲公遺德錄十八卷
劉存思　太保劉文肅公遺錄一卷　劉忠。
少保陶恭介公垂休錄一卷
楊文忠公行狀一卷　楊廷和。
陽明先生年譜十卷　遺事一卷
胡世寧自述年譜十六卷
崔汲　崔文敏公考終錄一卷
涇野行實錄二册
舒梓溪傳一卷
簡紹芳　編次楊升庵年譜□卷
馬理　馬百愚傳一卷
魏恭簡公奕世增光錄八卷
方矯亭年譜一卷
鄒文莊年譜一卷
霍文敏公年譜八卷　又　霍文敏年紀二卷
楊儀　保孤記一卷　紀夏言遺孤事。
李根　羅念庵年譜　又　程松溪年譜
王樵　遲庵府君年譜　又　遲庵府君言行錄　樵父王臬。
陸文裕公年譜　子楫輯。
吳太宰年譜二卷　吳鵬。
呂本　永錫錄十二卷
大司寇俞公行實
顧東橋年譜行狀一卷
張文定公實錄
翁襄敏紀略六卷

朱睦㮮　鄒襄惠公年譜一卷　鄒守愚。
方簡肅公遺行錄三卷　方良永。
鄭世威自著　環浦年譜一卷
蘇祐舜　澤翁歲曆一卷
鄭端簡公年譜十卷
楊繼盛自著　年譜一卷
沈給諫　留丹錄一卷　沈束。
馮大業　華亭馮氏世濟錄一卷
沈青霞年譜一卷
沈小霞年譜一卷
程正誼　沈青霞成死始末一卷
王京兆遺愛錄　黃岩王爌。
徐文貞公年譜
汪南明年譜一卷
省吾林公威惠錄二卷　林富。
胡少保行實一卷
三朝昭忠錄一卷
趙文肅公年譜四卷
楊襄毅年譜十卷
戚少保年譜耆編十卷　又　戚少保實紀一卷
李杜　都督同知虛江俞公功行紀一卷①
海忠介公傳二卷
張崏崍　定變錄一卷　記定浙西兵變及滑縣大盜事。
葛守禮　大中丞肅庵王公傳一卷
陳經邦　鄭司馬公傳一卷

---

① "虛",《千頃堂書目》卷十作"虞"。

徐渭文長自著畸譜一卷①

尊賢錄一卷　羅汝芳。

褒功錄一卷　詹榮。

王塘南年譜一卷

榮壽錄六卷　萬曆十年,少師徐階八十,朝廷賜以織金文幣,公卿賀贈之作。

郭襄靖公行迹記三册　郭應聘。

海瑞　郭襄靖公家傳一卷②

周琦　自齋行要八卷

太子太保張公葬錄六册　張孟男。

耿定向　觀生記一卷

耿天臺先生年譜二卷

管貞　管東溟壙記一卷

余寅　宦游歷記八卷

范方伯實錄一卷　范淶。

孟雲浦年譜一卷

冢宰曾公文徵四卷　曾同亨。

丁元薦　三太宰傳一卷

胡侍御時忠年譜二卷

顧大司馬年譜一卷　顧養謙。

朱廣　茶史一卷

趙瀔陽行狀神道碑一册

何喬遠　葉文忠公行狀二卷

焦太史葬錄一册

華允誠　高子年譜一卷

魏廓園年譜一卷

---

① "渭"字,朱筆圈去,熊《志》無。

② "靖",《千頃堂書目》卷十作"毅"。

李忠毅公年譜一卷

吳巒穉　端友錄　_{李應升。}

周綿貞自著年譜一卷　_{周起元。}

殷獻臣　周吏部年譜一卷

孫承宗　歷官舊記四卷

呂明德先生年譜四卷　_{呂維祺。}

吳甡　憶記四卷

歷代君臣圖鑑　_{不知何人所繪，益王府刊。}

孫承恩　歷代聖賢像贊六卷

李廷機　漢唐宋名臣錄五卷

姜絅　漢名臣言行錄八卷　_{字幼章，金華人。正德丁丑進士，工部郎中。}

辛文房　唐才子傳十卷

尹直　南宋名臣言行錄十六卷

張采　宋名臣言行錄補六十二卷

王冀　景行萃編　又　宋名臣補遺

孟化鯉　名賢卓行

章時鸑　名臣言行錄　_{青陽人。嘉靖甲午舉人，河南按察司副使。}

張家玉　名臣論贊

王廷簡　今賢懿行　_{邛州人。萬曆中官副使。}

相鑑二十卷　_{洪武十三年，罷中書省，命儒臣與國子生取歷代史所載相臣賢者，自蕭何至文天祥八十二人，爲傳十六卷，不肖者自田蚡至賈似道二十六人，爲四卷，命編修吳沈序之，太祖亦自製序冠焉。}

魏顯國　歷代相臣傳一百六十八卷　又　歷代守令傳二十四卷　又　儒林全傳二十卷

成祖編輯外戚傳三卷　_{輯漢以後善惡可爲法戒者，御製序。}

曹安　殷太師比干錄十卷

林士元　顏子列傳

李廷貴　徐蘇傳二卷　_{徐孺子，蘇雲卿。}

王士騏　四侯傳四卷　張文成、諸葛武侯、王景略、李鄴侯。　又　諸葛武侯別傳一卷

楊時偉　諸葛武侯全書十卷

呂柟　義勇武安王集六卷　又　武安王全志二卷

漢壽亭侯志八卷

卞壼　忠貞集四卷

謝應芳　懷古錄三卷　爲顧雍作。

朱存理　續編懷古錄

王承裕　李衛公通纂四卷①　一作二卷。

朱右　新修唐李鄴侯傳二卷

錢守常　忠靖王實錄二卷

厲雪庵　唐御史中丞錄二卷②　皆爲唐張巡作。

曹武惠王言行錄一卷

顏端　張乖崖事文錄四卷

狄武襄公功行錄三卷

司馬溫公年譜二卷

璩之璞　蘇長公外紀十二卷

徐燉　蔡端明別紀十卷

范明泰　米襄陽志林十三卷

陳繼儒　邵康節外紀四卷③

陳忠肅公言行錄八卷　陳瓘。

謝應芳　思賢錄六卷　爲鄒浩作。

林祺　東溪遺澤編　爲宋高登作。

戴銑　朱子實紀十二卷

---

① 此條後朱筆補："厚鄉錄。"

② "二",《千頃堂書目》卷十作"一"。

③ 此條後朱筆補："逸民史二十二卷。"

李默　朱子年譜四卷
汪世德　文公年譜二卷　婺源人。
沈愚　懷賢錄　爲劉玘之墓作。愚字通理,崑山人。
程孟　明良慶會錄三卷　錄宋程文鳳及理宗所賜御書。　又　程氏世忠事實源流錄十卷　孟,程文鳳裔孫,成化中人。
崔清獻公言行錄三卷　洪武初,崔與之六世孫□編。
宋濂　唐仲友補傳一卷①
胡廣　文丞相傳一卷
文山紀年錄一卷
趙鶴②　文山寓揚忠憤錄
丁元吉　陸丞相蹈海錄一卷③
袁珙　忠義錄一卷　紀袁鏞死節事。
徐袍　金仁山年譜　袍,蘭溪人。
臨川吳文正公年譜一卷
顧元慶　雲林遺事一卷
王達　尚論編二卷
鄒泉　人物尚論編二十卷
張愷　四臣事評
王鴻儒　掾曹名臣錄一卷④
耿定向　掾史芳規二十卷　又　國士懿範二十卷
王若之　世胄知名錄
徐學聚　監司守令寶鑑二卷
丁明登　古今長者錄八卷　江浦人。萬曆丙辰進士,衢州府知府。

---

① 此條後朱筆補:"浦江人物記二卷。"
② "鶴",原誤作"霍",據《千頃堂書目》卷十、《本朝分省人物考》卷三十一"趙鶴"條改。(《續修四庫全書》第533冊)
③ "丞相",《千頃堂書目》卷十作"右丞"。
④ "掾",原誤作"椽",據《千頃堂書目》卷十改。下"掾史芳規"條同。

八行芳規八卷　失撰人名氏。
吳震元　宋相譜二百卷
陳鎬　金陵人物志六卷
陳鳳　忻慕編二卷
史學　溧陽人物記①
王賓　吳下名賢紀錄
楊循吉　吳中往哲記一卷
吳中往哲記補遺四冊　不知撰人。
祝允明　蘇材小纂六卷
張昶　吳中人物志十三卷
袁袠　吳中先賢傳十卷
劉鳳　續吳先賢贊十五卷
閻秀卿　吳郡二科志一卷
周復俊　東吳名賢記
文震孟　姑蘇名賢小紀二卷
方鵬　崑山人物志八卷
張大復　崑山人物志十卷
吳驥　同里先哲記　吳江有同里鄉，驥記其鄉先哲。驥，洪熙時官教諭。
毛憲　毗陵人品記四卷　一作十卷。
顧憲成　桑梓錄十卷
歐陽東鳳　晉陵崇祀先賢傳一卷　自延陵季子至錢御史啓新，凡七十人。
華雲　錫山先賢錄
周季鳳　澄江先賢錄　字公儀，寧州人。弘治癸丑進士，右都御史，諡"康惠"。
姚堂　鎮江先賢事實六卷②
黃瓚　維揚人物志八卷　又　鑾江人物志

---

① 此條後朱筆補："金淵節孝錄。"
② 此條後朱筆補："廣信先賢事實六卷。"

張榘　維揚人物續志二十卷　字範仲，儀真人。嘉靖甲午舉人。
謝理　太平人物傳
范淶　休寧理學先賢傳一卷
梅守德　宛陵人物傳
方學漸　桐彝三卷
頓銳　涿鹿先賢傳一卷
呂柟　宣府昭德祠十二公傳一卷　自李儀至王雲鳳，凡十二人，皆巡撫其地者。
宋濂　浦江人物記二卷
劉徵　金華名賢傳　劉辰子。
鄭栢　金華賢達傳
楊瑊　補金華賢達傳一卷　東陽人。
王稌　金華賢達傳
董遵　金華淵源錄　字道卿，蘭溪人。章懋門人，盛恩知縣。
薛敬之　金華鄉賢志
金江　義烏人物志二卷
應廷育　永康先民傳
楊維楨　富春人物志
謝鐸　尊鄉錄詳節十卷　又　尊鄉節錄四卷　又　尊鄉錄節要五卷
金賁亨　台學源流二卷
王啓　尊鄉續錄
王朝佐①　東嘉先哲錄二十卷
南逢吉　越中述傳四卷
王綖　紹興名宦鄉賢傳　山陰人。
吳驥　紹興先達傳　字文英，山陰人。

---

① "朝"字原脫，據《四庫全書總目》卷六十一"東嘉先哲錄二十卷"條補。

李孝謙　四明名賢記
李本　四明先賢記
戚元佐　檇李往哲傳一卷
吳興名賢錄□卷　失撰人名氏。①
王道隆　吳興名賢續錄六卷
沈節甫　西吳琬琰錄
劉宗周　鄉賢考
徐學聚　兩浙名賢錄五十四卷　又　外錄八卷
王樳　江右人文贊　又　景慕編　安福人。
雷禮　豫章人物記　又　豐城人物志
劉元卿　歷代江右名賢錄二卷　又　國朝江右名賢編二卷
姚堂　廣信先賢事實六卷
劉陽　吉州正氣四卷　字一舒,安福人。嘉靖乙酉舉人,福建道御史。
程楷　樂平人物傳一卷
朱謀㙔　豫章耆舊傳三卷
龔守愚　臨江先哲言行錄二卷　字師顏,清江人。正德辛未進士,湖廣參政。
朱睦㮮　中州人物志十六卷②
張遂　祥符人物志四卷　本邑人。舉人,官浙江鹽運司使。
李濂　祥符鄉賢傳八卷
劉瓚　睢陽人物志　董其昌序。
吳源　莆陽名公事迹五卷
方槐生　莆陽人物志三卷　字時舉,莆田人。洪武初,官府學訓導。被誣死,宋濂銘其墓。
宋端儀　莆陽人物備志　又　鄉賢考証

---

① 此條小注,《千頃堂書目》卷十作"陸崑撰"。
② 此條後朱筆補:"忠臣烈女傳。"

林祺　漳獻備忘

李默　建寧人物志三卷

汪佃　武夷人物志

史繼階　越章六卷　明代八閩人傳。

陳栢　汭陽人物考　□州人。嘉靖□進士，按察司副使。①

郭子章　興國縣四賢傳一卷

李廷寶　曲沃先賢事迹錄　本邑人。舉人，官長史。

王承裕　厚鄉錄

鍾羽正　青州人物考

王漸逵　嶺南耆舊傳

歐大任　百粵先賢志四卷②

黃佐　廣州人物志二十四卷

曹學佺　蜀中人物記六卷

胡希賢　高安三先生事實二卷　編宋寶祐間高安雪坡先生姚勉、方湖先生胡仲雲、山居先生劉允高事實。

劉有光　麻沙劉氏忠賢傳四卷

成祖爲善陰隲書十卷　永樂十七年三月編成。　又　孝順事實十卷　永樂十八年正月成。③

顧昱　至孝通神集三十卷④　豐城人。

孝紀十二卷

潘振　古今孝史十二卷　烏程人。崇禎庚午舉人。

郭凝之　孝友傳二十四卷　又　皇明孝史傳八卷　海寧人。舉人。

王華元　黃孝子孝行集　華，江西南城人。成化乙未進士，廣西按察司副使，南城黃覺經五歲失母，行乞訪求二十八年得之。至治中旌表，華輯其事迹爲書。

---

① 空格處，查《明清進士題名碑錄索引》所載，爲"汭陽""庚戌"。
② 此條後朱筆補：'廣陵十先生傳一卷'。
③ "三月""正月"，《千頃堂書目》卷十分別作"二月""六月"。
④ "三"，《千頃堂書目》卷十作"二"。

劉陽　人倫外史

史學　金淵節孝錄

耿定向　二孝子傳一卷

東陽王祐橒　式好傳

敕褒忠孝彙錄六册　萬曆丁亥，寧河王知炅以賢孝敕褒，諸人贈送之作。

賈斌　忠義集四卷　斌，山東商河人。景泰元年，爲山西行都司天城衛令史。
紀歷代直諫盡忠守節之士，爲是編進呈。

桑喬　節義林六卷

程誥　歷代忠孝錄　字欽之，樂平人。□進士，①雷州知府。

王蕢　歷代忠義錄十八卷

林命　正氣錄十卷

楊俊民　河南忠臣集八卷②

朱睦㮮　忠臣烈女傳

表忠錄一卷　錄古今死節之臣，至宋文天祥止。不詳撰人。

忠節錄一卷　載唐忠節之臣，凡二十四人。亦不詳撰人。

徐與參　本朝生氣錄十六卷　字原性，蘭溪人，徐學聚子。

唐龍　康山群忠錄　又　二忠錄二卷　記王禕、吴雲死節事。

徐溥　忠節錄　錄吴尚書雲事。

郭良翰　歷代忠義彙編二十六卷　又　象賢錄二十卷

盛稔　忠烈小傳　字伯豐，儀真人。萬曆丙戌進士，山東按察司副使。

吕維祺　節孝義忠集四卷

徐標　忠孝廉節集四十卷

遜國臣紀三十卷

張芹　備遺錄一卷

---

①　空格處，《千頃堂書目》卷十作"乙未"。《明清進士題名碑錄索引》作明弘治己未進士。

②　此條後朱筆補："河南烈女集五卷。"

張愷　備遺録補贊一卷
何孟春　續遺録一卷
敖英　備遺録一卷
林塾　革除年前史失記五十四人一卷　正德乙亥記。
馮汝弼　死事備遺編二卷
郁襄　革除遺忠録二卷
杜思　革朝遺忠録浙江人。
王詔　忠賢奇秘録一卷
郎瑛　萃忠集録二卷
鄭應旂　革朝遺忠列傳福建人。
張朝瑞　忠節録五卷　考誤一卷　一名《表忠彙録》。
徐即登　建文諸臣録二帙
焦竑　遜國忠節録四卷
汪宗伊　皇明表忠録二卷
許有穀　忠貞合璧三卷　《存褒什》一卷，《維風什》二卷。
錢士升　皇明表忠紀九卷①
周鑣　遜國忠紀
陳□□　教坊司紀録文簿
革除群忠事略九卷
忠義流芳
精忠就義類編　俱不知撰人。
方正學公年譜一卷
劉宗周　方正學録
卓氏遺書二卷②

————

①　"紀九"，《千頃堂書目》卷十作"録二"。
②　"二"，《千頃堂書目》卷十作"三"。

卓忠貞年譜　宣德中，卓敬門人黃朝光編。

顯忠錄二卷　記黃觀事。

余翹　池陽三忠傳一卷　黃觀、金焦、陳敬宗。

劉城　池陽二忠紀一卷

周應治　山東壬午死事七忠傳　浙江人。紀鐵鉉等事。

英風紀異錄　記鄱陽胡閏事。

程樞　程氏顯忠錄二卷　遼府長史程通事。

向忠節紀事一卷　記向朴事。

陳洽　忠節錄一卷

留坡錄二卷　宣德間，思南土官李盤討鎮筸苗，死難，後人名其地曰留坡，錄一時哀輓之作。

葉禎　表忠錄　記禎死難事。

吳之鯨　西湖雙忠傳二卷　岳飛、于謙。

孫堪　忠烈編九卷

許忠節世行錄二卷　又　實紀一卷

直道編二卷　記御史陳祚事。

愍忠錄四卷　記楊繼盛事。

沈青霞　褒忠紀事一卷

憫忠錄一卷　嘉靖乙卯，倭犯南京，蕪湖丞陳一臣戰死，哀輓之作。

劉侍御　恤忠錄七卷

張忠烈　褒忠錄一卷

闡幽錄　輯錄萬曆中建言被黜諸臣，高攀龍爲序。

楊忠烈實錄　德安知府胡繼先爲楊漣作。

太傅呂公忠節錄　呂維祺。

鄭瑄　唐忠臣睢陽錄二卷

陳沂　盡忠錄八卷　陳東。

徐縉芳　精忠類編

宋三陳勤王死事傳　陳文龍。

葉夔　毗陵忠義錄二卷　紀宋德祐末常州守將姚訔死節事。　又　景賢錄　字司韶,武進人。正德中歲貢,汝陽州訓導。

周璟　昭忠錄五卷　錄唐褚遂良事迹及古今題咏。璟,錢塘人。成化中,徒步請于朝,得旨建廟特祀。

王逹　景仰撮書一卷

程敏政　宋遺民錄十五卷

黃省曾　高士傳頌二卷

皇甫涍　續高士傳十卷　錄晉及宋凡九十六人,以續士安之作。

皇甫濂　逸民傳二卷

薛應旂　隱逸傳二卷　又　高士傳四卷

黃姬水　貧士傳二卷

屠本畯　傳潔典記二卷　又　憨士列傳二卷

屠隆　義士傳二卷

錢一本　遁世編十四卷

陳繼儒　逸民史二十二卷

沈堯中　高士彙林二卷

顧樞　古今隱居錄三十卷

陳懋仁　壽者傳三卷

羅治　十二故人傳一卷　字敬叔,南昌人。

歐大任　廣陵十先生傳一卷

朱常㵦　古今宗藩懿行考十卷

朱統鐀　寧獻王事實

周定王行略一卷

周敬王行錄一卷

楚昭王行實纂一卷

鎮平恭靖王行錄一卷　周藩有鑛。

欽獎吉藩長沙王翊鋋　賢行錄一卷

唐藩承休王長子宙枝　統宗繩蟄錄十二卷

朱謀㙔　藩獻記四卷

鎮平恭靖王有熻　賢王傳　起夏五子,迄于金元,凡百餘人。

新樂王載壐　丁巳同封錄一卷

朱勤美　公族傳略二卷

奉國公年表一卷

楊四知　饒陽君年表一卷

西亭宗正表一卷

周宗正　西亭小侯年表一卷

皇系賢錄三卷

古今列女傳三卷　永樂元年,命儒臣解縉、黃淮等編。

仁孝皇后撰　高皇后傳一卷　永樂四年。又　貞烈事實二卷①
　　始啓母明訓,終岳氏自經,凡八十八條。

秦約　孝節錄

陳克仕　古今彤史八卷

曹思學　內則類編四卷　萬曆丙辰序。

潞州四貞傳一卷

文節婦葛氏昭節錄一卷　嘉靖中人。

王祖嫡　表烈外史一卷

上饒鄭氏雙節集二卷　正德中人。楊廉序。

吳國倫　四烈傳一卷

吳震元　奇女子傳五卷

葉茂才　八貞女傳

鄒之□　古俠女傳六卷

楊俊民　河南烈女集五卷

邵正魁　續烈女傳　休寧人。

----

①　"二",《千頃堂書目》卷十作"一"。

夏樹芳　女鏡八卷　起周太任,終于明之擣衣女,凡四百七十五人,萬曆戊申編。樹芳,江陰人,舉人。
馬理　秦烈婦孟姜女集一卷
王貞婦清風錄五卷　嘉靖壬辰,鄭琛序。

補宋

謝翶　睦州山水人物記一卷
方回　宋季雜傳　又　先覺年譜
鄧光薦　督府忠義傳一卷
黃震　戊辰修史十三傳一卷
鍾堯俞　宋名臣言行類編舉要十六卷　廬陵人,咸淳四年以史館編校,得旨赴殿,進士出身。

補遼

七賢傳　取遼世名流七人爲之傳,耶律吼,其一也。

補金

鄭當時　節義事實　洪洞人,明昌二年進士,河汾教授。

補元

蘇天爵　國朝名臣事略十五卷
元永貞　東平王世家三卷　木華黎。
戴羽　武侯通傳三卷　德安人,隱居不仕。
吳師道　敬鄉前後錄二十三卷
張樞　曲江張公年譜一卷
黃奇孫　三朝言行錄　字行素,宋尚書黃度孫,入元不仕,輯黃度事爲此書。
胡一桂　人倫事鑑
陳顯曾　昭先錄　記其祖宋常州通判陳炤死難事。

張翥　忠義錄三卷　記元末兵興死義之人。
楊元　忠史一卷　鄱陽人。
瞻思　西域異人傳
吳夢炎　朱文公傳二卷　至元間人，采集舊史李燾所爲傳，並載文公前後歷官誥詞及建學碑誌諸文。
歐陽原功　王清獻公神道碑一卷　王都中。
朱彥修傳一卷
劉岳申　文丞相傳一卷
淩緯　壽者錄
陳氏崇孝集一卷　至正間奉化陳傳銘傳。
鄱陽褒賢祠錄三卷　宋范文正公祠。
趙秉善　忠義集七卷　宋南豐水村劉壎有《十忠補史詩》，如村劉麟瑞有《昭忠逸咏》，皆記宋末死難諸臣事。秉善合爲一編，而附以方虛谷、汪水雲傷時感事之什，明何喬新得而傳之。
張明卿　尚友編五卷
楊三傑　明倫傳五十卷　字曼卿，蜀郡人，書凡十五類，自君臣父子以至交友知遇，元末御史□□進其書於朝，詔江浙行省刊行。
危素　張文忠公年譜一卷　張養浩。

地里類

大明志書　洪武三年，令儒士魏俊民、黃篪、劉儼、丁鳳、鄭思克、鄭權等類編天下州郡地里形勢降附顛末。爲書凡行省十二，府一百十，州一百八，縣八百八十七，安撫司三，長官司一。東至海，南至瓊崖，西至臨洮，北至北平。本年十二月書成，命秘書監刊行。
寰宇通衢書一卷　洪武二十七年九月編，計天下道里之數，編類而成。景泰中，再命重修。
寰宇通志一百十九卷　景泰□年。
大明一統志九十卷　天順五年四月，吏部尚書李賢、學士彭時、吕原等同修。
大明寰宇記一卷

桂萼　歷代地里指掌四卷　又　大明輿地指掌圖一卷　嘉靖□年,①萼爲吏部尚書進呈,《昭代遺聞》云李默撰。

廖世昭　大明一統志略十六卷　字師賢,懷安人。正德丁丑進士,海州知州,以病改國子監博士。

羅洪先　增補朱思本廣輿圖二卷

蔡汝楠　輿地略十一卷

徐獻忠　大地圖衍義　又　山房九笈

吳龍　郡縣地里沿革十五卷

盧傳印　職方考鏡六卷

張天復　皇輿考十二卷②

蔡文　職方抄十卷　字孚中,龍溪人。嘉靖丁未進士,巡撫貴州,都御史。

何鏜　修攘通考六卷③

曹嗣榮　輿地一覽十五卷　字繩之,□江人。吏部郎中。

郭子章　郡縣釋名十六卷　又　古今郡國名類三卷④

項篤壽　考定輿地圖十卷⑤

徐樞　寰宇分合志八卷　一作盛稔。

曹學佺　一統名勝志一百九十八卷⑥

陸應陽　廣輿紀二十四卷

陳組綬　皇明職方地圖三卷

張玄陽　方隅武備十六册　一作《方隅武事考》。部分省會,條列戰陣,攻守方略。玄陽,吳人。

---

① 空格處,《千頃堂書目》卷六作"六"。
② 此條後朱筆補:"山陰縣志十二卷。"
③ 此條後朱筆補:"名山記十七卷。"
④ 此條後朱筆補:"注豫章古今記一卷、豫章雜記八卷、廣豫章災祥記六卷、吉志補二十卷、潮中雜記十二卷、黔記六十卷、黔小志一卷。"
⑤ 此條後朱筆補:"路紀六册。"
⑥ 此條後朱筆補:"蜀中宦游記四卷、蜀中名勝記三十卷、蜀漢地理補二卷、蜀郡縣古今通釋四卷、蜀中風土記四卷、蜀中方物記十二卷、廣西名勝志十卷。"

陸化熙　目營小輯四卷

熊太古　冀越集二卷① 　　熊朋來子。舉元鄉貢,爲翰林編修、國子助教,入明嘗徵校雅樂。

龐迪我　海外輿圖全說二卷

南京至北京驛道方向一册

一統水陸路程八卷

寰中一覽五册

洪武京城圖志一卷　　述都城山川地理封域之沿革,宮闕門觀之制度,以及壇廟寺宇、街市橋梁之建置更易,洪武二十八年編。

沈應文　順天府志六卷　　萬曆癸巳年修。

北平志四卷

北平府圖志一册

宛平縣圖志二册

大興縣圖志二册

沈榜②　宛署雜記二十卷　　萬曆壬辰,榜爲宛平知縣修。

徐□□③　燕山叢錄二十二卷

蔣一驄④　長安客話八卷

宋啓明　長安可游記

劉侗　于奕正　帝京景物略八卷

孫國籹⑤　燕都游覽志四十卷　　字伯觀,六合人。官中書舍人。

陳沂　金陵世紀四卷　又　金陵古今圖考一卷⑥

留都錄五卷　　見《國子監書目》,不著撰人。

---

① 此條後朱筆補:"地理西南夷補志五卷。"

② "榜",《千頃堂書目》卷六作"標",小注同。《四庫存目叢書》史部第208册影印明萬曆刻本《(萬曆)順天府志》卷六著錄"宛署雜記自序",署"臨湘沈榜"撰。

③ 空格處,《千頃堂書目》卷六作"昌祚"。

④ "驄",《千頃堂書目》卷六作"葵",當據改。

⑤ "籹",原誤作"籹",據《千頃堂書目》卷六改。

⑥ 此條後朱筆補:"南畿志六十四卷、游名山記四卷、獻花岩志一卷。"

應天府志三十二卷　　萬曆丁丑,府尹程嗣功修。
李登　上元縣志十二卷
劉雨　江寧縣志□□卷
盛敏耕　江寧縣志十卷
顧起元　客座贅語十卷
王兆雲　烏衣佳話八卷
周暉　金陵瑣事四卷　又　續瑣事二卷　又　再續瑣事二卷
　　又　瑣事剩錄八卷
史學　埭谿文獻集
狄斯彬　溧陽縣野志續編八卷
劉崧　北平八府志三十帙　又　北平事迹一帙
北平八府圖總目一卷
郭造卿　燕史一百二十卷　又　碣石叢談八卷
昌平縣圖志二册　　明初修。
唐舜卿①　涿州志十二卷　　□□州學訓導。
張欽　保定府志二十五卷
張前光　慶都乘二册　　萬曆戊子年修。前光,縣令。
王齊學　雄乘十卷②　　齊學新蔡人。
樊文深　河間府志二十八卷　　嘉靖庚子年修。文深,郡人。
項喬　董子故里志六卷　　嘉靖壬寅,喬爲景州守修。
雷禮　真定府志三十二卷　　嘉靖己酉年修。
曹安　冀州志四册　　成化乙巳修。安官教諭。
魏撝謙　栢鄉縣志二册　　萬曆丙子修。撝謙,邑人。
郭朴　順德府志四卷③　　萬曆甲申修。

---

① "舜",《千頃堂書目》卷六作"遜",殿本《明史》卷九十七作"舜"。
② "雄乘",《千頃堂書目》卷六作"雄縣地乘"。
③ 此條後朱筆補:"彰德府續志三卷。"

陳棐　廣平府志十六卷　嘉靖乙酉,給事中光州陳棐謫長垣丞時修。

宋訥　東郡志十六册

唐錦　大名府志二十八卷　一作十六卷。

張居來　滑縣志六卷①

晁瑮　清豐縣志十六卷

王崇慶　開州志十卷②

張治道　長垣縣志九卷③

張廷綱　永平府志十卷　弘治戊午年修。廷綱,郡人。

陳士元　灤州志十一卷④　嘉靖戊申年修。

馬中錫　宣府志十卷⑤

畢恭　遼東志九卷　山東人。遼東都指揮僉事。正統八年修,弘治中,副總兵廣陽韓斌重修。

李輔　重修遼東志□卷　南昌人。巡按御史。嘉靖乙丑重修,巡撫王之誥序。

陳沂　南畿志六十四卷

柳瑛　中都志十卷　瑛字廷英,鳳陽人。天順丁丑進士,河南按察司僉事。又嘗著《皇明大禮》。

袁又新　鳳陽新書八卷

潘鏜　廬陽志三十卷

楊循吉　廬陽客記一卷⑥

汪應軫　泗州志十二卷　又　泗州備遺志二卷　正德中,爲庶吉士。以疏諫南巡、出知泗州時編。

---

① 此條,《千頃堂書目》無,卷六有"孫昌《滑縣志》"。
② 此條後朱筆補:"山海經釋義十卷、蓬萊觀海亭集十卷。"
③ 此條後朱筆補:"少陵志。"
④ 此條後朱筆補:"楚故略二十卷、楚絶書二卷、兵紀六卷。"
⑤ "府"後,《千頃堂書目》卷六有一"鎮"字。
⑥ 此條後朱筆補:"蘇州府纂修識略六卷、吳邑志十六卷、章丘縣志四卷、金山小志一卷。"

潘塤　淮郡文獻志二十六卷

陳文燭　淮安府志十六卷

嘉靖維揚志二十八卷

黃瓚　正德鑾江志二十四卷①

沈明臣　通州志八卷

盧熊　吳郡廣記五十卷②　　熊爲吳縣教諭編。洪武十二年，蘇州知府高郵湯德梓。

劉昌　蘇州續志一百卷③　　成化中，知府鄱陽丘霽聘邑人劉昌、李應楨、陳頎等修，蓋續范成大志也。

王鏊　姑蘇志六十卷　　正德丙寅修。④

楊循吉　蘇州府纂修識略六卷

盧雍　蘇州府志四十六卷⑤

朱存理　吳郡獻徵錄

王穀祥　吳郡學志

龔弘　續中吳紀聞

劉鳳　續吳錄二卷　　又　吳郡考二卷

楊循吉　吳邑志十六卷

皇甫汸　黃姬水等　長洲縣志十四卷

長洲縣藝文志二十四卷

楊譓　崑山州志　　明初修。

張洪　琴川新志⑥

---

① 此條，《千頃堂書目》卷六作："李文瀚、黃瓚《鑾江志》二十四卷，正德間修。"此條後朱筆補："齊魯通志一百卷；紀行錄八卷，儀真人。"

② 此條後朱筆補："兗州志。"

③ 此條後朱筆補："河南志、兩鎮邊關圖說二卷、炎方慟哭記。"

④ 此條後朱筆補："震澤編八卷。"

⑤ 此條後朱筆補："石湖志十卷。"

⑥ 此條後朱筆補："日本補遺、南夷書。"

鄧韍①　常熟縣志十三卷

管一德　常熟縣文獻志十八卷

莫旦　吳江縣志二十三卷

徐師曾　吳江縣志十册　嘉靖辛酉修。

都穆　練川圖記二卷②

陳伸　太倉事略　永樂中纂。

秦約　崇明志

桑悅　太倉州志十一卷③

錢岡　雲間通志十八卷　字景高，郡人，錢溥子。成化中修。

顧清　松江府志三十二卷　正德中修。

陳繼儒　松江府志九十四卷　崇禎中修。

謝應芳　毗陵續志十卷　洪武丁巳修。

謝林　延陵通紀　謝應芳子。

王㒜　毗陵志四十卷　成化十八年修。

朱昱　毗陵續志八卷

張愷　常州府志續集八卷　正德八年修。愷，無錫人，鹽運使。

唐鶴徵　常州府志二十卷　萬曆戊午年修。

馮善　錫山續志

張袞　江陰縣志二十二卷

沈勑　荊溪外紀二十五卷

王樵　鎮江府志三十六卷

胡纘宗　安慶府志三十一卷

鍾城　太平府志二十卷　字德卿，當塗人。景泰甲戌進士，官提學副使。本《原圖經》，多存古迹。

---

① "韍"，《千頃堂書目》卷六作"韨"。此條後朱筆補："濮州志十卷。"

② 此條後朱筆補："游名山記六卷、使西日記二卷。"

③ "一"，《千頃堂書目》卷六作"二"。

鄒璧　太平府志十二卷　嘉靖辛卯修。璧,無錫人。

李默　寧國府志十卷

梅鼎祚　宣乘翼

王崇　池州府志九卷　嘉靖乙巳修。

朱同　新安志十卷①　明初禮部侍郎。

程敏政　新安文獻志一百卷

續新安文獻志□卷

何東序　徽州府志二十二卷

程一枝　鄣大事記　休寧人。

李德陽　廣德州志十卷

陳璉　永陽志二十六卷

胡謐　山西通志十七卷

山西通志三十三卷　嘉靖癸酉,②山西提學僉事周斯盛修。

張欽　大同府志十八卷

呂柟　解州志四冊③

孔天胤　汾州志八卷

栗應麟　潞安府志十二冊

吳應台　大寧記一冊　萬曆癸酉修。

周弘禴　代州志二冊　萬曆乙酉修。

邢雲路　臨汾縣志一冊　萬曆辛卯修。

龍門志三卷

陸釴　山東通志四十卷　鄞縣人。

黃瓚　齊魯通志一百卷

盧熊　兗州志

---

① "新"前,《千頃堂書目》卷六有"重編"二字。

② "酉",《千頃堂書目》卷六作"亥"。

③ 此條後朱筆補:"高陵縣志□卷,嘉靖辛丑修。"

于慎行　兗州府志五十二卷

鄧韨　濮州志十卷

楊循吉　章丘縣志四卷

馮惟訥　青州府志十八卷

李時颺　少陽乘二十卷　益都人。續于欽《齊乘》而成。

李舜臣　樂安縣志二卷

鍾羽正　青州風土記

邢侗　武定州志十五卷

彭勖　山東郡邑通省勝覽　字祖期，廬陵人。永樂乙未進士，山東按察司副使。

胡謐　河南總志十九卷

劉昌　河南志

鄒守愚　河南通志四十五卷

朱睦㮮　中州文獻志四十卷　又　開封府志八卷

李濂　汴京遺迹志二十四卷　又　祥符文獻志十七卷①

王惟儉　朱勤美　祥符縣志四卷

馬應龍　杞乘四十八卷　安丘人。萬曆壬辰進士，禮部主事。

劉世光　沈丘縣志三冊　萬曆甲午修。世光，山陽人。知縣。

杜柟　臨潁縣志八卷

邵寶　許州志三卷②

宋纁　沈鯉　商丘縣志四冊　萬曆癸未修。

呂坤　寧陵縣志十二卷

張朝瑞　鹿邑縣括地志

李孟暘　睢州志一卷

崔銑　彰德府志八卷　一名《鄴乘》。

———

① 此條後朱筆補："朱仙鎮岳廟集。"

② 此條後朱筆補："慧山集六卷。"

郭朴　彰德府續志三卷

何瑭　懷慶府志十二卷

喬縉　河南郡志四十二卷

陳宣　河南郡志十二冊　弘治乙未年修。宣，河南府知府。

李蓘　析迹五卷

朱器封　宛志略

李本固　新修汝南志二十二卷

方應選　汝州志四卷

傅梅　嵩書十三篇　梅字元鼎，其生，父夢冕而稱山人者，故又字山子，邢臺人。舉鄉試，授登封知縣，因感父夢而輯，自序其事。

伍福　陝西通志三十五卷　成化乙未修。福字天錫，正統甲子舉人，按察司副使，江西臨川人。

何景明　雍大記三十六卷

馬理　陝西通志四十卷　嘉靖壬寅修。

周宇　馮從吾　陝西通志三十五卷

殷奎　關中名勝志　又　陝西圖經　又　咸陽志

李應祥　雍勝略二十四卷

南軒　皇明關中文獻志八十卷①

南師仲　增定關中文獻志八十卷

康海　武功縣志三卷

韓邦靖　朝邑縣志二卷

王九思　鄠縣志二冊

呂柟　高陵縣志□卷②　嘉靖辛丑修。

宋廷佐　乾州志二卷

---

① "八"，《千頃堂書目》卷六作"五"。此條後朱筆補："續渭南縣志二冊，萬曆庚寅修。"

② 空格處，《千頃堂書目》卷六作"七"。

喬世寧　耀州志十一卷　嘉靖三十六年修。

朱昱　三原縣志二十卷　昱，常州人。成化辛丑，王端毅恕聘修。

任慶雲　商略八卷　一作十六卷。

南大吉　渭南縣志十八卷

南軒　續渭南縣志二冊　萬曆庚寅修。

魏學曾　涇陽縣志二冊　萬曆戊寅修。

孫丕揚　富平縣志十卷　萬曆甲申修。

范文光　豳風考略三卷

周昜　鳳翔府志五卷　萬曆丁丑修。昜，郡人。嘉靖辛丑進士，叙州府知府。

賈鳳翔　鳳翔府歷代事迹紀略一卷　郡人。

胡纘宗　漢中府志十卷①

趙時春　平涼府志十三卷

胡纘宗　鞏郡記三十卷　又　秦州志三十卷　又　秦安志二卷

熊爵　臨洮府志十卷

韓鼎　慶陽府志十卷

胡汝礪　寧夏新志八卷

鄭汝璧　延綏鎮志八卷

包節　陝西行都司志十二卷

孟秋　潼關衛志十卷

王崇古　莊浪漫紀八卷　崇古官陝西布政使時編。

薛應旂　浙江通志七十二卷

徐一夔　杭州府志九冊②　洪武中修。

---

① 此條後朱筆補："安慶府志三十一卷。"又將下面條目"鞏郡志三十卷、秦州志三十卷、秦安志二卷"移至此條後，末又補："胡氏問水集一卷。"熊《志》此處無"胡氏問水集一卷"，餘皆入正文。

② 此條後朱筆補："宋行宮考一卷。"

夏時正　杭州府志六十四卷① 成化中修。

陳善　杭州府志一百卷　萬曆初修。　又　外志一卷　聯合全郡導山導川之源委,使昭然在目,附《府志》末。　又　武林風俗略一卷②

吳瓚　武林紀事八卷　字器之,仁和人。弘治庚戌進士,南直隸通州知州。

孫景時　武林文獻錄　正德丙午舉人,長洲縣教諭。

聶心湯　錢塘縣志十卷　萬曆己酉修。

董穀　海寧縣志九卷

孫詢　武塘勝覽　字廷言,嘉善人。宣德中,官分宜丞,采邑山水人物,每事各爲一詩而叙其事于後。

浦端樸③　嘉善人文紀略十二卷

胡震亨　海鹽縣圖經十六卷

李日華　檇李叢談四卷

徐獻忠　吳興掌故集十七卷

董斯張　閔元衢　吳興備志

宋雷　西吳里語四卷

江一麟　安吉州志八卷

吳堂　富春志六卷　正統五年修。堂,樂平人。永樂辛丑進士,知縣。

童品　金華文獻錄

章懋　蘭溪縣志五卷　正德庚午修。

戚雄　金華縣志四卷　萬曆中修。

徐與泰　金華獻徵二十二卷　郡人,徐學聚子。

錢奎　東陽私志　奎,金華人,趙寬爲序。

吾冔④　衢州府志十四卷

---

① 此條後朱筆補:"旌德先賢祠錄二卷。"
② 此條後朱筆補:"黔南類編十卷。"
③ "樸",《千頃堂書目》卷七作"模"。
④ "吾冔"後,《千頃堂書目》卷七有"吳夔"二字。

何鏜　括蒼彙紀十五卷　又　括蒼志五十五卷　又　續志四卷

樓公璪　括蒼志補遺四卷

司馬相　越郡志略十卷

張元忭　孫鑛　紹興府志六十卷

陸夢斗　紹興紀略四卷　山陰舉人。建寧府通判。

張天復　山陰縣志十二卷

張元忭　會稽縣志十六卷①

周汝登　嵊縣志十三卷

唐之淳　會稽懷古詩二卷

南逢吉　注釋會稽三賦三卷

鄭真　四明文獻錄　字千之,別號"滎陽外史",②鄞人。

黃潤玉　寧波簡要志　又　四明文獻錄

李堂　四明文獻志十卷

張時徹　寧波府志四十二卷

李浚　甬東逸事③　字子起,鄞人。生而聾,十餘歲父卒,哭五日夜,水漿不入口,咽枯而啞。博通多識,陳繼儒與華亭人唐汝詢稱爲兩異人,并爲之傳。

倪復　奉化縣志十二卷

范理　天台要略八卷

謝鐸　赤城新志二十三卷

王啓　赤城會通記二十卷

李漸　三台文獻二十三卷④

---

①　此條後朱筆補:"雲門志略五卷。"

②　"滎",原誤作"榮",據《千頃堂書目》卷七、《四庫全書總目》卷一百六十九"滎陽外史集"條改。

③　"逸",《千頃堂書目》卷七作"軼"。

④　此條,《千頃堂書目》卷七"獻"字後有一"志"字。《四庫全書總目》卷一百九十二作者爲"李時漸",於"獻"字後有一"錄"字。

胡融　赤城土風志　寧海人。

金貴亨　臨海縣志

曹學程　寧海縣志四册①　萬曆壬辰修。

王瓚　溫州府志二十二卷　弘治間修。

張孚敬　溫州府志八卷

林庭㭿　江西通志三十七卷

王宗沐　江西省大志八卷

趙秉忠　江西輿地圖説一卷

王世懋　饒南九三郡輿地圖説一卷②

郭子章　注豫章古今記一卷　又　豫章雜記八卷　又　廣豫章災祥記六卷

李貴　豐乘十卷　李裕孫，嘉靖癸丑進士，由翰林院庶吉士歷官四川副使。

洪都　續樂平廣記十卷　邑人。明初，舉明經，官洧川知縣。續元李士會作。

江汝璧　廣信府志二十卷

笪繼良　鉛書八卷

張應雷　金谿文獻考　邑人。隆慶辛未進士，知縣。

王時槐　吉安府志二十六卷

郭子章　吉志補二十卷

楊寅冬　西昌存古錄

張崧　安福叢錄二十卷　字秋渠，邑人。

嚴嵩　袁州府志十四卷③

虞愚　虔臺志十二卷

談愷　虔臺續志五卷

---

①　"四册"，《千頃堂書目》卷七作"十卷"。

②　此條書名，《千頃堂書目》卷七作"饒南九三府圖説"。此條後朱筆補："閩部疏一卷、關洛紀游一卷。"

③　"府"後，《千頃堂書目》卷七有"新"字。

廖道南　楚紀六十卷
魏裳　楚史七十六卷
陳士元　楚故略二十卷　又　楚絕書二卷①
徐學謨　湖廣總志九十八卷
高世泰　楚寶四十五卷
顧璘　興都志二十四卷　嘉靖二十年二月,命承天督工尚書顧璘修,明年三月進呈。已而,以其載獻帝事實于志體例不合,命改修。
徐階等　修承天大志四十卷　四十二年四月,禮科都給事丘岳請刊定《興都志》,乃命董份及張居正等重修。四十五年二月書成,進岳爲禮部添注右侍郎。
郭正域　丁應泰　武昌府志六卷
顏木　隨志二卷②
張四知　漢東郡考
俞彥　夷陵州志
吳應台　宜都記③　荊州府人。叙州府同知。
陳士元　岳紀六卷
孫羽侯　華容縣志七卷
李騰芳　湘潭縣志
胡文璧　耒陽遺志　邑人。弘治己未進士,四川按察使。
袁宏道　桃源縣志
鄧球　祁陽縣志二冊　萬曆乙亥修。邑人。
童承叙　沔陽州志十八卷
陳深　秭歸外志　湖州人。
黃仲昭　八閩通志八十七卷④
王應山　閩大記五十五卷　又　閩都記三十二卷　又　全閩

————

① 此條後朱筆補:"兵紀六卷。"
② "隨"後,《千頃堂書目》卷七有一"州"字。
③ 此條後朱筆補:"大寧記一冊,萬曆癸酉修;叙南邊圖。"
④ 此條後朱筆補:"邵武府志二十五卷。"

大記略八卷
何喬遠　閩書一百五十四卷
王世懋　閩部疏一卷
陳鳴鶴　閩中考一卷　又　晉安逸志三卷
林爌　福州府志三十六卷
徐𤊹　榕陰新檢十五卷①
鄭世威　長樂乘八卷
周瑛　興化府志五十四卷
宋端儀　莆陽逸事　又　莆陽舊事偶錄
鄭岳　莆陽文獻志七十五卷
柯維騏　續莆陽文獻志二十四卷
黃鳳翔　泉州府志二十四卷
何炯　清源文獻十八卷　晉江人。貢士，靖江縣學教諭，工部侍郎何喬遠父。
陳懋仁　泉南雜記二卷
張岳　惠安縣志十三卷②
林希元　永春縣志九卷　嘉靖丙戌修。
徐㰚　張燮　漳州府新志三十八卷
劉璵　建寧府志六十卷　璵，上海人。弘治六年，任建寧知府。
潭陽文獻□卷
黃仲昭　邵武府志二十五卷
王元正　四川總志八十卷③
熊相　四川志三十七卷
楊慎　全蜀藝文志六十四卷④

---

① "十五"，《千頃堂書目》卷七、《四庫全書總目》卷六十二作"八"。此條後朱筆補："巴陵游譜一卷、客惠紀聞一卷。"
② "三"，《千頃堂書目》卷七作"二"。
③ "總"，《千頃堂書目》卷七作"統"。
④ 此條後朱筆補："新都縣志四冊、滇程記一卷、山海經補注一卷、溫泉詩一卷。"

杜應芳　續補蜀藝文志五十四卷　黃州人。提督學政,副使。

郭棐　四川通志三十六卷　萬曆己卯。

曹學佺　蜀中名勝記三十卷　又　蜀漢地理補二卷　又　蜀郡縣古今通釋四卷　又　蜀中風土記四卷　又　蜀中方物記十二卷

彭韶　成都志二十五卷

楊慎　新都縣志四册　嘉靖中修。

冷逢震　資縣志四册　萬曆己丑修。逢震,縣人。

周洪謨　叙州府志二册　成化九年修。

楊孟瑛　酆都志

郭棐　夔州府志十二卷　萬曆丙子修。又　夔記四卷　又　夔傳一册

余承勛　西眉郡縣志五册　嘉靖乙卯修。

曾省吾　武寧紀略八册　萬曆時巡撫,平蠻時輯。

湛若水　嶺南輿圖二卷

黃佐　廣東通志七十卷

戴璟　廣東通志七十二卷

郭棐　重修廣東通志七十卷　又　粵大記三十二卷　又　嶺南名勝志十六册①　字篤周,南海人。嘉靖壬戌進士,雲南右布政使,晋光禄寺正卿致仕。

謝肇淛　百粵風土記一卷②

馬燧　南粵概四卷

張邦翼　嶺南文獻十二卷③　又　補遺六卷　蘄陽人。萬曆間,官廣東提學。

―――――――

① 此條後朱筆補:"右江大志三十卷、嶺南諸夷志二卷。"

② 此條後朱筆補:"滇略八卷、北河紀八卷、北河紀餘四卷。"

③《千頃堂書目》卷七卷數爲"三十二",《四庫全書總目》卷一百九十三亦作"三十二卷"。

黃佐　廣州府志二十二卷　又　香山志八卷①
李承箕　順德縣志
鄭敬甫　惠大記六卷
祝允明　興寧縣志五卷
郭子章　潮中雜記十二卷
葉春及　肇慶府志二十二卷
王佐　瓊臺外紀五卷　又　珠崖錄
唐冑　瓊臺志
顧玠　海槎餘錄一卷
張詡　厓門新志十八卷　又　南海雜咏十卷
陳价夫　海南雜事一卷②
周孟中　廣西通志六十卷
黃佐　廣西通志四十二卷
蘇濬　廣西通志四十二卷
張鳴鳳　廣西通志
曹學佺　廣西名勝志十卷
魏濬　西事珥八卷　又　嶠南瑣記二卷
陳璉　桂林志三十卷
張鳴鳳　桂故八卷　又　桂勝十四卷
謝少南　全州志七卷
應檟　蒼梧軍門志二十四卷
郭棐　右江大志三十卷　一作十二卷。
府江道路考一卷　萬曆丙戌輯。
王濟　君子堂日詢手鏡一卷
朱裒　西南紀事三册

① "黃佐"後朱筆補"廣東通志七十卷"，此條後朱筆補："廣西通志四十二卷。"
② "一",《千頃堂書目》卷七作"二"。

鄺瑞露　赤雅四卷　字湛若,更名露,南海人。中書舍人。

雲南志書六十一卷　洪武十四年,既平雲南,上命儒臣考按圖籍,及前代所有志書,更定而刪正之。

雲南通志十七卷

李元陽　雲南通志①

高蔚　雲南紀略一冊　嘉靖間御史。

陳善　黔南類編十卷

楊慎　滇程記一卷

彭汝實　六詔紀聞一卷

謝肇淛　滇略八卷

許伯衡　滇南雜記二卷　崑山人。

李元陽　大理府志十卷

猛寅　順寧府志一冊　嘉靖壬寅編。寅,順寧土官。

吳懋　葉榆檀林志八卷　大理人。

楊士雲　黑水集証一卷　又　郡大記一卷　雲南人。正德丁丑進士,户科右給事中。

陳用賓　雲南諸夷圖記二冊

貴州新志十七卷

謝東山　貴陽圖考二十六卷

郭子章　黔記六十卷　又　黔小志一卷

祁順　石阡志十卷

袁表　黎平府志九卷

蔣杰　普安續志　字美君,貴州人。萬曆己丑進士,廣東副使。

周瑛　興隆衛志二卷　衛人。景泰甲戌進士,廣西布政使,與莆田周瑛別一人。

許論　九邊圖論三卷

---

①　此條後朱筆補:"大理府志十卷。"

魏煥　皇明九邊通考十卷　字原德，長沙衛人。嘉靖乙丑進士，四川按察司僉事。

叢蘭　三邊遏截論一卷

霍冀　九邊圖說一卷

童軒　籌邊錄

宋滄　籌邊圖說　鉅鹿人。四川巡撫，都御史。

龐尚鵬　行邊漫紀

劉應節　邊關通志

趙彥　籌邊略

范守己　籌邊圖記三卷

徐日久　五邊典則

陳仁錫　籌邊圖說

邊圍錄一卷　不知撰人。

劉效祖　四鎮三關志十二卷　武功左衛人。嘉靖庚戌進士，陝西按察司副使。

四鎮三關圖

蘇祐　三關紀要三卷

廖希賢　三關志三冊①　嘉靖乙巳修。

劉昌　兩鎮邊關圖說二卷

劉兌　靖邊說二卷　又　新安考二卷　保定府新安人。隆慶中舉人，陝西肅州兵備參議。

翁萬達　宣大山西諸邊圖一卷

楊守謙　大寧考一卷　又　紫荊考一卷　又　花馬池考一卷

楊一葵　雲中邊略四卷

楊時寧　大同鎮圖說三冊

大同分營地方圖一卷

---

①　"三冊"，《千頃堂書目》卷八作"十卷"。

閲視山西録一卷　又　閲視大同録一卷

張雨　全陝邊政考十二卷

戴時宗　三鎮事略

劉敏寬　延鎮圖説二卷① 　安邑人。萬曆丁未年巡按，御史。

楊錦　朔方邊紀五册 　隆慶三年，錦爲副使時輯。

詹榮　山海關志八卷 　嘉靖乙未修。

李慎　靖邊一經二册 　萬曆中遼東苑馬寺卿。

敖英　四川備邊志

莫如善　威茂邊政考五卷 　隆慶元年松州兵備副使。② 　廣東人。

吳應台　叙南邊圖 　荆州府人。叙州府同知。

胡宗憲　籌海圖編八卷 　一本十三卷。

鄭若曾　萬里海防圖論二卷　又　江南經略八卷③

王在晋　海防纂要十三卷

劉畿　海防考一卷　又　江防考一卷 　浙江巡撫，都御史。

謝廷傑　兩浙海防類考十卷

范淶　兩浙海防類考續編十卷

李汝華　温處海防圖略二卷

吳時來　江防考六册

洪朝選　江防信地二卷

方孔炤　全邊略記十二卷 　崇禎元年，孔炤爲職方郎時所輯。首薊門及居庸、倒馬、紫荆三關，次大同，次宣府，又次延綏、甘肅、寧夏，又次蜀、滇、黔，又次兩廣，又次海，又次遼東，又次腹裡，末曰師中表、神勢圖，于明一代邊備爲詳。

安國賢　南澳游小記十二卷　又　南日寨小記十卷 　福州人。

吳道南　國史河渠志二卷

---

①　"二"，《千頃堂書目》卷八作"一"。

②　"松州"，《千頃堂書目》卷八作"松潘"。

③　此條後朱筆補："日本圖考二卷。"

劉隅　治河通考十卷
胡纘宗　胡氏問水集一卷
劉天和　問水集六卷
楊旦　劉松石　治河記一卷
潘希曾　治河錄
吳山　治河通考十卷　吳江人，字靜之。官刑部尚書。
潘季馴　河防一覽十四卷　又　宸斷大工錄十卷①
龔弘　黃河或問
張鼎　修河錄一卷
潘大復　河防榷十二卷
張光孝　西瀆大河志六卷
黃克纘　疏治黃河全書二卷
李□□　河工諸議四卷
濬河錄四卷
河防備考
漕河志三卷　不知撰人。
姜鴻緒　萬曆河渠志②
徐標　河患備考二卷　又　河防律令二卷
王恕　漕河通志十四卷
王瓊　漕河圖志八卷
車璽③　漕河總考四卷
楊淳　漕河紀事　錄王端毅奏議及丘文莊語，以表章宋禮之功。
顧寰　漕河總錄二卷

---

①　"斷"後，《千頃堂書目》卷八有"兩河"二字。
②　此條後朱筆補："三吳水利考、千金陂志"。
③　"璽"，原誤作"爾正"，據《千頃堂書目》卷八、《四庫全書總目》卷七十五"治河總考四卷"條改。

高捷　漕黃要覽二卷

何堅　漕渠七議一冊

黃承玄　河漕通考四十五卷　又　安平鎮志十一卷　又　北河紀略十四卷

邵經　清濟漕志補略二卷　四川人。南戶部員外郎。

秦金　通惠河志二卷

汪一中　通惠河志一卷　嘉靖戊午修。工部郎中。

謝肇淛　北河紀八卷　又　北河紀餘四卷　爲工部郎中，管張秋河作。①

朱國盛　南河志十四卷　又　南河考二卷

熊子臣　南河紀略二冊　萬曆甲戌工部郎中。

陳夢鶴　濟寧閘河類考六卷　工部主事。

湯紹恩　建閘事迹　紹興人。

龍文明　膠萊河始末會議

來斯行　膠萊末議

徐源　山東泉志六卷

王寵　東泉志四卷　又　濟寧閘河志四卷　字仲錫，歙縣人。官工部主事。

張純　泉河紀略八卷

胡瓚　泉河史十五卷　桐城人。

張橋　泉河志六卷　字衡如，雲南右衛人。嘉靖己未進士。

馮世雍　呂梁洪志一卷

呂梁洪志九卷　不知撰人。

陳穆　徐州洪志十卷

徐貞明　潞水客談三卷

袁黃　皇都水利一卷

---

① "作"字原脱，據《千頃堂書目》卷八補。

後湖圖志一册
伍餘福　三吳水利論一卷
歸有光　三吳水利録四卷
許應夔　修舉三吳水利考四卷　一作許應逵。
王道行　三吳水利考二册
三吳水利考十卷　不著撰人。
王圻　東吳水利考十卷
張國維　吳中水利全書二十八卷
沈啓　吳江水利考四卷
童時明　三吳水利便覽一卷
吳中　開江書二卷　一名《婁江志》。
耿橘　常熟縣水利全書十二卷附録二卷
徐獻忠　三江水利考
姜鴻緒　三吳水利考　又　千金陂志
張朝瑞　鄒魯水利
劉伯緡①　杭州府水利圖説　杭州知府。
楊孟瑛　濬復西湖録一卷②　字溫甫，鄞都人。成化丁未進士，弘治末知杭州府。浚復西湖，俾水有蓄洩，利益下塘諸田有功，復遷順天府丞，以人言再出知府。
張懋　湘湖水利圖　洪武初蕭山知縣。
魏驥　蕭山水利事迹
浙西水利書一卷
倪復　濬湖議
姚文灝　水利書　又　水利圖　又　水利事宜

---

① "緡"，原誤作"清"，《千頃堂書目》卷八作"緡"，《續修四庫全書》第694册影印清乾隆三十六年刻本《(乾隆)歷城縣志》卷三十七"劉伯緡"條："字薦卿，隆慶二年進士，初任蠡縣，遷戶部主事，……守杭州"等等，據改。

② 此條後朱筆補："鄞都志。"

賈應璧　紹興水利圖説二卷
黄光升　海塘記一卷
仇俊卿　海塘録十卷
涇渠圖説二卷　<small>不知撰人。</small>
楊慎　山海經補注一卷
王崇慶　山海經釋義十卷
朱謀㙔　水經注箋四十卷
何鏜　名山記十七卷
霍尚守　天下名山水志[①]
慎蒙　名山一覽記十五卷
都穆　游名山記六卷
陳沂　游名山記四卷
王士性　五嶽游草十一卷
王思任　游唤一卷　又　廬游記一卷
黄以陞　游名山記六卷
李先芳　五嶽志略
泰山輯瑞集
查志隆　岱史十八卷　<small>海寧人。嘉靖己未進士。</small>
泰山志六卷
宋燾　泰山紀事□卷[②]　<small>泰安州人。萬曆辛丑進士，督學御史，贈光禄寺少卿。</small>
嵩嶽志七卷
燕汝靖　嵩嶽古今集録二卷
李時芳　華嶽全集十卷　<small>嘉靖壬戌修，華陰知縣。</small>

---

① 此條後朱筆補："西樵山志二卷。"
② 此條卷數，殿本《明史》卷九十作"十二卷"，《四庫全書總目》卷七十六著録爲"三卷"。

北嶽恒山神祠事錄五卷
婁虛心　北嶽編五卷
王潽和　恒嶽志二卷
彭簪　衡嶽志八卷　嘉靖戊子修。簪，字民望，安福人。衡山知縣。
鄧雲霄　衡嶽志八卷
顧炎武　昌平山水記二卷
盛時泰　金陵紀勝三卷　又　牛首山志二卷　又　栖霞小志一卷　又　祈澤寺志一卷
陳沂　獻花巖志一卷
金鑾　攝山志二卷
劉同升　金陵游覽志
楊循吉　金山小志一卷
張萊　京口三山志十卷　丹徒人。正德甲戌進士。
朱文山　京口三山續志
王賓　虎丘集二卷　又　吳下名迹詩
王鏊　震澤編八卷
蔡洋　太湖續編
盧雍　石湖志十卷
黃習遠　靈巖山志八卷　字伯傳，吳縣人。
邵寶　慧山集六卷　錄永樂以前慧山詩文。
談修　惠山古今考十卷
胡松　香泉志一卷　一云滁州守安福胡永成編。
潘之恒　新安山水志十卷　又　黃海二十九卷
程孟　黃山小錄　成化中人。
方漢　齊雲山志七卷
雲巖史二卷
瓊華集三卷

趙廷瑞　南滁會景編四卷　嘉靖丁酉編。南京太僕寺卿。
田藝衡　西湖游覽志二十四卷
張元忭　雲門志略五卷
楊維楨　錢塘百咏詩
夏時　西湖絕句百篇　字以正，錢塘人。永樂戊戌進士，廣西左布政使。
吳希孟　釣臺集十卷　嘉靖間桐廬令。
童琥　釣臺拾遺集四卷
周應賓　普陀山志五卷　又　游山志
錢奎　北山志十卷　金華北山。奎，成化時人。趙寬有序。
王埜　紹興名勝題咏
潘珹　天台勝迹二册　台州人。①
僧傳燈　天台山志二十九卷
朱諫　雁山志四卷
桑喬　廬山紀事十二卷
王華　麻姑集　字廷光，南城人。
羅汝芳　從姑山集
王綸　滕王閣集十卷　正德中江西參政。
董遵②　滕王閣集十卷
石鍾山集九卷
太岳太和山志十五卷　道士任自垣編。自垣，號瞻宇，爲太和宮提點，仁宗常
　爲《瞻宇歌》賜之。
岳陽紀勝彙編四卷
馬樸　襄陽名迹錄二卷
汪佃　武夷山志二卷

---

　①　"台州人"，《千頃堂書目》卷八作"邑人"。
　②　"董"，原誤作"童"，據《千頃堂書目》卷八、《四庫全書總目》卷一百九十二"滕王閣集十卷"條改。

楊亘　武夷山志六卷
勞堪　武夷山志四卷
丘雲霄　武夷志①
黃天全　九鯉湖志六卷　莆田人。萬曆丙戌編。
劉中藻　洞山九潭志四卷
喬世寧　五臺山志一卷
清涼山志十卷
丁守中　王官谷圖集四卷　守中，山西臨晉知縣。
王世懋　關洛紀游一卷
祁伯裕　關中陵墓志二卷
張治道　少陵志
李應奇　崆峒志□卷　萬曆己丑修。郡人。
楊慎　温泉詩一卷
王崇慶　蓬萊觀海亭集三卷　一作十卷。
陳璉　羅浮志十五卷
黎民表　羅浮山志四卷
霍尚守　西樵山志二卷
寧獻王權　遐齡洞天志四卷②
山川紀異録
江山勝概圖二册
楊爾曾　海内奇觀十卷
陳誠　西域行程記二卷③
都穆　使西日記二卷
陸深　停驂録一卷　又　續停驂録一卷　又　淮封日記一卷

①　"武夷志"，《千頃堂書目》卷八作"武夷山志六卷"。
②　此條後朱筆補："異域志一卷。"
③　此條後朱筆補："使西域記三卷。"

又　南游日記一卷

劉定之　代祀錄一卷

楊士奇　北京紀行錄一卷　又　南歸紀行錄一卷　又　展墓錄一卷

費信　星槎勝覽前集一卷　後集一卷　又　天心紀行錄 字公曉,太倉衛人。永樂中,從鄭和使西洋,記所歷國。

馬歡　瀛涯勝覽一卷 會稽人。

張升　改正瀛涯勝覽一卷

李東陽　東祀錄三卷

彭韶　北岳代行錄

張寧　奉使錄二卷

古今使遠錄一册

潘希曾　南封錄

黄洪憲　黄承昊　桐封二記一卷

張鳳鳴　西遷注一卷

倪謙　朝鮮紀事一卷　又　遼海編四卷

董越　朝鮮賦一卷　又　使東日錄一卷

龔用卿　使朝鮮錄三卷 嘉靖丁酉,皇子生,頒詔錄儀注詩文諸作。

許國　朝鮮日記二卷

金本清　東藩紀行錄一卷 使朝鮮作,丘濬有序。本清,鄞縣人。

黄洪憲　輶軒錄四卷①

姜曰廣　輶軒紀事一卷　又　皇華集三卷

黄福　安南水程日記二卷

錢溥　使交錄一卷

黄諫　使交錄

蕭從業　使琉球錄二卷

---

① 此條後朱筆補:"朝鮮國記一卷、箕子實紀一卷。"

陳侃　使琉球録二卷
謝杰　使琉球録六卷
沈立　江行録一卷　洪武初溧陽主簿。
陳循　東行百咏八卷　謫戍遼東時作。
段正　宦游記十卷
黃瓚　紀行録八卷　儀真人。
郭松年　南詔紀行
項篤壽　路記六册
王臨亨　粵劍編四卷
曹學佺　蜀中宦游記四卷
劉昌　炎方慟哭記
徐𤊹　巴陵游譜一卷　又　客惠紀聞一卷
嚴從簡　殊域周咨録二十四卷　嘉興縣人。嘉靖己未進士。
卜大同　歷代市舶記①
愼懋賞　四夷廣記九册
寧獻王權　異域志一卷
陳誠　使西域記三卷
熊太古　地里西南夷補志五卷
黃省曾　西洋朝貢典録二卷
羅曰褧　咸賓録八卷
葉向高　四夷考八卷
茅瑞徵　象胥録八卷
張燮　東西洋考十二卷
錢溥　朝鮮雜志三卷
邢侗　漢書朝鮮傳疏一卷

---

①　此條後朱筆補："備倭圖記四卷、征苗圖記一卷。"

李如松　朝鮮沾化集
黃洪憲　朝鮮國紀一卷　又　箕子實紀一卷
黎澄　南翁夢錄一卷
李文鳳　粵嶠書二十卷　紀安南事。
蕭大亨　夷俗記一卷　又　北鹵重譯一卷　又　北鹵系俗一卷
尹耕　譯語一卷
張洪　日本補遺　又　南夷書
鄭若曾　日本圖考二卷
薛俊　日本考略三卷　定海人。常州訓導。
李言恭　日本考五卷
侯繼高　日本風土記四卷
卜大同　備倭圖記四卷　又　征苗圖記一卷
蔡汝賢　東夷圖考一卷　又　諸夷續考二卷　又　嶺海異聞一卷　又　續異聞一卷
黃衷　鐵橋海語三卷
李思聰　百夷傳一卷　洪武二十九年,思聰爲行人,出使緬國,因采其山川人物風俗道路爲書以進。
田汝成　炎徼紀聞四卷
趙鈜　九夷古事一卷
楊鼐　南詔通紀十卷
顧應祥　南詔事略一卷
粵西土司諸夷考四卷
郭棐　嶺南諸夷志二卷
張邦望　岑氏七志七卷　閩人。
諸葛元聲　滇史十四卷
艾儒略　職方外紀五卷
贏蟲錄一卷

四夷館考九册
徐一夔　宋行宮考一卷
蕭洵　元故宮遺錄一卷
白瑜　夷齊志六卷
陋巷志八卷
魯氏志四卷
三遷志六卷
顏羽翶　卞里志二卷
二程故里志六卷
程朱闕里志　新安太學生趙滂編，①高攀龍序。
劉俊　白鹿洞書院志六卷
孫存　岳麓書院圖志一卷
吳士奇　白鷺洲書院三祀志十三卷
夏時正　旌德觀先賢祠錄二卷②
胡拱辰　南海神祠嘉惠錄□卷　又　南海神祠事實六卷
焦竑　關公祠志九卷
李濂　朱仙鎮岳廟集
湯陰精忠廟志十卷
陳善　勳賢祠志四卷
王在晋　兩山崇祀錄一卷
裴應章　郟臺志十卷
唐胄　江閩湖廣都臺志
龔勉　烟雨樓志四卷
朱自新　祖陵紀略二卷　祠祭署奉祀。

---

① "滂"，原誤作"旁"，據《千頃堂書目》卷八、《四庫全書總目》卷六十趙氏"程朱闕里志八卷"條改。
② "觀"，《千頃堂書目》卷八無。

鄒迪光　愚公谷乘八卷
南居益　瀑園志六卷①
繆肇祖　常熟縣儒學志十卷

補宋

稅安禮　地理指掌圖一卷
祝穆　方輿勝覽七十卷　字和父，先新安人，移居建安，朱熹母黨，從熹學，所載系東南十七路，西北多缺。
周應合　景定建康志五十卷　武寧人，別號溪園先生，舉淳祐進士，任江寧府教授，入爲翰林修撰，疏斥賈似道，謫饒州通判，終朝散大夫。
潛說友　臨安志八十七卷　咸淳四年以司農少卿知臨安府。
□□　琴川志二十六卷
梁克家　淳熙三山志四十二卷
范成大　吳郡志五十卷
吳元美　句漏洞天十記一卷　福州人。
謝翱　浙東西游錄九卷
李郁　古杭夢游錄一卷
張淏　會稽續志八卷
瑞陽志二十一卷
江文叔　桂林志二十七卷　靜江軍教授。
景定臨川志三十五卷

補金

蔡珪　晉陽志十二卷　又　補正水經三卷

---

① "六"，《千頃堂書目》卷八作"四"。

補元

大元一統志一千卷　□□年卜蘭奚、岳鉉等進。

蕭斟　九州志

郝衡　大元輿地集覽七卷

方輿勝覽三卷

吳萊　古職方錄八卷　又　南海古迹記一卷

朱思本　廣輿圖二卷　臨川人。《吳寬集》云："臨川道士朱本初從吳全節敷祀名山，所至考求地里，作《輿地考》。"意即其人。

皇元建都記

張鉉　金陵新志十五卷　鉉官奉元路學古書院山長，字用鼎，陝西人，至正中修。

戚光　集慶路續志□卷　天曆二年南臺御史趙世延命郡士戚光輯。

于欽　齊乘六卷

李好文　長安圖記三卷

周密　前武林舊事六卷　又　後武林舊事五卷

吳自牧　夢粱錄二十卷　一本二卷。

趙迎山　續豫章志十三卷

費著　成都志

李京　雲南志略四卷

張立道　雲南風土記　又　六詔通説

瞻思　鎮陽風土記　又　續東陽志六卷①　浙江。

熊自得　析津志典　字夢祥，豐城人，崇文監丞。

陸輔之　吳中舊事一卷

洪焱祖　續新安志十卷

王仁輔　無錫志二十八卷

---

①　此條後朱筆補："重訂河防通議、西國圖經。"

相臺續志十卷　　不知撰人。
王惲　汲郡志十五卷
王鶚　汝南遺事二卷
韓性　紹興郡志八卷
王元恭　四明續志十二卷　　字居敬,真定人,至正二年爲明州總管。
劉蒙　松江郡志八卷　　四明人,松江教授,大德中修。
錢全袞　續松江志十六卷　　郡人。
徐碩　嘉禾志
黄溍　義烏志七卷
許汝霖　嵊志十八卷
李士會　樂平廣記三十卷　　字有元,邑人。
李彝　南豐郡志三册　　彝,大德間南豐郡守。
李肖翁　續豐水志六卷　　字克家,富州人,官本學教諭,遷歷陽儒學提舉。
吳存　鄱陽續志
岳陽郡志　　不知撰人。
致和三山續志　　福建。
嚴士真　崇陽志
陳士元　武陽志略一卷　　邵武人,與黄鎮成爲友。
蔡薇　瓊海方輿志　　字希元,瓊山人。
任仁發　水利書十卷　　上海人,官都水監,歷浙江宣尉司副使。
劉大彬　茅山志三十三卷
李孝光　雁山十記一卷
李處一　西岳華山志一卷
元明善　龍虎山志三卷
鄧牧　洞霄宮圖志三卷
黎崱　游廬山記三卷　　字景高,本安南人,居漢陽,泰定中游廬山,紀其詩文山川爲書。
施少愚　秋浦類集　又　九華外史　　青陽人。

瞻思　重訂河防通議
潘昂霄　河源志
張天雨　尋山志十五卷
陶九成　游志續編
劉郁　西使記一卷
盧襄　西征記一卷
迺賢　河朔訪古記十二卷
楊奐　紫陽東游記一卷　又　宋汴都宮室記一卷
何中　薊丘述游錄
周達觀　真臘風土記一卷
周致中　異域志三卷
朱輔　溪蠻叢笑一卷
李志剛　𦍒羅志略三卷　_{永嘉人，樞密院秘書。}
張立道　安南錄
郝天挺　雲南實錄五卷
瞻思　西國圖經
王約　高麗志四卷
劉有慶　潘斗元　續豫章職方乘十四卷
歐陽原功　至正河防記一卷

譜牒類

太祖御製皇陵碑一卷
天潢玉牒一卷
大明宗支二卷　_{明初輯，男女各一冊。}
大明宗譜一卷　_{永樂間修。}
大明主婿一卷　_{洪武中編，仁祖及太祖親王主婿譜牒。}
宗譜二冊　_{諸王玉牒。}

朱睦㮮　大明帝系世表一卷　又　周國世系表一卷　又　周乘一卷

周憲王年表二册

周定王年表一册

朱睦㮮　鎮平世系錄二卷①

楚王宗支文册一卷

遼國世系四卷

蜀府宗支圖譜一卷

世衍編四卷

鄭汝璧　帝后紀略　又　同姓諸王表

陳子龍　明同姓諸侯王年表一卷

吳沈　千家姓一卷　洪武十四年五月編進。

楊信民　姓源珠璣六卷　江陰人。爲文淵閣纂修，後官日照知縣。

邢參　姓氏彙典二卷

楊慎　希姓錄五卷

黃佐　明千家姓纂十二卷

張素　叙姓千文　山陽人。成化乙酉舉人，河陰知縣。

王文翰　尚古類氏集十二卷　汾陽人。山東按察司僉事。

楊慥　姓字通辨②

曹宗儒　郡望辯二卷　字元博，松江人。

許瀚　登科姓輯五卷

陳士元　姓匯四卷　又　姓觿二卷　又　名疑四卷

凌迪知　歷代帝王姓系統譜六卷　又　姓氏博考十四卷　又　萬姓統譜一百四十卷

夏樹芳　奇姓通十四卷

---

① 此條，朱筆調至上朱氏"周乘一卷"後。

② "字"，《千頃堂書目》卷十作"氏"。

葉盛　衛族考一卷
俞應哲　古姓韻編　新昌人。貢士,萬曆初江油令。
余寅　同姓名錄十二卷
孫羽侯　同姓名錄四卷
朱統鐢　廣同姓名錄十六卷
徐鳴玉　歷代人物世名紀　江陰人。隆慶間蘇州府學訓導。
沈弘正　小字錄補六卷
朱右　邾子世家
盧熊　孔顏世系表
孫楨　瑯琊王氏世系譜二卷　別派一卷
韓昌箕　王謝世家三十卷　字仲弓,歸安人。
中山徐氏世系錄一卷　武寧王七世孫良本編。
李韓公家乘
李臨淮　遐思錄八卷
陳靜誠　世德錄
姑孰李氏家譜　李習後裔李汝節輯。
章溢　龍泉章氏族譜四篇　又　章氏家乘五卷
金華宋氏傳芳錄四卷
華㤫　無錫華氏傳芳錄十九卷
鄭氏旌義編二卷　鄭濤輯。濤官太常博士。
山堂章氏傳芳集三卷
桂仲權　桂氏家乘九卷　桂彥良從弟,明初官知縣。
南園俞氏文錄
西寧侯家譜
李維楨　鎮遠侯世家一卷
顧大猷　鎮遠先獻紀二十四卷
隆平侯祖地志

楊士奇　楊氏家乘二十卷
楊文敏公集譜四卷
況鍾　況氏文獻三卷　鍾自集其所得誥命及先世志銘傳記諸作，金幼孜爲序。
李昂　李忠文公家乘十卷　李時勉孫。祁門訓導。
汪福　隴西汪氏世譜　福，滁州衛指揮。
藁城董氏傳家錄五卷
錢伯芝　吳越錢氏傳芳後集五卷
程玧　程氏統宗譜六十卷　宣德中人。
程孟　程氏諸譜會通五十卷　又　外譜二卷　鮑寧門人。
程富　流芳集十卷　集錄本支族譜及襃封誥敕贈遺詩文。
程敏政　新安程氏統宗世譜三十卷　又　程氏遺範集四十卷
　　　　文三十卷，詩十卷。又　陪郭程氏本宗譜三卷
耿九疇　上艾耿氏家乘三卷
劉均美　劉氏慶源錄三卷
華容劉氏族譜四卷
洪洞韓氏譜略一卷
李夢陽　李氏族譜一卷
靈寶許氏族譜一卷
胡纘宗　家譜一卷
惠安張氏家藏書一卷
羅洪先　秀川羅氏族譜五卷
喬世寧　喬氏族譜一卷
張時徹　四明槎湖張氏族譜一卷
晁瑮　晁氏足徵錄
黃山焦氏族譜四卷　户部員外郎焦煜編。
鮑光庭　棠樾鮑氏傳家錄十四卷
黃安　耿氏族譜八卷

南軒　南氏全譜五卷　　又　本宗譜五篇
張朝瑞　族譜九卷
李渭　家乘十二卷
于慎行　于氏家乘二卷
楊起元　楊子世家
錦播楊氏世家八卷
海虞錢氏家譜八卷
錢世揚　錢氏家乘續集　　又　彭城世徵二卷
顧起元　顧氏小史十卷
陶直夫　陶氏譜一卷　陶侃裔，鄱陽人。
歐蘇譜例一卷

補宋
陳思　古賢小字錄一卷

補金
完顏勖　女真郡望姓氏譜

補元
姓氏大全十卷　一作十八卷。
陳櫟　希姓略一卷
梁益　史傳姓氏纂
程峴　程氏世譜三十卷　字和卿，休寧人。
汪壽昌　汪氏世系勳德錄　隴右汪氏。壽昌，元御史中丞。
汪松壽　汪氏淵源錄十卷　字正心，休寧人，肇慶路儒學教授。
孔克己　孔氏世系一卷　克己爲清江三孔後。
孔文升　闕里譜系　文升家於溧陽，趙孟頫爲序。

臨川危氏家譜一卷　泰定二年危素序。

簿録類

楊士奇　文淵閣書目十四卷　宣德四年編定。①
馬愉　秘閣書目二卷
錢溥　內閣書目一卷
張萱　新定內閣藏書目錄八卷　萬曆中定。　又　閣藏家錄四卷
焦竑　國史經籍志六卷　糾繆一卷
內府經廠書目二卷
國子監書目一卷
南雍總目一卷
御書樓藏書目一卷　北京國子監。
都察院書目
行人司書目二卷　又　續書目一卷
王佐　經籍目略　瓊州臨高人。
西亭中尉萬卷堂書目十六卷　朱勤美編。
何喬新訂刻　馬端臨經籍考七十□卷
天下古今書目一卷
周弘祖　古今書刻二卷　各府州縣所刊書及石刻。一作四卷。
祁承爜　諸史藝文抄三十卷　又　兩浙著作考四十六卷
國朝經籍考五冊　不知編人。
國朝名家文集目一卷②
古經解書目一卷
曹學佺　蜀中著作記十卷

---

① "宣德四年"，墨筆注爲："正統二年春。"後有朱筆補："文籍志□卷、法書志一卷。"
② "卷"，《千頃堂書目》卷十作"冊"。

福建書目一卷
建寧書坊書目一卷
寧獻王書目一卷
徽府書目一卷
衡府書目一卷
江寧王府書目一卷
楊士奇　文籍志□卷　又　法書志一卷
葉文莊公　菉竹堂書目六卷　又　菉竹堂碑目十卷
吳匏庵　叢書堂書目
李蒲汀家藏書目二卷　李廷相。
王文莊書目二卷　王鴻儒。
臨潁賈氏藏書目二卷　賈詠。
浚川倚山書一卷①
陸伸　式齋藏書目録
顧尚書書目六卷　顧璘。
金陵羅氏書目四卷　羅鳳。
喬三石書目一卷
四明范氏天乙閣藏書目四卷　范欽。
上蔡李氏家藏書目一卷
李嵩渚醫書目四卷　李濂。
李中麓書目一卷
晁氏寶文堂書目三卷　晁瑮。
古涿高儒百川書志二十卷
姑蘇吳氏書目一卷　方山吳岫。
葛寢野書目一卷　葛臣。

---

① 此條，《千頃堂書目》卷十作"浚川何山書目一卷"，當據改。

張鹵　四櫃書目二卷

湖州沈氏玩易樓藏書目二卷

沈啓原　存石草堂書目十卷　秀水人。嘉靖己未進士。

韓氏寄傲堂書目四卷

徐㥦弦家藏書目

于文定公書目

郭子章　蟫衣生書目二卷

焦氏藏書目二卷　焦竑。

欣賞齋書目六卷　又　欣賞齋金石刻目二卷

澹生堂藏書目八卷　祁承㸁。

牧齋書目一卷

周廷槐　大業堂書目二卷　金谿人。

徐𤊹　徐氏家藏書目七卷

黃居中　千頃齋藏書目錄六卷

錢塘夏氏書目一卷

華亭徐氏書目一卷

平湖沈氏書目一卷

楊氏書目一卷

楊升庵著述目錄一卷

大明法寶標目十卷

大明三藏聖教目錄三卷

大明道藏目錄四卷

道藏目錄詳注四卷　金陵道士白雲霽。①

楊慎　法帖神品目一卷　又　名畫神品目一卷

孫克弘　古今碑目二卷

---

① "雲霽"二字原無，據《千頃堂書目》卷十補。

顧起元　金陵古金石考目一卷
于奕正　天下金石志十三卷
水經碑目一卷
輿地碑記目錄二卷
陳仁錫　國史目錄四十卷
呂仲善　采史目錄四卷　　章貢人。洪武初，纂修《元史》，而順帝三十六年事缺，乃命黄盅等十三人采訪事實，仲善以國子監掌饌往北平，得故事遺文成八十帙歸，以功遷太常典簿，尋擢寺丞，因集其目錄而上之于朝。

補宋
趙希弁　續讀書志四卷
陳振孫　直齋書錄解題□□卷
王應麟　漢藝文志考證十卷

補元
至元法寶總目十卷

子　　部

　　子之類十有三,一曰儒家類,二曰雜家類,前代藝文志列名、法諸家,後代沿之,然寥寥無幾,備數而已,今削之,總附雜家。三曰農家類,四曰小說家類,五曰兵書類,六曰天文類,七曰曆數類,八曰五行類,九曰醫方類,十曰雜藝術類,十一曰類書類,十二曰道家類,十三曰釋家類。

儒家類

成祖聖學心法四卷　爲類四、曰君道、臣道、父道、子道。永樂七年編,賜皇太子,帝爲序。

性理大全七十卷　永樂十二年十一月,既命胡廣等纂修《五經》《四書大全》,又以周、程、張、朱性理之言,如《太極圖》《通書》《西銘》《正蒙》之類,皆六經之羽翼,各自爲書,未有統會,宜類聚成編,以垂後世。因命廣及楊榮、金幼孜總其事,博選廷臣及在外教官有文學者同纂修。明年九月書成,帝親製序,頒之天下。

文華寶鑑□卷　永樂二年編,訓太子。

傳心要語一卷

宣宗帝訓一卷　一作四卷,凡二十五篇。帝親序其首并跋於後。

五倫書六十二卷　先是宣宗萬幾之暇,①采輯經、傳、子、史嘉言善行有關於倫理者爲是書。英宗正統十三年五月製序頒行。

景皇帝勤政要典一卷　景泰三年御製。

憲宗文華大訓二十八卷　成化十八年十二月編,賜皇太子。其書爲綱四,目二十有四。嘉靖八年,製序刊行。

世宗敬一箴一卷②　又　**注程頤四箴一卷**　又　**注范浚心箴一**

---

①　"暇",原誤作"下",據《千頃堂書目》卷十一改。
②　"世宗"後面墨筆補"十六字"三字。

卷　嘉靖五年,上出諸箴賜大學士費宏等,宏等因言此帝王傳心要法、至治要道,請敕工部於翰林院建亭勒石,以垂永久。仍敕提學官摹刻於府州縣,使天下人士服膺聖訓,有所興起。報可。

夏英　涖祚典要一卷　英官邵武府知府,弘治十八年表上,分《法祖》《師古》二篇。

廖道南　文華大訓箴解六卷

隰川王俊栢大文錄　取周子太極立爲贊説,推衍天地陰陽及國家人物之理。嘉靖九年六月進呈,賜敕獎諭。

劉基　郁離子三卷

宋濂　龍門子凝道記二卷

王褘　巵詞一卷

孫作　東家子十二篇

葉儀　潛書一卷

留睿　留子九篇　字若愚,一字養愚,括蒼人。明初,隱居著書。

徐達左　傳道四子書十卷　達左以顏、曾、思、孟遺書,傳者真僞不齊,因輯其言行散見群書者爲此,每一子皆分内外篇。

葉子奇　太元本旨九卷　又　範通玄理①

殷奎　道學統緒圖

朱右　性理本原三卷

朱廉　理學纂言

張九韶　理學類編八卷

趙古則　造化經綸圖

林弼　宋儒會解

謝應芳　辯惑編四卷

顧亮　辯惑續編九卷　字寅仲,上虞人。寓於吴,楊維楨嘗爲作《顧孝子傳》,因應芳之書增損衍繹之。**又　省己録一卷**

----

① "玄理"二字原脱,據《千頃堂書目》卷十一補。

吳彬　性理問答　休寧人,元陳櫟甥,從櫟學。
吳海　命本錄一卷
傅淳　性理叢說　慈谿人。
詹鳳翔　理學括要六卷　字道存,江西樂平人。洪武中,官本府儒學訓導。
鄭儀孫　性理字訓
趙文　理學述言　字宗文,長洲人。洪武中鄱陽知縣。
方孝孺　武王戒書注一卷
周是脩　綱常彝範十二卷　又　邇言四卷
劉端　儒行十二篇
胡溁　律身規鑑一卷
曹端　太極圖說述解一卷　又　西銘述解一卷　又　通書述解一卷　又　理學要覽二卷　又　性理論一卷　又　夜行燭一卷　又　儒家宗統譜　又　存疑錄　又　月川語錄一卷
尤文　語錄二卷　字務樸,無錫人。洪武中,舉明經、秀才,皆不就。陳真晟稱其學,與有宋五子相表裡。
王洪　學訓
吳訥　性理群書補注十四卷　又　補性理字訓
胡應璣　理髓三卷
黃潤玉　海涵萬象錄三卷　又　南山錄
鮑寧　天原發微辯正五卷　又　問答節要二卷
魏驥　理學正義
朱謐　正蒙述解　又　太極圖解
任道遜　太極心性圖說　又　雲山樵語　臨安人,一作溫州永嘉人。永樂中,舉奇童,歷官太常寺卿。
葉挺　理氣圖說　永嘉人。正統間,舉經明行脩,不赴。
金潤　心學探微十二卷　字伯玉,上元人。正統戊午舉人,南安知府。
吳與弼　康齋日錄一卷

李賢　體驗錄一卷
彭時　正學階梯一卷
彭勖　讀書要法
薛瑄　讀書錄十卷　又　續讀書錄十卷　又　性理三書三卷
盧璣　貞宇補遺十卷　字舜臣，松陽人。天順甲申進士。成化初，上疏忤旨，謫戍銅鼓衛。
鄭還　理氣管見　字復正，遂昌人。從學盧璣，爲曹州訓導。
倪復　正蒙發微　又　皇極經世通釋
王啓　正蒙直解
白良輔　太極解
喬縉　性理解惑
周洪謨　南皋子雜言二卷　又　箐齋讀書錄二卷
胡居仁　居業錄八卷
陳真晟　程朱正學纂要　天順三年，詣闕上。
宋端儀　考亭淵源錄□卷　又　道南三先生遺書　又　朱子事類
段堅　栢軒語錄
謝鐸　四子擇言　又　伊洛淵源續錄六卷　又　續真西山讀書記
吾晬　朱子讀書法　又　五箴解
周正　皇極經緯
林樲　續朱子伊洛淵源錄
程敏政　道一編五卷　又　心經附注三卷
丘濬　朱子學的二卷
蔡清　密箴一卷　又　性理要解二卷　又　太極圖說一卷　又　看河圖洛書說一卷
楊廉　太極圖纂要一卷　又　西銘旁通一卷　又　皇極經世啓鑰□卷　又　伊洛淵源錄類增十四卷　取朱子平日之言有及於

伊洛者,附於原本各條下,於正本兼有更定。　又　畏軒劄記三卷　又分類程氏遺書三十二卷　外書十卷　又　二程年表　又象山語類

余祐　性書三卷　又　文公經世大訓十六卷

張吉　陸學訂疑二卷　又　學範　又　居業錄要語四卷

章懋　楓山語錄二卷　又　諸儒講義二卷

吳景端　五箴解一卷　開化人。江浦教諭。程敏政有序。

張志淳　西銘通

張芝　經世續卦　歙縣人,字庭毓。弘治丙辰進士,湖廣按察副使。

葉應　太極圖說

周木　延平問答續錄一卷　字近仁,常熟人。成化乙未進士,南京行人司副,學者稱"勉思先生"。

董遵　金華淵源錄　字道卿,蘭溪人。江浦知縣,從學章懋。　又　諸儒講義□卷　類集宋元諸儒講義,凡六十九篇。

畢亨　省愆錄四卷

姚文灝　學齋心學錄

宋佳　尊心錄十二卷　字子美,奉化人。成化癸卯舉人,徽府長史。

薛敬之　思菴野錄　又　道學統基①　又　洙泗言學錄　字顯思,渭南人。成化中貢士,應州知州,周蕙廷芳門人。

馬季機　經濟文衡前集□□　後集□□　續集□□卷　皆輯朱子文字及問答要語,楊一清序。

林俊　濯舊一卷

劉璣　正蒙會稿四卷　陝西咸寧人。戶部尚書。

章拯　定性書

余本　皇極經世觀物外篇釋義四卷　又　正蒙集解

童品　續正蒙發微二卷　又　皇極經世書內篇注

---

① "統基",《千頃堂書目》卷十一作"基統"。

吳世忠　太極圖解
張璉　程朱心印
邵寶　定性書說
王瓚　正教編一卷
許莊　心鑑警語一卷
潘府　校集顏子二卷　上下八篇，輯經傳所載爲正文，別引雜說附於下，凡三十一章。
楊守阯　困學寡聞錄十卷　集程朱議論。
崔銑　楊子折衷六卷　又　中說考七卷　又　士翼四卷　又　松窗寤言一卷　又　程志十二卷　一作十卷。
王廷相　王氏慎言十三卷　又　雅述二篇
顧璘　近言一卷
李夢陽　空同子二卷①
何景明　何子一卷
鄭善夫　少谷漫言一卷
羅僑　潛心錄　字惟升，吉安人。從張詡學，舉弘治己未進士，歷官廣東參政，先知台州府，②舉治行第一。
陳茂烈　省克錄　又　靜思錄
王承裕　動靜圖說　又　太極圖說　又　草堂語錄　又　三泉堂漫錄　又　進脩筆錄
韓邦奇　性理三解八卷　又　正蒙拾遺一卷
王鴻漸　讀書記二卷
王蕫　大儒心學錄二十七卷　又　講學錄
王大用　聖學一貫　字時行，興化衛人。正德戊辰進士，南京刑部右侍郎。
毛憲　毗陵正學編

---

① "二"，《千頃堂書目》卷十一作"一"。
② "先"字，《千頃堂書目》卷十一無。

劉績　太元經注　江夏人。
徐問　讀書劄記八卷　又　續讀書劄記八卷
方鵬　觀感錄十二卷　又　治心要語一卷
林祺　考亭麗澤錄　集南軒、東萊、象山行實。　又　考亭源流錄　錄豫章、延平諸先生及蔡西山，下至元許謙諸儒行實。
劉玉　日省餘錄二卷
魏校　體仁說一卷　又　莊渠全書十卷
林有年　正學階梯　字以永。莆田舉人，官南御史。疏諫武宗迎佛，逮詔獄，謫武義丞。嘉靖中，官貴州副使。
趙鶴　金華正學編十卷　又　洙泗言仁續錄　又　示教錄
王守仁　傳習錄四卷　徐愛、錢德洪輯。　又　朱子晚年定論一卷　又　陽明則言二卷　門人薛侃等輯。
羅欽順　困知記六卷　附錄二卷
陳鳳梧　困知記
陳建　學蔀通辯十二卷　前後續別四編。　又　朱陸編年考
陸埛　傳習辯疑
許讚　聖訓衍三卷
許誥　圖書管見　又　太極管見　又　太極論　又　性學編一卷　又　道統泝流錄一卷　又　原道釋一卷
湛若水　甘泉明論十卷　又　甘泉新論一卷　又　樵語二卷　又　遵道錄十卷　又　甘泉問辯錄三卷　又　新泉問辯續錄三卷　又　二業合一訓四卷　又　雍語□卷　又　甘泉心性書一卷　又　聖謨衍一卷
霍韜　象山學辯一卷
鍾芳　皇極經世圖纂
范永鑾　明儒警語一卷
王漸逵　正學記一卷　又　觀水記一卷
黃佐　泰泉庸言十二卷

呂柟　涇野子內篇三十三卷　又　語錄二十卷　又　五子抄釋二十一卷　周子二卷,張子二卷,二程子八卷,朱子九卷。　又　周子演二卷

鄒守益　道南三書三卷　又　鄒氏學脈三卷　又　鄒文莊明道錄四卷

何瑭　柏齋三書四卷

殷雲霄　石川明道錄二卷

薛蕙　大寧齋日錄□卷　又　約言二卷

毛愷　讀書錄抄釋三卷

莫旦　學業須知四卷

王崇慶　海樵子七卷　又　海樵濫語二卷　又　古學選注二卷　又　溪野問答一卷　又　解劉元城語錄三卷

方泰　續讀書錄三卷　字時盛,河南新安舉人,邢臺縣學教諭。

林希元　太極圖解

張岳　聖學正傳　又　恭敬大訓　又　載道集　惠安人。

柯維騏　講義二卷①

毛仲時　理數啓鑰二卷

吳稷明　正學編□卷　又　破愚錄　字舜弼,松江人。正德甲戌進士,荊、徽二府長史。

舒芬　太極通書釋義

顧孟圭　疣贅錄二卷

薛甲　心學淵源錄二卷　又　緒言四卷　又　心傳書院講義

顧應祥　惜陰錄十二卷

凌瀚　乾惕錄一卷

———

①　"義",原誤作"象",《千頃堂書目》卷十一作"義",中華點校本《明史》卷二百八十七"柯維騏"傳:"以辨心術、端趨向爲實志,以存敬畏、密操履爲實功,而其極則以宰理人物、成能天地爲實用,作《講義》二卷。"據改。

鄭曉　古言二卷

沈霽　語錄四卷　華亭人。正德辛未進士,貴州參政。

戴冠　戴子　長洲人,訓導。

敖英　慎言集訓二卷

邵經邦　弘道錄五十七卷　總揭五德,通貫五倫,采摭經史事實,附以己意闡發之。

黃綰　思古堂筆記

季本　說理會編

沈愷　夜燈管測二卷　字舜臣,華亭人。官太僕寺卿。

林士元　子思子

黃省曾　注申鑑五卷

柳文　文中子裒粹　字少明,山陰人。擇其言之粹者,其餘依仿聖人之語者去之。

程廷策　注馬融忠經一卷

黃希憲　續自警編十六卷　字伯容,金谿人。嘉靖癸丑進士,福建參政。

朱得之　正蒙通義

吳伯通　石谷遺言一卷　又　甘棠書院錄一册

何益之　友問集十卷

唐順之　諸儒語要十卷　又　諸儒文要八卷　錄濂溪、二程、橫渠、龜山、上蔡、五峰、紫陽、東萊、南軒、象山、慈湖、白沙、陽明之語及文章。　又　儒編

黃一脉　諸儒語要續六卷

唐樞　一庵語錄二卷　又　太極枝辭一卷

薛應旂　考亭淵源錄二十四卷　又　薛子庸語十二卷　門人慈溪向程釋,凡二十四篇。

王艮　心齋語錄二卷

薛侃　研幾圖一卷　又　圖書質疑

王棟　一庵會語十二卷　泰州人,王艮門人。歲貢,泰安州訓導。

李呈祥　古源先生省己録一巻　知行二論附。　又　古源山人二語八巻　字時龍,貴池人。正德中貢士,從王守仁問學。

鄒森　鄒子觀心約一巻　蔚州人,號漸齋。嘉靖辛卯舉人,未仕卒。

郭儒　續近思録二巻　號一泉,祁縣人。凡十一篇。儒,嘉靖丁酉舉人,官淳化知縣,以清幹稱。

吳文光　朱子感興詩解一巻　又　門人答問録四巻　字有明,婺源人。嘉靖丙午舉人,應山知縣。

洪垣　洪子聞言四巻

陳階　道教源流録四巻　號芝山。一作二巻。

吳介　理學會通　字于石。嘉靖辛卯舉人,知州。

胡明庶　蔡氏性理二書圖解　羅田人。嘉靖壬辰進士,未仕卒。

鄭良佐　道學統宗内外二傳　字世忠,寧海人。太學生。嘉靖中,上疏,請祀建文死難諸臣,不報。

張倫　格致圖　汶上人。嘉靖中户部員外郎。

李義壯　理數或問

聶豹　困辯録一巻　又　幽居答述録二巻

何維栢　太極圖解

龐嵩　太極解　又　弼唐遺言

余嘉謨　皇極經世注

殷登瀛　聖學正脉

李元陽　心性圖説

孫應奎　朱子抄十巻

徐階　存齋教言一巻

張敔　皇極經世聲音譜

李承恩　性理三書解一巻

徐爌　定性書釋二巻　太倉人。

郭朴　管見一巻

李鐸　補注顔子　光化人。略陽教諭。

周思兼　學道記言六卷　又　西齋日錄十卷

胡直　胡子衡齊八卷　又　衡廬精舍雜言十五卷　《言末》二卷，《明中》二卷，《申言》二卷，《談言》二卷，《微札》二卷，①《傳辨》二卷，《理問》一卷，《續問》二卷。

徐貢元　省身日記　繁昌人。嘉靖辛丑進士，南京户部右侍郎，與海瑞等稱"天下四君子"。

汪尚和　紫陽道脈録四卷　字節夫，休寧人。

陸樹聲　汲古叢語一卷

盧忠寧②　獻子講存二卷

金賁亨　道南録五卷　又　象山白沙要語一卷　又　台學源流之集七卷

蔡㸅　洨濱語録二十卷

鄭世威　岱陽問答六卷③

李得陽　義蒼子一卷　字伯茂，廣德州人。嘉靖乙丑進士，南京工部侍郎。

尤時熙　擬學小記八卷　又　聖諭衍　字季仲，洛陽人。嘉靖中舉人，官户部主事，號"西川先生"。

王時槐　自考録一卷　又　廣仁彙編

劉元卿　諸儒學案八卷　又　思問編　又　先正義方　又　儒宗考輯略二卷　又　劉聘君會語四卷

何遷　友問四卷　一作十卷。

王之士　理學緒言　又　信學私言　又　道學考源録

吕懷　心統圖説二卷

王宗沐　朱子大全私抄十二卷

周琦　東溪日談十八卷　廣西馬平人。

殷邁　懲忿窒慾編一卷　又　閒雲館野語一卷　又　逍遥館

---

① "微札"，《千頃堂書目》卷十一作"微禮"。
② "寧"，《千頃堂書目》卷十一作"守"。
③ "問答"，《千頃堂書目》卷十一作"答問"。

測言一卷
徐應乾　士林正鵠四卷　字以清,遂昌人。貢士,官雷州府儒學教授。
羅汝芳　近溪子明道錄八卷　耿定向編。又　近溪集語十二卷
耿定向　耿子庸言二卷　又　學彖二卷　又　雅言一卷　焦竑
　輯。又　新語一卷　又　教學商求一卷
李渭　先行錄十卷　字湜之,思南府人。舉人,官雲南參政,人稱"同野先生"。
李希雒　益言四卷　字宗裕,太原人。嘉靖癸丑進士,吏科給事中。
陳善　自警新編
貢安國　學覺窺斑六卷
王樵　紫薇堂劄記一卷　又　戊申筆記一卷
蕭廩　微言二卷　又　論學緒言
許孚遠　敬庵語要二卷
朱衡　道南源委錄十二卷
孫應鰲　論學彙編八卷　又　道林先生粹言四卷　又　教秦
　總錄四卷
高拱　本語六卷①
梁斗輝　聖學正宗二十卷　新會人。隆慶丁卯舉人,太平府同知。
張元忭　張子志學錄一卷
管志道　七九問辯牘四卷　又　續問辯牘四卷　又　理要酬
　咨錄四卷　又　酬咨續錄四卷　又　覺迷蠡測六卷　又
　師門求正牘二卷　又　八九病榻心宗二卷
王敬臣　俟後編四卷　一作六卷。
呂坤　呻吟語四卷　又　小兒語五卷
章潢　大中本旨　又　此洗堂語略二卷
賀沚　尊聞錄　又　敬止堂日劄　又　聖學管窺　又　校刊

――――――
①　"本"前,《千頃堂書目》卷十一有"中玄子"三字。

揚子法言十三篇　字汝定，廬陵人。隆慶庚午舉人，蘇州府同知。

鄒德溥　畏聖錄二卷

吳炯　吳氏叢語十二卷

鄧球　理學宗旨二卷

張位　警心類編四卷

楊範　道統言行集　寧波人。

陳雲渠　浙學譜一卷

唐伯元　二程先生新語八卷

汪應蛟　中詮八卷　又　理學經濟二編　陳龍正纂。

李材　教學錄十二卷　又　南中問辯錄十卷　又　經正錄八卷　又　知本同參二卷　一作十一卷。　又　經世大論四卷　又　見羅先生書二十卷

曾朝節　臆言八卷

鄒德泳　鄒聚所語錄三卷

蘇濬　雞鳴偶語三卷

范淶　范子嚅言十卷　休寧人，號晞陽。萬曆甲戌進士，福建左布政使。

鄒元標　南皋仁文會語四卷　又　日新編二卷　又　輔仁編二卷　又　宗儒語略六卷①　又　義語合編四卷

孟化鯉　已千錄　又　尊聞錄

楊起元　天泉會語　又　證學編二卷　又　楊子學解　又　楊子格言　又　識仁編二卷

黃時熺　知非錄六卷

徐師曾　正蒙章句

徐即登　文公全集摘要八卷　又　儒學明宗錄二十五卷

錢一本　黽記四卷

---

①　"宗"，原誤作"宋"，據《千頃堂書目》卷十一、《續修四庫全書》第1364冊影印明萬曆三十四年刻本《焦氏澹園集》卷十四"宗儒語略序"改。

顧憲成　小心齋劄記十八卷　起甲午，迄辛亥歲，爲一卷。　又　東林商語二卷　又　虞山商語一卷　又　當下繹一卷　又① 　顧涇陽遺書□卷　崇禎元年，憲成子輿人與沐進呈。　又　顧端文語要三卷　又　證性編八卷

顧允成　季時二大辯三卷　一名《朱子二大辯》。

史孟麟　明道會錄一卷

李多見　學原前後編八卷

李經綸　衛道錄　又　稽中傳

郜永春　三儒言行錄十四卷　河汾、白沙、陽明。

涂宗濬　隆沙證學記三卷　南昌人。萬曆癸未進士，官宮保尚書。一作六卷。

周子義　穀語二十卷　又　日錄見聞十卷　吏部侍郎，諡文恪。

李元育　一中四册　閩中人。元育謂五行各具一中，一行遞主，②四行迭輔，而一行之變凡二十有四，五之凡一百二十，各著說以明之。

吳仕期　大儒敷言三十三卷

徐三重　庸齋日記八卷　又　信古餘論八卷　字伯同。

徐用檢　三儒類要五卷　浙江人。敬軒、白沙、陽明。　又　友聲編四卷

李廷機　燕居錄一卷

來知德　瞿塘日錄十二卷

方學漸　心學宗四卷　又　性善繹一卷　又　方子庸言一卷　又　東游記三卷　又　邇訓二十卷

吳應賓　性善二書五卷　又　宗一聖論二卷

方大鎮　寧澹語八卷　又　田居乙記四卷　學漸子。萬曆壬辰進

---

①　"又"字原無，據文例補。
②　"主"，《千頃堂書目》卷十一作"三"。

士，①大理寺少卿。

姚舜牧　性理指歸二十八卷

周敬止　志學罪言十二卷

于孔兼　願學齋存語二卷　又　述語四卷　又　憶語四卷　又　續憶語二卷

馮從吾　元儒考略四卷　又　少墟語錄六卷　又　關學編□卷　集關中理學，自春秋至明，凡二十七人。　又　辯學錄□卷

唐鶴徵　憲世編六卷

李宗延　輯曾子四卷

曾鳳儀　明儒見道編二卷

程瞳　閑闢錄十卷

郝敬　時習新知六卷　又　閑邪記二卷　又　炳燭孤談十卷

吳道南　輯李登寶唐語略一卷

馮柯　馮子求是編四卷　又　迴瀾正論一卷　又　馮子贅言一卷

魯邦彥　就正錄十卷　歸德人。光祿寺丞。

張恒　學辯撤蔀二卷　又　因明子一卷　字伯常，嘉定縣人。江西左參政。

楊東明　性理辨疑　又　山居功課

姚君俞　性命緒言五卷

江□□　續近思錄十四卷

許世卿　太元元言　無錫人。萬曆中舉人。

周汝登　聖學宗傳十八卷　又　程門微旨一卷　又　王門宗旨十四卷　又　東越證學錄十二卷

馮應京　朱子錄要十五卷

何棟如　道一編五卷

①　"壬辰"，《千頃堂書目》卷十一作"己丑"，《明清進士題名碑錄索引》同。

高攀龍　正蒙釋四卷　徐必達發明。　又　朱子節要十四卷　又　就正錄二卷　又　高子遺書十二卷　門人陳龍正編定。

徐必達　周子全書七卷　又　張子全書十五卷　又　二程全書六十五卷　又　邵子全書二十四卷　又　豫章全書□卷

吳尚學　明四先生要語二卷

鍾韶　明四先生繹訓編四卷

孫慎行　元晏齋困思抄四卷

岳元聲　聖學範圍圖說一卷

劉宗周　理學宗要一卷　又　證人要旨一卷　又　古學經　凡四，曰《小學》，集《曲禮》《少儀》《內則》《玉藻》《王制》語爲之，曰《大學》，曰《學記上》，以《文王世子》合《大戴禮》傳爲之，曰《學記下》，則本言也。①　又　合璧連珠　凡孔孟之言仁者曰"合璧"，周、程、張、朱五子之言仁者曰"連珠"。　又　聖學宗要　亦擇五子書之醇者。　又　陽明傳信錄三卷　又　明道統錄　又　選人譜　又　劉子遺書四卷

文翔鳳　太微經

張國綱　續性理十五卷　安定人。

葉秉敬　荆關叢語六卷　又　讀書錄抄八卷

耿汝忞　廓如編三卷　字克勵，黃安人。耿定向子，萬曆中舉人。

朱之馮　在疢記一卷

張鼐　讀書印一卷

黃道周　榕壇問業十八卷　又　太函經八卷　以形、聲、色九九相推，各得七百二十九，本河圖曲折之勢，兩其陰陽，以六因之，諸生時作。

姚張斌　尚絅小語三卷

陳龍正　程子詳本二十卷　仿《近思錄》而類分之，其重複雜記，無關理道者節去。　又　參定朱子語類□卷　又　陽明先生要書八卷

吳桂森　息齋筆記二卷　字叔英，無錫人。從錢一本學，自稱"東林素衣"。

---

① "言"，《千頃堂書目》卷十一作"書"。

成勇　消閒録十卷　又　西銘解
金鉉　狷庵先生語録
黄淳耀　語録二卷　又　劄記二卷　又　吾師録一卷
孫奇逢　理學宗傳二十六卷　又　取節録十卷　又　歲寒居劄記十五卷
賀時泰　思聰録一卷　江夏人，賀逢聖父。
辛全　養心録
刁包　斯文正統十卷　字蒙吉，祁州人。天啓丁卯舉人。録濂、洛、關、閩之文。　又　辨道録四卷　又　潛室劄記二卷
陸世儀　思辯録輯要三十卷　字道成，號桴亭。太倉諸生。
顔茂猷　迪吉録八卷
陸瑞　家學契三卷　金華人。
夏雲蛟　心學直指二卷　嘉定縣人。
章世純　留書十卷
喬可聘　讀書劄記四卷
林嗣昌①　弟經一卷
顧樞　西疇日抄十三卷
東萊要語四卷　以下不知撰人。
紫陽先生精義四卷
容城先生至論二卷
河東先生粹言二卷
陳子言行録十二卷
西峰明道録八卷
寧獻王權　家訓六篇　又　寧國儀範七十四章
唐成王彌鍗　家教

---

①　"嗣"，《千頃堂書目》卷十一作"胤"。

周憲王有燉　家訓一卷
博平恭裕王安鉶　貽後錄
交城王彌鉀　宗訓直言
中尉朱勤美　諭家邇談二卷
鄭綺　鄭氏家範二卷　字宗文，浦江人。
華宗韡　貞固先生慮得集三卷　附錄二卷　字公愷，無錫人。元季，兵興，奉父幼武避難，造次顛沛，務悦親心。時平還錫，定居延祥里，勤啬耕讀，以修身教家爲務。斟酌古禮，爲是書以訓子孫，遂爲鵝湖華氏始祖。洪武間，屢辟不起。
王士覺　家則一卷　浦江人。父經慕同里鄭氏合食同居，戒士覺效之，士覺因爲此書，凡一百八十四條。
程達道　程氏孝則堂家教輯錄一卷　洪武初人。
周是修　家訓十二卷
楊榮　訓子編一卷
曹端　家規輯略十四篇
徐履誠　徐氏家規二卷　正統時人。
李裕　歸田訓一册　又　正家條約
楊廉　家規一卷
張璁　世訓一卷　字孔圭，建安人。成化□□舉人，①贛州府同知。
許相卿　許氏貽謀四則一卷
孫植　孫簡肅公家訓一卷　嘉靖間刑部尚書。
史朝賓　史氏内範一卷　晋江人。嘉靖丁未進士，南京鴻臚寺卿。集自古父子兄弟美事可法者以訓家。
吳性　宗約一卷　又　家訓一卷
楊繼盛　忠愍家訓一卷　在獄中臨命前一日書，以訓其家者。
周凱　家規二卷　字希文，龍游人。
葛守禮　端肅公家訓

---

① 空格處，《千頃堂書目》卷十一作"庚子"。

仇楫　上黨仇氏家範二卷　又　仇氏鄉約集成　又　東山書院儀節　楫，潞州人。爲宿州吏目。與其弟儀賓森同立家範，訓其宗，又舉行鄉約範其俗。仇氏自鴻至楫百五十年，六世同居，隆慶初，旌爲義門。

萬邦孚　萬氏蒙訓六卷

袁顥　袁氏家訓一卷　又　庭幃雜録一卷

王祖嫡　家庭庸言二卷

楊庭筠　楊氏塾訓六卷

張獻翼　家兒私語一卷

石懋　家訓類編十二卷　字蒼蕖，①會稽人。

薛厚　教家類纂十卷　嘉善人。

陸應陽　笏谿家訓一卷

費元禄　費氏家訓十卷

郭良翰　齊治要規二卷

太祖女戒　洪武六年命儒臣編。

高皇后　内訓一卷

仁孝皇后　内訓二十篇　后觀《女憲》《女戒》，採其要而作，永樂五年十一月成。

章聖皇太后　女訓一卷　獻帝爲序，世宗爲後序。嘉靖九年九月，命禮部同《高皇后傳》《文皇后内訓》同刊行。

慈聖皇太后　女鑑一卷

内則詩一卷　世宗因桂尊言，命翰林儒臣方獻夫、李時、董玘、徐縉等撮詩書之關内教者，撰爲詩以便誦習。

王直　女教續編□卷

朱家棟　女則四卷　靖江人。歲貢，官鎮江府學教授。

吕坤　閨範四卷

────

①　"蕖"，《千頃堂書目》卷十一作"渠"。

補宋

陳淳　北溪先生性理字義二卷　又　北溪先生字義詳講二卷　即前《字義》，引古今事實證之。

饒魯　雙峰講義五册

楊與立　朱子語略二十卷　建安人，朱子門人，知遂昌縣，學者稱船山先生，《國子監書目》作十卷。

趙滸　池陽講書本末一卷　景定間，滸守池陽，延史繩祖詣學講書，錄其講義及文移。

史繩祖　學齋佔嗶四卷　眉山人。

王遂　實齋心學一卷　淳祐間人，解《先天圖說》《太極圖》《中庸》章句及《西銘》，並附雜作。

劉荀　明本釋三卷　汶上人，因有子務本林放問本之義而推廣之，凡三十五則，引前人之論，分列於下而釋之。

趙善璙　自警編九卷　字德純，宋宗室，居于歙，先以父任授承信郎，登嘉定元年進士，再中法科，除大理評事，至中奉大夫。

李邦獻　省心雜言一卷

劉夢應　明善錄八卷　取前賢嘉言善行，分講學、立身、居家、居官四類。夢應，衡州臨武人，咸淳間進士，承議郎。

國之材　青宮備覽四十卷　之材，景定間官宣教郎，采撫經史，分前後左右四集。

曹彥約　經幄管見一卷　官禮部侍郎時選進。

王孝友　性理彝訓三卷　字順伯，豐城人，與魏了翁善，了翁稱為修士，徐鹿卿誌其墓，所著有《政鑑》《豐水志》《海潮論》《造化六合論》，皆未見。

王佖　紫陽宗旨三十八卷　宋淳祐間金華人，編次《朱子語錄》。

葉采　近思錄集解十四卷　建安人。

葉士龍　晦庵朱子語錄類要十八卷　括蒼人，字雲叟，號澹軒，黃幹門人，為考亭書院堂長，凡四十八類。　又　先儒講義二册

熊節　編性理群書二十三卷　熊剛大集解。

李元剛　聖門事業圖一卷
王栢　研幾圖一卷　又　天地萬物造化論一卷　廬陵周顒注。
何基　太極圖發揮一卷　又　通書發揮二卷　又　啓蒙發揮二卷　又　近思錄發揮十四卷
黃震　黃氏日抄九十八卷
許棐　樵漁錄二卷
方回　皇極經世考
吳思齊　俟命錄　編聖賢順正考終之事。
熊禾　正蒙句解二卷　又　言行龜鑑二卷　又　文公要語　取文公諸書擇其精要爲之，而以趙、馬、張、呂及朱氏門人之書附錄。
趙孟奎　聞見善善錄一卷　咸淳間人。
劉應李　傳道精語
吳霞舉　太元潛虛圖説十卷

補金

趙秉文　楊子發微一卷　又　太玄箋贊六卷　又　文中子類説六卷
劉祁　處言四十三篇

補元

耶律楚材　皇極經世義
趙復　傳道圖　又　伊洛發揮　又　朱子門人師友圖　又　希賢錄　取伊尹、顏淵言行，以勉學者。
許謙　自省編　又　日聞雜記　謙門人記。
杜瑛　極學十卷　又　皇極引用八卷　又　皇極疑事四卷
安熙　續皇極經世書
趙居信　理學正宗一卷　采輯諸儒北溪書院記及宗旨。
丘富國　經世補遺三卷

史伯璿　管窺外編五卷
馬端臨　義根守墨三卷
吳澄　文正公支言五卷
胡一桂　人倫事鑑
胡炳文　性理通
程直方　四聖一心
何榮祖　觀物外篇
孟夢恂　性理本旨
齊履謙　經世書入式一卷　又　經世外篇微旨一卷
鄭以忠　宮學正要二卷　凡五篇，曰主教，曰講學，曰游藝，曰前言，曰往行。
張巨濟　萬年龜鏡錄十卷　采摭經史，因□宗萬年節進呈。
張光祖　言行龜鑑十卷
張養浩　經筵餘旨一卷
柳貫　近思錄廣輯三卷
潘迪　格物類編
黃溍　日損齋筆記二卷
蘇天爵　治世龜鑑一卷
郭慶傳　經邦軌轍十卷　臨江人，爲目十有二，引經史于端，而證以元名臣之事，監察御史進其書于朝。
吳仲迂　先儒法言　又　先儒粹言
李純仁　顏子五卷　延祐高安人，凡十篇。
蔣元　學則二十卷
陳舜中　審是集一冊
周公恕　近思錄分類集解十四卷　吉安人，就葉采集解參錯離析之，非葉氏本書也。
陳剛　性理會元二集四十六卷　字公潛，溫州平陽人，從胡石塘學，門人稱之潛齋先生。
鮑雲龍　天原發微五卷　字景翔，號魯齋，□□□□□□，歙縣人，領元鄉薦。

劉霖　太極圖解　安福人。

時榮　洙泗源流八卷　至元間金華人,因孔子弟子見於《論語》者僅三十四人,餘多不著,乃采摭經傳子史注疏,凡孔門弟子及釋奠諸儒事迹,聚爲一編。

黄瑞節　朱子成書十卷　字觀樂,以薦授泰和州學正,不赴,輯朱子《太極圖》《通書》《正蒙》《西銘》諸解,及《易啓蒙》《家禮》《律吕新書》《皇極經世》《陰符經》《參同契注》,而以己所見爲附録。

張復　性理遺書十四卷　建安人,字伯陽,建寧路知事。

何中　通書問

沈貴瑶　正蒙疑解　字成叔,德興人,董鼎弟子。

蕭元益　洙泗大成集　字楚材,安化人。

陳樵　太極圖解　又　通書解　又　性理大明　又　聖賢大意　又　石室新語

祝泌　觀物解

李仁壽　春谷讀書記二百卷　婺州路儒學教授。

熊本　讀書記二十五卷　草廬門人,記所問答。

程時登　太極圖説一卷　又　西銘補注一卷

吕洙　太極圖説一卷

黄鎮成　性理發微四卷

蔡仁　皇極經世衍數五十五卷　又　後集五十二卷　又　别集十五卷　又　續集十六卷　又　支集十五卷　字和仲,饒州人,布衣。

王德新　學則二篇　字君實,新野人。

曹涇　服膺録

張延　要言一卷

張明卿　存養録十二卷

張淮遠　編周子書四卷

朱本　皇極經世解　又　太極圖解　又　通書解　字致其,豐城人,福州路儒學提舉,明初以賢良官召至京,固辭,安置和州。

朱隱老 皇極經世書解上篇十三卷下篇五卷

俞長孺 心學淵源 新昌人,諸暨州學正。

僧天祐 注許召奎百忍箴四卷

史若佐 景行錄一卷 大德間肇慶路星巖書院山長羅芳釋。

王文煥 道學發明 一名子敬,字叔恭,松陽人,元季隱松陽山,學者稱西山先生。

惠希孟 家範五卷 字秋崖,江陰人。

吳宗元 吳氏宗教一篇 諸暨人,宋濂有序。宗元,字筠西,有學行,嘗爲浙東宣慰司奏差,以母老歸養。

許熙載 女教六卷 又 經濟錄四卷 字敬臣,許有壬父,官□□州路經歷。

丁儼 金闈彝訓八卷 字主敬,新建人,吳草廬門人。

馬順孫 帝王寶範六十二卷 稱江南布衣馬順孫撰進,采歷代帝王事迹,凡十二門,下皆不知時代。①

許珍 性理正蒙分節解十七卷 又 太極圖解釋義一卷

葉涵 性理紀聞四卷

黃堂 理學要言十卷

胡次和 太玄集注十二卷 江原胡次和。

余安行 余氏至言十八篇

姚君大 教家要語二卷

于鑑 中說指歸錄二卷

許魯齋心法一卷 不知何人撰,元潁川馮士可得之以行,永嘉陳剛爲序。

太玄索隱四卷

皇極經世書類要十卷 元人輯。

鄭泳 家儀 字仲潛,浦江人,仕元,溫州路總管府經歷。

---

① 此條後墨筆補:"程復心《四書注圖纂》,新安人。再查入。"

雜家類

太祖御製資治通訓一卷 洪武八年編。凡十四章,首君道,次臣道,又次民用、士用、工用、商用,皆著勸導之意。

太祖輯公子書一卷　又　務農技藝商賈書 帝徵儒士熊鼎、朱夢炎至建康,令纂二書,并以恒詞直解之,以訓世臣及庶民子弟。

成祖務本之訓一卷 永樂八年,帝以皇太孫生長深宮,不知稼穡艱難,因巡幸北京,命侍行使歷觀民情風俗及田野農桑作苦之事,因采太祖創業事迹及往古興亡得失爲書以示訓。

仁孝皇后勸善書二十卷 采三教勸善懲惡之言,附以事實。

衡府高唐王厚熼　事親述見十二卷 號岱翁。嘉靖時,旌表孝行。

楚府樊山王載垙　茹蠅子一卷

輔國將軍宇浹　名獻錄一卷

鎮國中尉碩熽　五色石一卷

宋濂　燕書一卷

王廉　迂論□十卷

葉子奇　草木子八卷 字世傑,龍泉人。洪武初,爲學教官,坐學吏累繫獄,于獄中研瓦記所得,追釋歸足成之。

陳雅言　天對六篇 永豐人。洪武中,領本縣教事。

劉端　百家輯錄 建文大理寺丞。

王達　筆疇二卷　又　桂林機要

曹安　讕言長語二卷 字以寧,上海人。武邑縣儒學教諭。

張楷　增廣事物紀原

趙弼　事物紀原刪定二十卷

解延年　物類集說三十四卷　又　策學指歸□卷 字世化,栖霞人。正統己未進士,順慶府知府。

羅頎　梅山叢書二百卷　又　物原二卷 字儀甫,山陰人。梅山,所隱居地。

陳頎　聞中今古錄二卷 字永之,號味芝居士,吳人。爲武陽訓導。

陸容　式齋邇察
李蘇　見物二卷
謝理　東岑子四卷　字一卿，成化間人。
朱存理　經子鉤玄
鄭瑗　井觀瑣言三卷　又　蜩笑偶書一卷　字仲璧，莆田人。成化辛丑進士，南京禮部郎中。
潘府　南山素言一卷
周瑛　祠山雜辨一卷
盧格　荷亭辨論八卷　字正夫，東陽人。成化辛丑進士，監察御史。
奚昊　千東子　字時亨，華亭人。成化己丑進士，刑部郎中。
黎堯卿　諸子纂要四卷　忠州人。弘治癸丑進士。
潘塤　楮記室十五卷
游潛　博物志補　字用之，豐城人。弘治辛酉舉人，賓州知州。
陸伸　甘泉叢殘錄三十卷　陸容子，字安甫。□□□□進士。
劉績　補注管子二十四卷　又　補注淮南子二十八卷　江夏人。
何孟春　餘冬序錄六十五卷　又　閒日分義一百卷
戴鱉　經濟考略二十卷
敖英　東谷贅言二卷
陶輔　夕川愚特二卷　鳳陽人。
戴璟　博物策會十七卷
陸深　同異錄一卷　又　傳疑錄二卷
孫宜　遁言二卷
鄭文康　平橋漫錄一卷
祝允明　祝子罪知錄十卷　又　讀書筆記一卷　又　蠹衣一卷　又　浮物一卷　又　祝子通　又　祝子雜　又　金石契一卷
蔡羽　太藪外史五卷
樊鵬　樊子二卷

黄卷　蓬然子三卷
趙釴　鷃林子五卷　又　古今原始二十卷
劉繪　劉子通論十卷
李時行　雲巢子
羅釴①　權子雜俎二卷
朱得之　參元三語十卷
張鳴鸞　游初子筆記三卷
高岱　楚漢餘談一卷
朱麟　芝山野語一卷
胡侍　清涼經一卷
王廷簡　警愚筆記二卷　臨邛人。嘉靖壬戌進士。
張時宜　灌園子　字仲衡,鶴慶人。嘉靖中貢士,建昌府學教授。
陰秉暘　陰氏讀書抄三卷
陸煥章　鷗峰雜著四卷　字子文,常州人。
羅虞臣　原子八卷　字熙載,廣東順德人。嘉靖□□進士,②官吏部主事,坐劉東山獄,杖黜。葉春及稱其文上追兩漢,下掩六朝,方駕作者,其於禮樂,援據古今,擬議尤確。
王杰　經濟總論十卷　鄞縣人。嘉靖丙戌進士,大名府推官。
張元諭　篷底浮談十五卷③　字伯啓,浦江人。嘉靖丁未進士,雲南按察副使。
李豫亨　推篷寤語十二卷
林昺　歸正集十卷　字文炯,號方塘。鄞縣諸生。
駱文盛　雜談二卷
沈愷　夜燈管測二卷
賈三近　寧鳩子

---

① "釴",《千頃堂書目》卷十二作"釱"。
② 空格處,《千頃堂書目》卷十二作"己丑",《明清進士題名碑錄索引》同。
③ "十",《千頃堂書目》卷十二無。

陳槐　聞見漫錄四卷
黃訓　讀書一得四卷
汪坦　日知錄五卷
俞邦時　一書四卷
劉鳳　劉子雜俎十卷
王世貞　弇州劄記二卷　又　短長二卷
沈津　百家類纂四十卷
陳耀文　學圃萱蘇六卷　又　學林就正四卷　又　正楊四卷
　　　確山人。嘉靖庚戌進士,陝西行太僕寺卿。
陳絳　金罍子四十四卷　　上虞人。嘉靖□進士。①
王世懋　澹思子一卷
華彥名　擊壤閒錄二卷
方弘靜　千一錄二十六卷
安世鳳　悟言八卷
勞堪　史編始事二卷
蔣以忠　藝圃球瑯二卷　又　稽古編四卷
陳其力　芸心識餘八卷
周汝礪　萃盤錄四卷
鄧伯羔　藝彀二卷　又　中有錄一卷　又　論世編二卷
周祈　名義考十二卷
詹景鳳　詹氏小辯六十四卷　　字東圖,休寧人。舉人,平樂府通判。
蕭騰鳳　天倪子　　晉江人。隆慶戊辰進士,兩淮鹽運使。②
唐汝迪　嘉議十五卷　　字吉甫,宣城人。嘉靖丙辰進士,廣西按察使。
殷登瀛　微言辯說　辯經傳之誤。③　又　九一然犀集　闡發史傳之

----

① 據《明清進士題名碑錄索引》,知陳氏爲嘉靖甲辰進士。
② "淮",《千頃堂書目》卷十二作"浙"。
③ "誤",原誤作"談",據《千頃堂書目》卷十二改。

幽微。① 登瀛字子登,宣城人。嘉靖壬戌進士,金華知府,自號"九一居士"。

余湘② 鮒窺廥攟十二卷 字毓靈,龍游人。貢生,從鄒守益學,官臨武知縣。
穆希文 穆氏說原十六卷 又 動植紀原四卷
王三聘 事物考八卷
余有丁 子彙三十三卷
朱東光 中都四子書 《老子》《莊子》《管子》《淮南子》。
王逢年 天禄閣外史八卷 偽託黄憲作。别有《於陵子》《計然子》,皆不錄。
沈節甫 先正由醇錄
吴仕期 古今名喻八卷
沈堯中 沈氏學弢十四卷 又 空空子内外篇四卷
陳堯 虛舟子一卷 又 東園日錄□卷
徐元太 尸子彙逸二卷 《尸子》久亡,元太彙輯散見諸書者。
朱長春 管子榷二十四卷
管子治略窾言八卷 不知撰人。
周夢暘 常談考誤十二卷 字啓明,南漳人。萬曆甲戌進士,布政司參政。
周弘鑰 何之子一卷
周弘祖 内篇一卷 外篇二卷
徐常吉 諸家要旨二卷
陳深 諸子品節五十卷
徐伯齡 蟫精雋二十卷 字延之,錢塘人。博學强記,洞曉音律,擊群甌皆諧律吕。
趙士登 省身至言十卷 字應庸,涇縣人。萬曆庚辰進士,南京吏部侍郎。
劉仕義 知新錄二十四卷 廬陵人。
周循 管涔子九卷

---

① "史傳"後,《千頃堂書目》卷十二有一"經"字。
② "湘",原誤作"溯",《千頃堂書目》卷十二作"湘",文淵閣《四庫全書》第 524 册《(雍正)浙江通志》卷一百八十一"余湘"條:"字毓靈,龍游人"等等,據改。

王志遠　王氏意推四卷
林兆恩　心聖直指一卷　又　宗孔心要六卷　又　心經提要一卷
陳師　覽古評語五卷
屠隆　冥寥子二卷①　又　鴻苞四十八卷
黃秉石　黃氏憶言一卷
閔文振　異物類苑五卷　一作十八卷。字道充，浮梁人。
胡大慎　天人寤言二卷
朱謀㙔　元覽八卷
俞汝爲　事類異名六卷
林曄　微詞什伍二十四卷　閩縣人。
趙樞生　含元子十六卷　又　含元子別編十卷
王之垣　桓臺三編四卷　一名《惺心樓三編》。《百警編》二卷，《攝生編》一卷，《炳燭編》一卷。
吳安國　纍瓦編十卷　又　纍瓦二編十二卷　三編□卷　四編十卷
龔安卿　蜂鬚集十九卷　字長安，莆田人。一作三十卷。
龔錫爵　澹語五卷　嘉定縣人。萬曆癸酉舉人。
吳守道　雜錄二十四卷　將樂縣人。凡爲類十六，解經書詩語及時事雜錄。
張萱　張氏疑耀七卷
馮應京　經世實用編二十八卷
郭孔太　正誤二卷　江西泰和人。
李鼎　偶語一卷
游日升　臆見彙考五卷
柯壽愷　語叢三十八卷　雜取天地古今事物，彙而論之。壽愷，莆田人。萬

---

①　"子"後，《千頃堂書目》卷十二有"游"字。據上海古籍出版社 2006 年版《中國叢書綜錄》，《廣百川學海》著錄此書，亦有"游"字，當據補。

曆間貢士。

南企仲　痴醒子三十卷　渭南人。萬曆庚辰進士,南京吏部尚書,死闖難。

樊衡元　智品十三卷

張大齡　支離漫語四卷

施琮　施氏臆說二卷　吳興人,字中黃。凡十六篇。

蔡毅中　濮陽子四卷

蔣鐄　沉灋子二卷

賈應璧　獨醒子二卷

陳治安　貞言六卷

佘廷璧①　事物異名二卷

徐三重　鴻洲雜著十八卷　《牗景錄》二卷,《采芹錄》四卷,《家則》四卷,《蘭芳錄》内外篇,《野志》十六篇,《齋居寤志》《足齋幽事》《衛生錄》各一卷,《灌園譜》二卷,《培井編雜志》一卷。

王納諫　會心言四卷　字聖俞,江都人。

文翔鳳　太微經十卷

董斯張　廣博物志五十卷

馮猶龍　智囊二十卷

江于脩　江子新言十卷　又　江子初言七卷

朱廷旦　擣堅錄三卷　字爾兼,嘉善人。天啓中貢士。

林日瑞　漁書十三卷

彭鳳徵　齋居暇錄八卷

朱健　蒼崖子一卷

王□□　物理所一卷　金谿人,字化卿。

郭應響　管子鉤玄二卷

方以智　物理小識十二卷

陳仁錫　諸子奇賞前集五十一卷　後集六十卷

---

① "佘",《千頃堂書目》卷十二作"余"。

戴任　治本書　字肩吾，馮應京門人。
程仲彝　紫雲隱書□卷
黃景昉　古今明堂記六卷
皆春居士食色紳言一卷
黃時耀　知非錄六卷
知常子縣解集二卷
張文燨　戰國策譚棷十卷
鄭瑄　昨非庵日纂一集二十卷　又　二集二十卷　又　三集二十卷　侯官人。崇禎辛未進士，大理寺卿。
陳嘉謨　夢醒紀臆一卷　上元人。天啓貢士，吳江訓導。
先秦諸子合編　不知名氏。
真如子　醒言九卷

補宋

楊夢發　古今通論一册　稱宋南昌博士，不知爲何人，論史傳大義。
趙崇絢　雞肋一卷　字元素。
何坦　西疇常言一卷
戴埴　鼠璞一卷　桃源人。
褚泳　祛疑說一卷　字華谷，雲間人。
李之彥　東谷所見一卷　永嘉人。
俞成德　子俞子螢雪叢說二卷　東陽人。
林駉　古今源流至論前集十卷　後集十卷　寧德人，字德次，領宋鄉薦。
黃公紹　源流至論續集十卷　別集十卷　號履翁，字吉甫，舉進士。
陳元靚　博聞錄十卷
馬端臨　多識錄一百五十三卷
車若水　腳氣集二卷
方回　古今考二十卷

朱□□　七十二子粹言□□卷

方昕　集事詩鑑一卷　字景明，莆田人。

補元

郝經　原古錄

李冶　群書叢削十二卷　又　泛說四十卷　又　古今難四十卷

吳師道　戰國策校注十卷　一作十一卷，又名《戰國策正誤》。

張樞　林下竊議一卷

雷光霆　史子辯義三十卷

汪自明　禮義林四十卷　學問博洽，人稱汪六經。

俞琰　書齋夜語四卷　又　席上腐談二卷　又　幽明辨惑

吾衍　聽玄集

包希魯　諸子纂言

鄭杓　覽古編

淩緯　董子雜言　字景文，大德中書院山長。

魯淵　策府樞要

莫惟賢　廣莫子　字景行，錢塘人。

吳亮　忍書一卷　字明卿，號蟾心，杭州人。

史弼　省己錄一卷　字君佐。

張穎　義命三編三卷　不知時代。

農家類

鄺璠　便民圖纂十六卷　字廷瑞，弘治癸丑進士，任丘人，任吳縣知縣，後官河南右參政。

顧清　田家月令一卷

馬一龍　農說一卷

施大經　澤谷閱古農書六卷　松江人，自號"谷陽野父"。曾官崇府審理正。

温純　齊民要書一卷
黄省曾　稻品一卷　又　芋經一卷　又　蠶經一卷
李德紹　樹藝考　字子問，鄞縣人。光禄寺監事。
袁黄　寶坻勸農書二卷
陳鳴鶴　田家月令一卷
宋公望　宋氏四時種植書一卷　字天民，松江太學生。
陳士元　呂氏農書音釋一卷
徐光啓　農政全書六十卷　又　農遺雜疏五卷　又　宜墾令　又　泰西水法
周定王　救荒本草四卷　王以所封國土曠，庶草蕃膴，多可佐飢饉，乃購之田夫野老，得甲坼句萌諸物四百餘種植圃中，躬自辨別，察其滋長成熟，繪圖而並疏之。
王磐　王西樓野菜譜一卷　高郵州人。
周履靖　茹草編四卷
俞貞木　種樹書三卷
王世懋　學圃雜疏三卷
解魯　治圃須知一卷
楊德周　芋記一卷
寧獻王臞仙　神隱書四卷
劉基　多能鄙事十二卷
楊溥　水雲録二卷
李豫亨　三事遡真一卷
陳詩教　灌園史四卷
畢侍御　備荒農遺雜疏一卷
吳嘉言　四季須知二卷
馮大咸　花藥志三卷
植物紀原四卷　以下不知撰人。《穀粟》一卷，《蔬菜》一卷，《百果》一卷，《草木》一卷。
菜譜三卷

歲時種植一卷
種藝雜歷三卷
種蒔占書二卷
栽桑圖五卷
老圃書一卷　正德十五年,古城山人序。
西北治田說一卷
農舍四時雜抄一卷

補宋
林洪　山家清供二卷
婁元善　田家五行二卷

補元
王禎　東魯王氏農書三十六卷　又　農桑通訣二十卷　又　農器圖譜二十卷　又　穀譜十一卷
農桑輯要七卷　司農輯。①
羅文振　農桑撮要七卷
魯明善　農桑機要　監壽州時編。
汪汝懋　山居四要四卷　字以敬,浮梁人,至正中國史院編修官。
陸泳　田家五行拾遺一卷　字伯翔,錢惟善序。
脩廷益　務本直言三卷　以下不知時代。
劉弘　農事機要
桂見山　經世民事錄二卷

---

① 此條後墨筆補:"元順帝至正二年春二月頒,見《本紀》。又,元英宗至治二年頒《農桑輯要》。又,泰定帝致和元年頒《農桑舊制》,見《本紀》。"

小說家類

秦簡王誠泳　益齋嘉話一卷

益莊王厚燁　勿齋易說二卷

宋濂　蘿山雜言一卷

葉子奇　草木子餘錄□卷

陶九成　輟耕錄三十卷

張昌齡　飯牛庵雜錄一卷

劉績　霏雪錄二卷　會稽人。

陶輔　桑榆漫筆一卷　又　花影集四卷　號夕川老人。應天衛指揮僉事。

瞿佑　存齋類編　又　香臺集三卷　佑又有《剪燈新話》，正統七年，祭酒李時勉請禁燬其書，故與李禎《餘話》皆不錄。

秦約　師友話言　又　樵史補遺

張綸　林泉隨筆一卷　稱淮浦張綸。

陳贄　閒適日抄

趙弼　效顰集三卷

李賢　古穰雜錄二卷

岳正　類博雜言二卷

葉盛　水東日記三十八卷

單宇　菊坡叢話二十六卷　字時泰，臨川人。博學有文名，正統己未進士，諸暨、嵊二縣令。

許浩　復齋日記二卷

杜瓊　耕餘雜錄　字用嘉，吳縣人。從陳繼學。宣德、正統間，屢以孝廉薦，皆辭不就，學者私謚曰"淵孝"。①

────────

①　"淵孝"，原誤作"孝淵"，據《本朝分省人物考》卷二十四"杜瓊"條改。(《續修四庫全書》第533冊。)

倪復　閒居漫讀記　又　見聞欄楯　又　觀古錄

陸容　菽園雜記十五卷

左贊　桂坡遇錄一卷

劉昌　縣笥瑣探一卷

文林　瑯琊漫抄一卷

馬愈　馬氏日抄一卷

姚福　青谿暇筆二十卷　字世昌,號守素道人。南京羽林衛千戶。好讀書,與劉昌、欽謨交善。所著述甚夥,別有《窺豹錄》《兵談纂類》《神醫胗籍》《避喧錄》《立身警策》《咏史詩說》《叙古千文解》《發蒙歌》,皆未見。

尤晉　句吳聞見錄二卷

張志淳　南園漫錄十卷　又　南園續錄十卷

伍餘福　苹野纂聞一卷　字君求,又字疇中,吳縣人。正德丁丑進士,鎮遠知府。

王啓　邇言

梅純　續百川學海一百卷

張鈇　郊外農談三卷　慈谿人。

王錡　寓圃雜記十卷

楊循吉　蘇談一卷　又　吳中故語一卷

黃暐　蓬軒類記四卷　字日升,吳縣人。弘治庚戌進士,刑部郎中。

羅鳳　延休堂漫錄三十六卷　字子文,號印岡,南京府軍右衛人。弘治丙辰進士,官兗州、鎮遠、石阡三府知府。

李翊　戒庵老人漫筆八卷

徐充　暖姝由筆三卷　又　游汴記一卷

唐覲　延州筆記四卷

張誼　宦游紀聞一卷

湯沐　公餘日錄一卷

馬緷　宿庵談錄一卷　字孔儀,滄州人。馬昂孫。

張袞　水南翰記一卷

徐咸　西園雜記二卷　又　澤山野錄

徐泰　玉池談屑四卷　字子元，海鹽人。弘治甲子舉人，光澤知縣。

朱存理　野航漫錄　又　名物寓言

丁養浩　西軒類編　仁和人。成化丁未進士，雲南布政使。

蔣誼　竹石屋閒抄　字宣誼，南京太醫院人。成化丙戌進士，南道御史。

張璡　邃言　字伯純，澤州人。弘治丙辰進士，陝西按察司僉事。

陳玫　林下農談　南陵人。弘治壬子舉人，寧羌州知州。

羅欽德　聞中瑣錄二卷　弘治己未進士，貴州按察使。

王渙　墨池瑣錄□卷　字渙之，長洲人。正德己卯舉人，嘉興府通判。

柴奇　嘉樹軒紀聞

陳良謨　見聞紀訓二卷①　安吉州人。正德丁丑進士，貴州參政。

陳沂　畜德錄一卷　又　誨似錄　又　拘虛寤言一卷

賀欽　醫閭漫記一卷

皇甫錄　近峰聞略八卷　又　下陴紀談二卷　長洲人。弘治丙辰進士，□□知府。

沈周　客座新聞二十二卷　又　石田雜記

都卬　三餘贅筆二卷　都穆父。

都穆　玉壺冰一卷　又　聽雨紀談一卷　又　南濠賓語□卷　又　奚囊績要二十卷　又　都公談纂二卷

祝允明　語怪編四十卷　一名《支山志怪錄》。自一編至四編，每編十卷。
　又　猥談一卷　又　前聞記一卷　又　祝子小言一卷

徐昌穀　異林一卷

唐錦　龍江夢餘錄四卷

沈津　吏隱錄四卷

戴冠　濯纓亭筆記十卷

敖英　綠雪亭雜言一卷

---

① "二"，《千頃堂書目》卷十二作"一"。

侯甸　西樵野記十卷　吳郡人。
顧元慶　簷曝偶談一卷
周恭　西洪叢語四卷　字寅之,崑山人,自號"梅花主人"。方豪爲崑山令,欲見恭,不可得,題其門曰"鹿門"。
陸奎章　香奩四友傳一卷
王崇慶　海市辯一卷
吳瓚　痴翁臆說十卷　又　纂異集四卷
周禮　警心叢說六卷　又　秉燭清談五卷　又　湖海奇聞五卷　字德恭,號靜軒,餘姚人。
雷燮　奇見異聞　筆坡叢脞二卷
丘燧　剪燈奇錄前集三卷　後集三卷
陸粲　庚巳編十卷
陸深　儼山外集四十卷
馬攀龍　株守談略三十一卷　一作四卷。
李濂　汴京勾異記八卷　又　李氏居室記五卷
陸仲　野人信從錄　又　儂渠錄
陸采　天池聲雋四十卷　又　覽勝紀談十卷
陸延枝　說聽四卷　陸粲子。
陸灼　艾子後語一卷　長洲人。
楊儀　高坡異纂三卷
胡侍　野談六卷　又　真珠船八卷　又　笑資九卷
王薇　滑稽雜編一卷　長安人,號鶴田。
楊慎　丹鉛總錄二十七卷　又　丹鉛續錄十二卷　又　丹鉛餘錄十七卷　又　丹鉛新錄□卷　又　丹鉛閏錄□卷　又　楊子卮言二卷　又　卮言閏集二卷　又　譚苑醍醐九卷　又　藝林伐山二十卷　又　墐戶錄一卷　又　清暑錄二卷　又　病榻手吷一卷　又　晞箋瓵筆□卷　又　瑣語編一卷　又　古今諺一卷　又　古今風謠一卷

蘇祐　逌旆瑣言二卷
陸楫　古今說海一百四十二卷
陳霆　兩山墨談十八卷　又　水南閒居錄　又　綠鄉筆林
　　又　山堂瑣語
司馬泰　河館閒談四卷　又　文獻彙編一百卷　又　廣說郛
　　八十卷　又　古今彙說六十卷　又　再續百川學海八十卷
　　　又　三續百川學海三十卷　又　史流十品一百卷　又
　　護龍河上雜言一卷　字魯瞻，江寧人。嘉靖癸未進士，官南監察御史，出守
　　懷慶、嘉興、濟南三府。
羅鶴　應庵隨意錄十四卷①
王文祿　明世學山五十卷　又　竹下寱言二卷　又　雁湖子
　　四卷　又　海沂子五卷　又　廉矩一卷　又　機警一卷
　　又　求志編一卷　又　文昌旅語一卷　又　庭聞紀略一卷
姚淶　續筆疇一卷
尤鐣　紅箱集五十卷
伍卿忠　長洲野志一卷　又　耳剽集三卷
姜南　蓉塘詩話二十卷
朱應辰　逍遙館漫抄十卷　字拱之，寶應人。嘉靖中貢士。
孫緒　無用閒談十二卷　又　陂東新論
楊名　猶及篇一卷　又　觀槿野言
高絾　南郭子二卷　臨江人。凡十八類。
蘇志仁　日紀存疑
吳子孝　說守　又　仁恕堂日錄
董穀　碧里雜存一卷
黃卿　閒抄　又　漫紀
趙鯤　讀書日記八卷　字宗南，壽張人。嘉靖己丑進士，雲南參政。

---

①　"意"後，《千頃堂書目》卷十二有一"筆"字。

李得陽　塵外盧塵談
何良俊　世說新語補二十卷　又　何氏語林三十卷　又　四友齋叢說三十八卷
沈儀　西湖塵談錄十卷
丁相　百感錄一卷
萬表　灼艾集十卷　又　九沙草堂雜言二卷
陳士元　江漢叢談二卷
高鶴　見聞搜玉八卷　山陰人。
秦鳴雷　談資三卷
張翼　農田餘話二卷　吳人，一稱"長谷真逸"。
秦禮　畜德集一卷　臨海人。
施顯卿　奇聞類記二卷
慎蒙　山棲志一卷
范欽　古今諺一卷
任環　山海漫談　長治人。蘇松兵備副使。
王會　漫齋筆談　字延亨，漳浦人。嘉靖甲午舉人，曲靖府同知。
陶大年　竹屏偶錄　又　見聞瑣錄　又　官暇私記　又　遠記
蔡潮　編次名言二卷
章袞　隨筆瑣言　字汝明，臨川人。嘉靖癸未進士，陝西按察司副使。
沈啓　晴窗便覽
周錫　元亭閒話　又　鳳林備採　字子純，太倉人。嘉靖中貢士，潮州府通判。
陳學伊　五譚類抄　又　陳氏宦譜二卷　字爾聘，南安縣人。嘉靖壬戌進士，江西分守湖東僉事。
陳麟　歸田漫錄　字道徵，洛陽人。嘉靖癸丑進士，禮科給事中。
項喬　甌東私錄六卷　字遷之，永嘉人。嘉靖己丑進士，按察使。
張時徹　說林二十四卷

王世貞　劄記二卷　又　短長二卷　又　宛委餘編十九卷
　　又　世說新語補二十卷　又　艷異編三十五卷
王可大　國憲家猷五十六卷　字元簡,南京錦衣衛人。嘉靖癸丑進士,四爲
　　太守,以瓊州致政歸。神宗時,御史疏言內閣絲綸簿卒無可考,獨是書載之,遂取以
　　進,因大名於世。
劉鳳　太霞雜俎十卷　又　劉子威燕語一卷
陳于陛　玉壘意見一卷
楊豫孫　西堂日記一卷
陸樹聲　清暑筆談一卷　又　長水日抄一卷　又　耄餘雜識
　　一卷　又　病榻寱言一卷
徐伯相　晝暇叢記二十卷　字良夫,浦城人。嘉靖庚子舉人,南京戶部郎中。
王湖　桴散齋筆記　永嘉隱士,與張孚敬善。
姚弘謨　錦囊瑣綴八卷　字繼文,秀水人。嘉靖癸丑進士,吏部郎中。
喬烶　臆見錄　束鹿人。嘉靖癸未進士,苑馬寺卿。
錢體仁　虛窗手鏡十卷①　常熟人。
徐栻　餘慶錄一卷
張瀚　松窗夢語八卷
金銳　漫叟日錄　字宗潤,山陰人。舉人,廣信知府。
徐師曾　宦學見聞
李樂　李尚寶見聞雜記三卷　字臨川,桐鄉人。隆慶戊辰進士,江西按察司
　　副使。
朱一龍　游海夢談四卷　惠安人,字于田。嘉靖庚戌進士,江西參政。
朱孟震　河上楮談三卷　又　河上續談一卷　又　浣水續談
　　一卷　又　游宦餘談一卷
陳師　禪寄筆談十卷　又　續筆談五卷　號貞亭,□□知府。
徐學謨　歸有園麈談一卷　又　冰廳劄記一卷

---

①　"十",《千頃堂書目》卷十二作"二"。

勞堪　詞海遺珠四卷

閔文振　游文小史十三卷　又　涉異志一卷　又　異識資諧八卷　字道充，浮梁人。

李蓘　丹浦款言四卷　又　於堧注筆四卷　又　檆蔭瘖語六卷

石槃　菊徑漫談十四卷　字民漸，福州長樂人。嘉靖丙午舉人，廣東嶺西參議。

郎瑛　七修類稿五十一卷　又　續稿□卷　字仁寶，杭州人。性孝，兩刲股愈母疾，內行尤至。

李春熙　道聽錄四卷

劉兌　淑世談藪十卷　直隸新安人。隆慶丁卯舉人，陝西布政司參議。

支允堅　異林　嘉善人。

張元忭　槎間漫筆①

盛訥　聞見漫錄

李豫亨　自樂編十六卷　附錄一卷

鄧球　閒適劇談五卷

張鳳翼　談輅三卷

張獻翼　幼于生志一卷　又　幼于自敘一卷　又　留思別案一卷

吳璉　洗炭錄

程涓　千一疏二十卷　字巨源，歙人。　又　宋說雋八卷

徐渭　青藤山人路史二卷

徐常吉　諧史四卷

劉梧　誕言一卷

王圻　稗史彙編一百七十五卷

劉元卿　賢奕編四卷

----

① "筆"，《千頃堂書目》卷十二作"錄"。

汪雲程　逸史搜奇一百卷　一作十卷。
倪綰　群談採餘十卷　一作二十卷，倪綰作倪宦。
江佐　涉古贅言四卷
周復俊　涇林雜記□卷　又　涇林類記□卷
周玄暐　涇林續記□卷　復俊孫，萬曆丙戌進士，官知縣，坐書語誹謗瘐死。
馮時可　寶善編二卷
張秉文　回生篇二卷
孫能傳　剡溪漫筆六卷　又　益智書
章慈　綠筠贅言二卷　龍游訓導。
王應山　風雅叢談六十卷
何淳之　窹言一卷
范守己　御龍子巵談四卷　又　揮麈雅談一卷
陳禹謨　說儁八卷　又　說儲二集八卷
趙世顯　一得齋瑣言一卷　又　芝圃叢談六卷　又　松亭晤語六卷　又　客窗隨筆六卷　又　听子二卷
余懋衡　說略八卷
張懋修　墨卿談乘十四卷　張居正子，萬曆庚辰一甲一人，居正死，與兄嗣修俱爲民。
蔣以化　西臺漫記六卷　又　使淮續採四卷
田藝蘅　留青日札三十九卷　又　西湖志餘二十六卷
胡應麟　少室山房筆叢三十二卷　又　續筆叢十六卷　又　甲乙剩言一卷　字元瑞，蘭谿人。萬曆丙子舉人。
梅鼎祚　才鬼記十五卷　又　才神記□□卷　又　才妖記□卷　又　青泥蓮花記十三卷
李贄　初潭集二十八卷①　又　姑妄編七卷

---

①　"潭"，原誤作"談"，《四庫全書總目》卷一百三十一著錄李氏"初潭集十二卷"，提要言："其名曰初潭者，言落髮龍潭時即纂此書，故以爲名。"據改。

屠隆　考槃餘事一卷　又　冥寥子游一卷　又　長松茹退二卷　又　廣桑子游一卷　又　娑欏館清言一卷
郭子章　諺語七卷　謠語七卷　讖語六卷　譏語二卷　諧語七卷　讔語二卷　又　濺論四卷　又　疾慧編二卷
葉向高　說類六十二卷　或作林茂槐。
佘翹　偶記四卷　銅陵人。萬曆中舉人。
焦竑　焦氏筆乘六卷　又　續筆乘八卷　又　筆乘別集六卷　又　玉堂叢語八卷　又　明世說八卷
潘士藻　闇然堂類纂十卷　又　闇然堂日錄八卷　又　闇然堂錄最十一卷
郝敬　蜡談六卷
黃汝良　冰署筆談十二卷
朱謀㙔　異林十六卷
郭造卿　海岳山房別稿五卷
游日陞　臆見彙考五卷　豐城人。
高仁美　徵信錄　又　辨異錄　字善懷，鄞縣人。舉人，萬曆中廣西副使。
虞初志八卷
湯顯祖　續虞初志八卷
王同軌　耳談十五卷　一名《賞心粹語》。　又　耳談類增五十六卷　字行父，黃岡人。貢士，官南京太僕寺丞。
張鼎思　瑯琊代醉編四十卷
王穉登　虎苑一卷　又　吳社編一卷　又　雨航紀一卷
屠本畯　燕閒彙纂一卷　又　山林友議二卷　又　山林經濟籍二十四卷　又　演讀書十六觀一卷　又　憨子雜俎一卷　又　艾子外語一卷　又　聾觀一卷　又　五子諧策五卷
張邦侗　廣玉壺冰一卷
陳德文　孤竹賓談四卷

顧起元　説略六十卷　又　初本三十卷
王肯堂　鬱岡齋筆麈四卷
董其昌　畫禪室隨筆二卷①
謝肇淛　五雜俎十六卷　又　麈餘四卷　又　文海披沙八卷
徐𤊹　徐氏筆精八卷　又　巴陵游譜一卷　又　客惠紀聞一卷②　又　諧史續二卷
陳全之　蓬窗日録八卷　又　輟耰述四卷
王兆雲　驚座新書八卷　《漱石閒談》一卷,《湖海搜奇》一卷,《向醉瑣言》二卷,《説圃識餘》二卷,《揮麈新談》二卷。③　又　王氏青箱餘十二卷　《綠天腥説》二卷,《廣莫野語》四卷,《驚座摭餘》二卷,《客窗隨筆》二卷,《礪石剩語》二卷。④
項鼎鉉　呼桓日記十二卷
江盈科　雪濤閣四小書　《譚叢》二卷,《聞紀》□卷,《諧史》二卷,《詩評》□卷。
張所望　閱耕餘録六卷　又　續録□卷　又　梧潯雜佩　字叔翹,上海人。官布政使。
張所敬　秉燭叢談□卷　字長輿。
孫克弘　雪堂日抄□卷
焦周　焦氏説楛七卷　焦竑子。萬曆庚子舉人。
何宇度　益部談資三卷　何遷子,字仁仲。
郭良翰　問奇類林三十六卷　又　問奇類林續三十卷　又　問奇一覽三十卷

---

①　"二",《千頃堂書目》卷十二、《四庫全書總目》卷一百二十二"畫禪室隨筆"條作"四"。
②　"客",原誤作"容",據《千頃堂書目》卷十二改。
③　"向",原誤作"白",據《千頃堂書目》卷十二改。"新談二卷",《千頃堂書目》作"新談五卷"。
④　《綠天腥説》與《客窗隨筆》的卷數,《千頃堂書目》卷十二俱作"一卷"。

黄履康　竹素雜考三卷　又　齊諧軼篇一卷　又　廣聞録一卷　字堯衢，莆田人。
黄居中　千頃齋雜録十卷
陸應陽　樵史二卷　字伯生，嘉興人。
彭汝讓　木几冗談一卷
竇文熙　紀聞彙編四卷　字子明，秀水舉人。
姚士粦①　見只篇三卷
錢希言　桐薪三卷　又　戲瑕三卷　又　獪園十六卷　又　聽濫志四卷
張爕　偶記十卷　又　鏡古録三卷　又　邇言原始四卷　又　採塵緒言一卷
王宇　霧市選言四卷　又　升庵新語四卷
費元禄　轉情集二卷
劉世節　瓦釜漫記四卷
陳繼儒　見聞録八卷　又　珍珠船四卷　又　太平清話四卷　又　偃曝餘談二卷　又　讀書鏡十卷　又　群碎録一卷　又　安得長者言一卷　又　狂夫之言并續五卷　又　巖栖幽事一卷　又　枕譚一卷　又　書蕉二卷　又　筆記二卷　又　寶顏堂虎薈六卷　又　香案牘一卷　又　銷夏録四卷　又　辟寒録四卷
潘之恒　亘史抄九十一卷
閔元衢　歐餘漫録十二卷　又　增定玉壺冰二卷　又　補一卷
許自昌　樗齋漫録十二卷　又　捧腹編十卷

---

① "粦"，原誤作"麟"，《千頃堂書目》卷十二作"粦"。《四庫全書總目》著録姚氏多部著作，亦作"粦"，據改。

王學海　筠齋漫錄十卷　又　續餘二卷①　又　新錄一卷
　　又　別錄一卷　又　外錄一卷
李日華　六研齋筆記四卷　又　二筆四卷　又　三筆四卷
　　又　紫桃軒雜綴四卷　又　又綴四卷　又　禮白岳記一
　　卷　又　璽召錄一卷　又　薊旋錄一卷　又　雅笑錄十
　　卷　又　味水軒日記二十卷　又　挂角編四卷
王志堅　硯北瑣言一卷
包衡　清賞錄十二卷
夏樹芳　玉麒麟　集古人夙慧事。
談修　避暑漫筆二卷　又　呵凍筆談二卷　又　風雪漫錄八
　　卷　又　滴露漫錄六卷　又　三餘筆錄七卷　又　開惑編
　　一卷
陳元齡　思問初編十二卷
張重華　娛耳集十二卷　華亭人。
顧成憲　藝林剩語十二卷　松江人。
葉繼熙　賓榻悠談八卷
趙裔昌　元壺雜爼八卷
包杰　德慧錄四卷
胡袞　東水質疑六卷
葉秉敬　書肆說鈴二卷　又　貝典雜說一卷
馬應龍　藝林鉤微錄二十四卷　字伯光，安丘人。萬曆壬辰進士，禮部主事。
丁此召　河上日記　新建人。萬曆戊戌進士，工部主事。
潘景南　衡門晤語二卷
吳亮　四不如類抄十卷
張于壘　名山藏一百卷　張燮子。

---

① "餘"，《千頃堂書目》卷十二作"錄"，當據改。

許大受	聖朝佐缺一卷	許孚遠子。
陳王政	避暑漫錄六卷
劉萬春	守官漫錄五卷
王志遠	元亭涉筆十卷
黃一正	偶得紺珠六卷	字定父,江都人。
楊玉潤	秋簪漫紀四卷	字德潤,萬曆間人。
劉獻	芻談林三卷
顧言	奏雅編二卷
徐廣	二俠傳二十卷　又　譚冶錄十二卷	浦城人。
劉璞	四事豹斑四卷	莒州人。鄳縣知縣。
韓期維	晴窗綴語四卷	字光宋,鄳縣人。萬曆中新鄭知縣。
朱師孔	脞錄雜言二卷
周暉	山中白雲一卷
陳元素	南牖日箋□卷	字古白,長洲人。
沈長卿	沈氏弋說十卷　又　沈氏日旦六卷	字幼宰,杭州人。萬曆舉人。
張大齡	元羽隨筆八卷
馬大壯	天都載六卷	字仲履。
李紹文	明世說新語八卷
曹臣	舌華錄九卷	蘇州人。
張大復	聞雁齋筆談十四卷
薛岡	天爵堂筆餘二卷
徐良彥	清浪雜錄一卷　又　隨風錄一卷
徐應秋	談薈三十六卷
戴應鰲	博識考事四卷　又　續編四卷
楊崇吾	檢蠹隨筆三十卷
來斯行	槎庵小乘四十六卷　又　麈談燕語	字道之,蕭山人。萬曆丁未進士,福建左布政使。

陳朝鋌　崖州城隍除妖記一卷　字元之,閩縣人。隆慶庚午舉人,崖州知州,陞同知。

王乾元　雷藪一卷

陳龍光　荒略一卷

曹司直　劍吹樓筆記四卷　字應麟,宜興人,尚書曹三暘子。

沈弘正　蟲天志十卷　字率祖,嘉定縣人。

瞿式耜　䰟林漫錄二卷

胡震亨　讀書雜錄三卷①

高道素　藥房隨筆二卷　嘉興人。

姚旅　露書十四卷　字園客,莆田人。

楊若曾　妬記十卷

王佐　類纂灼艾集十六卷　山陰人。□部尚書。

董斯張　廣博物志五十卷②　又　吹景集十四卷

陳仁錫　京口紀聞二卷

華繼善　咫聞錄五卷

兩舒榮都　閩署日抄二十二卷

周八龍　挑燈集異八卷

許元祐　捧腹編□□卷

閔元京　凌義渠　湘烟錄十六卷

孫令弘　人倫佳事一卷　又　集世說六卷　平湖人。

鄭仲夔　雋區八卷　又　耳新八卷　又　冷賞八卷　玉山人。天啓丁卯舉人。

茅元儀　暇老齋雜記三十二卷　又　澄水帛十三卷　又　青光十卷　又　青油史漫二卷　又　戌樓閒話四卷　又　福唐寺貝餘五卷　又　六月談十卷　又　掌記六卷　又　西

---

① "三",《千頃堂書目》卷十二作"二"。
② "廣博物志五十卷"已出現在雜家類。

峰淡話四卷　又　野航史話四卷

張燧　千百年眼十二卷

王所　日格類抄三十卷

鄭明選①　粃言四卷

程于止　□□錄十卷　休寧人。

周應治　霞外麈談十卷

張師繹　蘇米譚史二卷

藍文炳　世林十八卷

劉世偉　厭次瑣語一卷

吳從先　小窗清紀五卷　又　小窗自紀四卷

樂純　雪庵清史五卷　沙縣人。

陳槐　聞見漫錄二卷

劉烶　劉凝　和筆談二卷

馮夢龍　古今談概三十四卷　又　情史二十四卷

田賦　野樵雅言

張克儉　梅幌寱言　又　兵行紀略

謝天瑞　增補鶴林玉露二十四卷　杭州人。《玉露》本十六卷，天瑞增補八卷。

王勣　纂言鉤玄十六卷

李九標　枕書二十卷

畢拱辰　蟬雪哢言八卷

汪于汦　醒世外史六十卷

楊德周　興識隨筆十二卷

董鳴瑋　鏡古篇五卷　董應舉子。南京都察院經歷。

吳之俊　獅山掌錄二十八卷

---

① "鄭"原誤作"郭"，據《千頃堂書目》卷十二、《四庫全書總目》卷一百二十六"粃言四卷"條改。

丘世良　隨筆二卷　松江府同知。
周嬰　巵林十卷　字方叔，莆田人。
莫是斗　莫氏八林十六卷
閔景賢　快書五十卷
蕭士瑋　汴游錄一卷　又　蕭齋日記一卷　又　南歸錄一卷　又　日涉園錄一卷　又　春浮日錄一卷
亡鳥子一卷　凡四篇。以下皆不知撰人。
書周文襄見鬼事一卷
滑耀編十七卷
墨屎子　狐媚叢談五卷
鴛湖百家談異錄八卷
青隱子　古今勝覽奇聞十冊
樹瓠子　然犀集三卷
釣瀛子　瀛槎談苑四冊
弁山樵暇語十卷　失姓。
思貞子　正續資譜八卷
丹鉛續錄考証六卷
湖海新聞二卷
愚見紀忘二卷
說物寓武一卷
益暇錄五冊
說抄五十卷
隨筆雜抄三十卷

補宋

孔平仲　珩璜新論一卷
汪若海　麟書一卷　字東叟，歙人，宣和中爲太學生，京城失守，因述麟爲書，羅百獸而尊麟以媿賣國者，後官直秘閣，知江州。

馬純　陶朱新録一卷

楊彦齡　楊公筆録一卷

洪邁　夷堅支志七十卷　原一百卷，今存甲乙丙丁戊庚癸七集。　又　夷堅三志三十卷　原一百卷，今存己辛壬三集。

王明清　玉照新志六卷

宋伯仁　煙波圖一卷

王楙　野客叢書三十卷

劉昌詩　蘆浦筆記十卷　字興伯，清江人，與北宋另一人。

王質　紹陶録二卷

朱翌　猗覺寮雜記三卷

趙彦執　北窗炙輠録二卷

趙叔向　肯綮録一卷　凡四十三則，叔向自號西隱野人。

鄭景望　蒙齋筆談二卷　湘山人。

王有大　南墅閒居録一卷

羅大經　鶴林玉露十六卷

沈作喆　寓簡十卷　吳興人。

施清臣　枕上言一卷　又　几上語一卷

尤玘　萬柳溪邊舊話一卷

葉寘　愛日齋叢抄十卷　又　坦齋筆衡一卷

吳枋　宜齋野乘一卷　江陰人。

方岳　深雪偶談一卷　字元善，天台人，與歙秋崖別一人。

張仲文　白獺髓一卷

俞文豹　清夜録一卷　又　吹劍録四卷　括蒼人，號堪隱，字文蔚。

趙葵　行營雜録一卷

趙希鵠　洞天清禄集二卷

陳郁　藏一話腴一卷

莫君陳　月河所聞一卷　吳興人。

魯應龍　閒窗括異志一卷
侯延慶　退齋筆録一卷
陳鵠　耆舊續聞十卷　號西塘。
方回　虛谷閒抄一卷
張端義　貴耳集二卷　字正夫,別號荃翁,鄭州人,居姑蘇,端平初年三上書,特旨韶州安置,別有《荃翁集》,未見。
龔□□　芥隱筆記一卷
蔣正子　山房隨筆一卷
陳隨隱漫録五卷　失名。
荆溪吴氏　林下偶談四卷　不知名。
盈之醉翁　談録八卷　不知姓,官從政郎,衡州録事參軍,凡七十事,雜記宋都城仕宦、風俗、寺院、平康、市陌瑣事。
類編夷堅志五十一卷　以下俱不知撰人。
儒林公議二卷
楓窗小牘二卷
異聞總録四卷
搜采異聞録五卷
施君美　別續常談三卷
羅璧　識遺□卷　字子蒼。

補金

王庭筠　叢語十卷

補元

王惲　玉堂嘉話八卷
周密　齊東野語二十卷　又　癸辛雜識一卷　又　癸辛新識四卷　又　癸辛後識四卷　又　癸辛續識二卷　又　澄懷録二卷　又　續澄懷録三卷　又　雲煙過眼録四卷　又

浩然齋視聽抄□卷　又　浩然齋意抄□卷　又　浩然雅談□卷

俞琰　書齋夜話四卷

盛如梓　庶齋老學叢談三卷　從仕郎，崇明州判官。

陸友仁　硯北雜志二卷　又　米海岳遺事一卷

吾衍　閒居錄二卷　又　山中新話

蘇天爵　春風亭筆記二卷

何中　揩頤錄十卷

唐元　見聞錄二十卷

張雯　繼潛錄

關漢卿　鬼董五卷

郭霄鳳　江湖紀聞十六卷　字雲翼。

吳元復　續夷堅志二十卷　字山漁，鄱陽人，宋德祐中進士，入元不仕，一作四卷。

周達觀　誠齋雜記二卷

伊世珍　瑯環記三卷

沈鷹元　緝柳編三卷

常陽　女紅餘志二卷

邵文伯　浩然翁手抄五色線二卷

李有　古杭雜記四卷

夏頤　東園友聞二卷

鄭元祐　遂昌山人雜錄一卷

姚桐壽　樂郊私語一卷

廣客談一卷

兵家類

武學經傳二十四卷

劉寅　孫子直解三卷　又　吳子直解三卷　又　尉繚子直解

五卷　又　司馬法直解三卷　又　六韜直解六卷　又　三略直解三卷① 　又　李衛公問對直解三卷　太原人。

閻禹錫　孫子集解二卷　又　吳子集解二卷　又　司馬法集解二卷　又　尉繚子集解五卷　又　李衛公問對集解三卷②

李清　武經七書注釋　字希憲，松江人。官布政使。

王圻　武學經傳句解十卷

張楷　武經小學

劉源　注司馬法五篇　江陰人。正統十一年八月，進于朝，詔賜鈔十錠，遣歸。

朱升　孫子旁注

黃潤玉　注孫子

陳珂　孫子斷注二卷　字希白，錢塘人。弘治庚戌進士，大理寺卿。

趙鶴　孫武子十三篇定本

蘇祐　孫子吳子集解

王崇獻　孫子釋疑

譚愷　孫子集注十三卷

徐昌會　注孫子兵法十三篇一卷

趙本學　孫子本義三卷　晋江人。

黃邦彥　孫武子纂注十三卷

鄭靈　孫武子十三篇　本義二卷　又　吳子增釋□卷　字□山，③同安人。工部主事。

李贄　孫子參同三卷

孫子衍義三卷

---

①　"吳子直解三卷"後朱筆補"吳子握機緯二卷"，"三略直解三卷"後朱筆補"集古兵法一卷"。

②　此條後朱筆補："武學詞範。"

③　空格處，《千頃堂書目》卷十三作"希"。

孫子注略四卷　二家不知撰人。
孫子握機緯十三卷
劉寅　吳子握機緯二卷
阮漢聞　尉繚子解①
鄭芸　武經節要四卷
武經新書一卷
寧獻王權　注素書一卷
王氏素書直說一卷
湯仲謀　握機衍義一卷　明初大梁人。
曾啓明　握機經傳解一卷
虞舜卿　握機經注　字用賓，錢塘人。
寧杲　武侯將苑一卷
藍汝忠　韜素附錄一卷
徐昌會　握機橐鑰六卷
續武經節要八卷
陳獻　武經節要發揮一卷　一作陳珂。
何喬新　續百將傳四卷　輯五代迄宋元名將四十人。
顧其言　新續百將傳四卷　一名《明百將傳》。
陳元素　古今名將傳十七卷
穆文熙　百將提衡四卷
馮孜　古今將略四卷
劉畿　諸史將略十六卷　浙江巡撫，都御史劉畿檄，知府毛鋼、教諭黃讓編。
王由道　續將鑑博議　字汝元，樂平人。正德丁卯舉人。
尹商　閫外春秋三十二卷
戚繼光　紀效新書十四卷　又　練兵實紀九卷　雜集六卷

---

① 此條後朱筆補："詰戎踐墨□卷。"

又　　將臣寶鑑一卷
霍文玉　紀效新書續集二卷
類輯戚南塘練兵諸書十八卷
趙本學　韜鈐內篇一卷
俞大猷　韜鈐續編一卷
劉寅　　集古兵法一卷
李晟　　經世通略□卷　又　平胡兵式□卷　又　安攘六論一卷　字孔陽,濮州人。成化己丑進士,鄖陽府同知,好言兵,自比武侯,爲世所嗤。
彭程　　兵法纂　字萬里,甌寧人。成化辛丑進士,宣府兵備僉事。
何瑭　　栢齋兵論一卷
王詔　　將評心見二卷
唐樞　　木鍾臺未學學一卷
李桂芳　兵機要集一卷
吳子孝　葆林一卷　又　問馬集一卷　凡十五篇。子孝謫廣平通判時作。
王芑　　綱目兵法六卷
穆伯寅　兵鑑撮要七卷
康天爵　司兵便錄一卷
劉濂　　兵說十二卷
吳從周　兵法彙編十二卷　又　左傳兵法□卷　又　綱目武覽□□卷　字宗文,邵武府人。嘉靖中貢士,南康縣訓導,有禦倭功,擢國子監博士。
唐順之　荊川武編十二卷　又　兵垣四編五卷
高擧　　行師選要一卷
華復元　王文成用兵心法一卷
陳禹謨　左氏兵法略三十二卷　禹謨以《左傳》爲兵家之祖,萬曆三十八年十一月,官兵部司務,緝是書進呈。
蘇志皋　益智錄兵類二十卷

何東序　益智兵書一百卷　又　武庫益智錄六卷

邵復　將傳略合法纂要二卷

葉夢熊　運籌綱目十卷　一作《兵家運籌勝訣》。

李材　將將紀二十四卷　又　兵政紀略五十卷　又　經武淵源十五卷

王鳴鶴　登壇必究四十卷

何僎　諸史機略十卷

鄭璧　古今兵鑑三十二卷　又　經世宏籌三十六卷

魏濬　武略

王有麟　百將傳補遺　古今戰守攻圍兵法六十卷　晉江人。萬曆甲戌武進士,官參將。

何仲升　兵錄

郭應響　兵法要略

黃應甲　兵法節略　字汝第,懷寧人。嘉靖壬戌武舉,破廣西古田賊有功,歷官都督僉事。

姚文蔚　省括編二十二卷

余懋衡　古方略□卷

趙大綱　方略摘要十卷

高折枝　將略類編二十四卷

施浚明　古今紆籌十二卷

畢懋康　兵略三冊

張汝蘭　文章兵法譜十卷　漕運參將。

阮漢聞　詰戎踐墨□卷

楊惟休　武略十卷

李呈芬　知己知彼制勝三編　又　射經十三篇　靈璧人。

茅元儀　武備志二百四十卷　崇禎元年三月進呈。

孫元化　經武全編十卷

朱正色　涉世雄談八卷

胡汝桂　歷代當機錄六卷
黃正賓　續錄一卷
黃仁浦①　明經世要略五卷
顏季亨　明武功紀勝通考八卷
徐標　兵機纂要四卷　崇禎中進呈。　又　兵書纂要十卷
韓雲　武德內外編
張家玉　百將妙略
王模　纛記一卷
沈津　忠武錄四卷
瞿汝稷　兵略纂聞十二卷
閻禹錫　武學詞範
歸醇子　師尚五卷
圮渭叟十八法一卷
講武全書兵覽三十二卷　兵律三十八卷　兵占二十四卷
兵法心要十論一卷
清華子　戎軒小注一卷
兵法八寶箴一卷
必勝奇法一卷
兵機纂備十三卷
籌國勝書四卷
河朔治兵膚言二卷　以上皆不知撰人。
徐琳　經世奇謀八卷
陳璠　師律提綱一卷　高郵州人，太原左衛千戶。凡六篇。
張泰　軍令集成一卷
谷中虛　水兵律令一卷　操法一卷　又　陸兵律令一卷　操

---

① "浦"，《千頃堂書目》卷十三作"溥"。

法一卷

范景文　師律十六卷

戴安　忠愛八陣圖説　字伯寧，永豐人。洪武中廣東提舉。

戴琥　編定八陣圖　字廷節，浮梁人。景泰中舉人，廣西左參政。

藍章　八陣合變圖説一卷　東萊人。

龍正　八陣圖演注一卷

許論　破鹵新陣圖説一卷

童昶　八陣圖演義　施州衛指揮，任參將，征四川鄢、藍二賊有功。

徐常　陣法舉要一卷　附八陣圖數一卷

陳棐　八陣圖説　又　火車陣圖考

霍文玉　八陣圖要訣二卷

孫承宗　車營百八扣一卷

大同鎮戰車營操法二卷

復套陣圖一卷

黃應甲　火器圖説　萬曆十九年十月進呈，詔褒之，并賜銀幣有差。

火攻陣法三卷　以上不知名氏。

畢侍御　戰陣圖説三卷

俞大猷　劍經一卷

溫綸　利器解一卷

趙士禎　東嘉神器譜四卷

孫堪　弩考

程宗猷　少林棍法闡宗三卷　又　蹶張心法一卷　二書總名《耕餘剩技》。

張濤　孫學詩　西洋火攻圖説一卷

高第　乘城要法一卷

王應遴　備書二十卷

錢旃　城守要略五卷

冒起宗　守筌五卷

馮清　保生管見一卷　集懸石、懸鎗之法。　又　固本迂談一卷　成化中兵部侍郎。

火藥妙品一卷

城書四卷

城守要機七卷

武藝要略二卷

池本理　注奇門遁甲烟波釣叟歌一卷　又　注兵法要略八門遁法機一卷　又　禽星易見四卷　贛州人。

劉翔　奇門遁甲兵機書二十卷　成化中進呈。

胡獻忠　八門神書一卷

捷徑六壬端坐書二卷

李克家　戎事類占二十一卷　江西人。

舟師占驗一卷

徐舟　邊備須知　字楫之，曹縣人。成化丙戌進士。

李文察　磁州保障錄一卷

尹耕　塞語十一篇　又　鄉約一卷　字子莘，代州人。嘉靖壬辰進士，知河間府，擢兵備僉事，管領民兵，被劾罷。

趙坤　籌邊錄一卷

李鼎　安邊策六篇　又　海策六篇　策平秀吉事，二書皆上於朝。鼎字長卿，新建人，萬曆戊子舉人。王錫爵舉其才，參鄭洛軍事。

武略神機九邊形勝圖一卷

蜀中邊防記十卷

補宋

陳傅良　歷代兵制六卷　一作八卷。

章穎　南渡十將傳十卷

華岳　翠微先生北征錄三卷

補金
張守愚　平遼議三卷　_{承安元年撰進。守愚，國子監齋長。}

補元
趙孟頫　禽賦一卷
程時登　八陣圖解
俞在明　用武提要二十篇　_{貝瓊爲序，在明錢塘人。}
秦輔之　武事要略
王穎　三式風角用法立成十二卷　_{不知時代。}
百戰奇法十卷　_{以下不知撰人並時代。}
行軍須知二卷
陣圖雜輯十卷
火龍神器圖法六卷
握機經傳六卷
戰寇神器二卷　又　勦寇陣圖二卷
兵機便覽十册

天文類

大明清類天文分野書二十四卷　_{洪武十七年閏十月，命群臣編輯，書成，賜燕、周、齊、楚等六王。其書以十二分野星次分配天下郡縣，又於郡縣之下，詳載古今沿革之由。}

天元玉曆祥異賦七卷　_{洪熙元年正月，仁宗初得是書，以示侍臣曰："天道人事未嘗判爲二道，有動於此，即應於彼，此書言簡理當，左右輔臣亦宜知之。"因親製序，頒賜諸公卿。}

觀象玩占十卷　_{不知撰人，一本四十九卷，或云劉基輯。}

葉子奇　元理一卷
劉基　天文秘略一卷

李泰　補岳熙載注天文精義賦五卷
楊廉　星略一卷
儲顒　天文指掌録　松江人。
張淵　革象新書　又　天文六壬圖説
程廷策　星官筆記
王應電　天文會通一卷
周述學　神道大編象宗圖　又　周雲淵文選六卷　又　乾坤體義　又　天文圖學一卷　字繼志,山陰人。精術數,常入胡宗憲幕,佐平倭有功。所著《神道大編》,凡千餘卷,今僅有存者。
吳琉　天文要義
袁祥　彗星占驗
鍾繼元　渾象析觀　字仁卿,桐鄉人。嘉靖壬戌進士,湖廣僉事。
范守己　天官舉正六卷
陸伾　天文地理星度分野集要四卷
王臣夔　測候圖説一卷
黃履康　管窺略三卷
黃鐘和　天文星象考一卷　自稱"清源山人"。
尹遂祈　天文備考　又　璣衡要旨　又　天元玉策解　字鏡陽,東莞人。萬曆辛丑進士,同安令,以忤直罷官,通陰陽術數之學。
楊惟休　天文書四卷
潘元和　古今災異類考□卷① 　字寅所,松江人。官黃州知府。
陳鍾盛　天文月鏡　字懷我,臨川人。萬曆己未進士,山東副使。
趙宧光　九圜史一卷
余文龍　祥異圖説七卷　又　史異編十七卷　字起潛,福建古田人。萬曆辛丑進士,贛州知府,左遷真定同知。
李之藻　渾蓋通憲圖説二卷

---

① 此條,殿本《明史》卷九十八作"五卷"。

利瑪竇　幾何原本六卷　又　句股義一卷　又　表度說一卷　又　圜容較義一卷　又　測量法義一卷　又　天問略一卷　又　泰西水法六卷　又　簡平儀說一卷 熊三拔。　又　測量異同一卷

李天經　渾天儀說五卷 崇禎中編。

王應遴　乾象圖說一卷　又　中星圖一卷 山陰人。崇禎中,官大理寺評事,誥敕房辦事,中書舍人。

陳嗣昌　天文地理圖說　又　天文躔次　又　歲時占驗 字克彝,丹徒人。崇禎中,與徐光啟論曆法,又爲張國維修《吳中水利書》。

李元庚　乾象圖說一卷

陳蓋謨　象林一卷

宋應昌　春秋繁露禱雨法一卷

圖注天文祥異賦十卷 以下皆不知撰人。

天文玉曆璇璣經五卷

天文鬼料竅一卷

天元玉曆森羅記十二卷

經史言天錄二十六卷

天文王瑞圖說一卷

分野指掌

十一曜纏度

九賢秘典兵政通書

欽天監職掌

嘉隆天象錄四十五卷

天文必用

璇璣類聚

西洋地震解

西洋測食略

雷占三卷

風雲寶鑑一卷
天文占驗二卷
顏茂猷　天道管窺
馬承勳　風纂十二卷　萬曆初蠡縣人。首卷為占例，餘則以日辰支干為叙，以驗風角。
魏濬　緯談一卷
吳雲　天文志雜占一卷
物象通占十卷
白猿經一卷
注釋風雨賦一卷
錢春　五行類應八卷
艾儒略　幾何要法四卷
五行類事占徵驗九卷
觀乾識變六卷

補金
楊雲翼　縣象賦一篇　又　五星聚井辯一篇

補元
趙友欽　革象新書二卷　字緣督，德興人，一云名敬，字子恭，本宋宗室子，遇異人石得之傳其術，嘗往來衢婺山水間，死葬於衢，龍游人，朱暉德明傳其書於世。

曆數類

大統曆法四卷
太陽通軌一卷
交食通軌一卷
元統　曆法通軌二卷　洪武十七年，官欽天監博士，始定曆法，以洪武甲子為曆元,後官監正。

劉信　曆法通徑四卷
馬沙亦黑　回回曆法三卷　《釋例》一卷,《經緯立成》二卷。
左贊　曆解易覽一卷　盱江人。
呂柟　寒暑經圖解
顧應祥　授時曆法
曾俊　曆法統宗二卷　又　曆臺撮要一卷　字仲才,南海人。正德己卯舉人,知廣西融縣,以廉明著稱,於星緯曆律皆究其指。
周述學　曆宗通議　又　中經測　又　曆草
戴冠　氣候集解　長洲人。
戴廷槐　革節卮言五卷　字元植,長泰人。隆慶初貢生,遂安知縣。
袁黃　曆法新書五卷　黃得曆法於終南隱者陳星川,因訂《大統曆》於前,而著所得新法於後。
何注　曆理管窺一卷
郭子章　枝幹釋七卷
鄭世子載堉　律曆融通四卷　又　音義一卷　又　聖壽萬年曆一卷　又　萬年曆備考二卷　又　曆學新說二卷　萬曆二十三年九月進呈。
陳槐　星曆辨析
蕭戀恩　監曆便覽二卷
邢雲路　古今律曆考七十二卷　又　戊申立春考正一卷　又　庚申冬至正訛一卷　又　太一曆元　又　七政真數□卷　字士登,安肅人。官按察僉事。與隱士滿城、魏文魁共訂諸書。
徐光啟　崇禎曆書□□□□卷①　《曆書總目》一卷,《日躔曆指》四卷,《日躔表》二卷,《恒星曆指》三卷,《恒星圖》一卷,《恒星圖系》一卷,《恒星曆表》四卷,《恒星經緯表》二卷,《恒星出沒表》二卷,《月離曆指》四卷,《月離表》六卷,《交食曆指》七卷,《交食表》七卷,《五緯曆指》九卷,《五緯表》十卷,《測天約說》二卷,《大測》二卷,

---

① 空格處,朱筆補:"一百二十六。"

《割圓八線表》六卷,《黃道升度表》七卷,《黃赤道距度表》一卷,《通率表》二卷,《元史揆日訂訛》一卷,《通率立成表》一卷,《散表》一卷,《測圓八線立成長表》四卷,《黃道升度立成中表》四卷,《曆指》一卷,《測量全義》十卷,《比例規解》一卷,《南北高弧表》十二卷,《諸方半晝分表》一卷,《諸方晨昏分表》一卷。崇禎二年五月朔,日食,晷刻與推算不符,禮部侍郎光啓疏請重修曆法,帝是之。命與李之藻、王應遴及西洋人羅雅谷、龍華民、鄧玉函、湯若望同修,陸續成書,迄六年九月而竣。　又　曆學小辯一卷　又　曆學日辯五卷

羅雅谷　籌算一卷

王英明　曆體略三卷　大名人。

何三省　曆法同異考

曆法統宗十二卷　不知撰人。

曆法集成四卷

西域日月交食通軌法大全

賈信　臺曆百中經一卷　欽天監五官司曆。

貝琳　百中經十卷　琳,欽天監副,集前監正皇甫仲和遺稿而成。起成化甲午,迄嘉靖癸巳,六十年,後人又續至壬戌止。

經緯曆書八卷

七政全書四卷　俱不知撰人。

補金

大明曆十卷　天會五年修。

趙知微　重修大明曆　司天監。

張行簡　改定太一新曆

耶律履　乙未曆

補元

耶律楚材　庚午元曆二卷　又　曆說　又　乙未元曆　又　回鶻曆

郭守敬　授時曆推步七卷　又　立成二卷　又　曆議擬稿三卷　又　轉神選擇二卷　又　上中下三曆注式十二卷　又　時候箋注二卷　又　修改源流一卷　又　儀象法式二卷 以下皆測驗書。　又　二至晷景考二十卷　又　五星細行考五十卷　又　古今交食考一卷　又　新測二十八舍雜座諸星入宿去極一卷　又　新測無名諸星一卷　又　月離考一卷

齊履謙　二至晷景考二卷　又　授時曆經串演撰八法一卷

授時曆二卷　又　授時曆議二卷

授時曆法撮要

程時登　閏法贅語

五行類

劉基　玉洞金書一卷①

馬貴　周易雜占一卷　字尚賓，三原馬理祖。深于《中庸》《周易》之學，占事知來，多奇驗。韓邦奇表其墓。

王𪓰　易卦海底眼

胡宏　周易黃金尺一卷　正統間鄞縣人。

許本清　周易占法節要二卷　又　策數一卷　景泰間人。

盧翰　中庵籤易一卷　穎上人。

周恭　卜史

季本　蓍法別傳二卷②

張選　卜筮範占　字舜舉，無錫人。嘉靖己丑進士，通政司右參議。

楊元　納甲圖　又　九圭數　字務本，永昌人。

---

①　此條後朱筆補："注靈棋經二卷、解皇極經世稽覽圖十八卷、三命奇談滴天髓一卷"。

②　"二"，《千頃堂書目》卷十三作"一"。

周瑞　文公斷易奇書三卷　長沙人。
蔡元　谷神易數一卷
張其堤　易卦類選大成四卷
王宇　周易占林四卷　福州人。
李新芳　神易斷意　又　太虛甲子經　字元德,潞州人。進士,官御史。
劉均　卜筮全書八卷
趙際隆　卜筮全書十四卷
陳嗣昌①　卦變論　又　數學參同辨正
周其久　前知通微集　當塗人。
連城璧　易占三墳繇詞　字如白,會稽人。崇禎庚辰,特用巡按,廣東御史。
張濡　先天易數二卷
卜家萃覽十五卷
六爻旁通天元賦解七卷　提綱一卷　以下不知撰人。
龜經心法一卷
易卦歌斷卜筮元龜二卷
易象類占一卷
祥龜易覽
玉靈照膽經
玉井奧訣四卷
大衍編次周易本義
斷易啓蒙三卷
易占心鏡四卷
觀物微占一卷
神易鉤玄一卷
斷易通天賦一卷

---

①　"嗣",《千頃堂書目》卷十三作"胤"。

周視考陰陽定論三卷

劉基　注靈棋經二卷　又　解皇極經世稽覽圖十八卷

楊向春　皇極心易發微六卷

蔡士順　皇極秘數占驗一卷

程玠　大定數　字文玉,歙人。成化甲辰進士,究心曆數卜筮之學,丘濬稱爲一代異人。

大定神數十卷

吳琬　皇極經世鈐解　又　玄玄集①

陳情　五行奕數二卷

張淵　萬物數注

馮柯　三極通二卷

觀梅數二卷

梅花數二卷

紫微斗數一卷

童軒　夢徵錄

張幹山　古今應驗異夢全書四卷　揚州衛指揮。

陳士元　夢占逸旨八卷

張鳳翼　夢占類考十二卷

解夢心鏡五卷

古今纂要夢珍故事三卷

古今紀夢要覽二卷

池本理　禽遁大全四卷

鮑世彥　奇門微義四卷　又　奇門陽遁一卷　又　奇門陰遁一卷　字稺卿,新安人。

徐之鏌　選擇禽奇盤例定局五卷

李□　甲遁真授秘集三卷

---

① 此條後朱筆補:"太乙統宗寶鑑二十卷、太一淘金歌一卷、六壬金鑰匙。"

袁善　奇門秘奧　天啓中，昆明人。
奇門原古三卷　以下不知撰人。
八門禽演碎金經三卷
都天一卷
禽星直指一卷
流光玉曆八卷
胡□□　武侯八門神書一卷　績溪人。
遁甲鉤玄集
奇門大成
紫庭秘訣
禽星直指十卷
玄女統甲子六十將軍伐敵一宗符秘訣四卷
周鍔　六甲奇書一卷　不知何時人。
葉容　太一三辰顯異經十卷　字可大，蘭溪人。
吳琉　太一統宗寶鑑二十卷　又　太一淘金歌一卷
李元澧　太一九旗曆三卷
太一遁局八卷
太一燭幽經二卷
太一原古三卷
邢雲路　太一書
楊瓚　六壬直指捷要二卷
蔣日新　開雲觀月歌一卷
黃公達　鳳髓靈文一卷
吳琉　六壬金鑰匙
袁祥　六壬大全三十六卷
周正　六壬秘集
徐常吉　六壬釋義一卷

王許　黃金策三卷
來復　大六壬起例一卷　字陽伯,三原人。
黃賓廷　六壬六十甲子集應鈐六十卷　江西人。
六壬神課金口訣三卷
鄒彬　三奇六壬太一疏略一卷　字文質,臨洮人,居吳。
六壬五要權衡一卷
大六壬五變中黃經二卷
六壬磨鏡藥一卷
官撫辰　三式全書
六壬總要四十七卷
六壬原古三卷
選擇曆書五卷　洪武九年,欽天監奉敕撰定。
寧獻王權　肘後神樞二卷　又　運化元樞一卷
曆法通書三十卷　金谿何士泰景祥《曆法》,臨江宋魯珍輝山《通書》。
熊宗立　金精鰲極六卷　又　通書大全三十卷
王天利　三元節要三卷　字履道,壺關人。
徐瑾　陰陽捷徑一卷　三山人,徐瑾官通判。
劉亹①　選擇類編八卷
萬邦孚　彙選筮吉指南十一卷　一作十五卷。　又　日家指掌二卷　又　通書纂要六卷　字汝永,鄞縣人。累官都督僉事,福建總兵官。
何瑭　陰陽管窺一卷
劉黃裳　元圖符藏二卷
周渭　彈冠必用集一卷
黃鐘和　上官渭吉便覽二卷
吳天洪　造命宗鏡集十二卷　字元卿,歙人。舉人,任建陽淳安令。

---

① 殿本《明史》卷九十八著錄,作者爲"劉冣"。

黃汝和　諏擇秘典二卷　又　諏擇曆眼十二卷
筮筴理數日抄二十卷
統曆寶鏡二卷
筮仕涓吉便覽二卷
年月集要五卷
發微通書十卷
三才運用通書十八卷
三辰通載四卷
祝氏選擇神龍經一卷
陽明按索圖五卷
佐元直指圖解九卷
陰陽寶海三元玉鏡奇書二卷
塋元正經一卷
趨吉要覽二卷①
造葬擇日神殺一卷
曆府鉤玄一卷
通書纂要一卷
剋擇全書二十二卷
差穀奇書十五卷
年月備要二十一卷
選擇賽成書十四卷
洪理曆府大成二十二卷
曆法便覽時用通書四十卷
劉基　三命奇談滴天髓一卷
歐陽忠　星命秘訣望斗真經三卷

---

①　"二"，《千頃堂書目》卷十三作"一"。

楊源　星學源流二十卷
張□□　神峰闢謬　濮州人，號神峰。以《五行祿命書》沿習訛舛，著此以正之。
雷鳴夏　子平管見二卷
李欽　淵海子平大全六卷
萬民育　三命會通十二卷
周鳴鳳　談天碣石編□卷　金谿人。
陸位　星學綱目正傳二十卷　又　星學大成十八卷　又　張果星宗命格十卷　又　文武星案六卷
西窗老人　蘭臺妙選三卷
陸昂　蘭臺金匱元機素要書
鄧史喬　拗星論一卷
星平會海十卷　以下不知撰人。
星平總會十卷
果老子平大成三卷
星學全書三十卷
五星玉鏡四卷
中天八卦數命一卷
河洛神數六卷　三命。
青蘿曆一卷　三命。
占命錄二卷
子平淵海大全五卷
琴堂虛實五星指要四卷
竹羅三限幽妙集一卷　三命。
經世祝氏鈐
麻衣易髓二卷　三命。
袁忠徹　古今識鑑八卷　又　人象賦
鮑栗之　集麻衣相法　成化中，官揚州府同知。

李廷湘　人相編十二卷
神相類編十卷
相法總龜二卷
焉廋集四卷　不知何人編,末附李鸞《相法》。
人倫大統賦一卷
唐子卿　截相編
吳緝　神相編　秀水人。
一行相字詩一卷
拆字林一卷
觀梅相字易數兆訣一卷
周繼　陽宅真訣二卷　字志齋,歷城人。進士。萬曆中,官南京戶部右侍郎。
周其久　八宅周書　當塗人。
王君榮　陽宅十書四卷　益都人。萬曆間舉人,河間府通判。
陳夢和　陽宅集成九卷
李邦祥　陽宅真傳二卷
張萱　八宅周書
彭好古　陽宅陰宅一訣千金二卷
周經　陽宅新編二卷
胡經　松盛舊編二卷
八宅四書四卷
相宅通天竅十卷
陽明正範秘書一卷
營宅圓機
卜居圖解
卜居全集四卷
八宅抽爻分房秘訣二卷
相宅圖說一卷

陽宅大全十卷

劉基　金彈子三卷　又　披肝露膽一卷　又　一粒粟一卷
　又　地理漫興三卷

趙汸　趙氏葬説一卷

鄭謐　注郭璞葬書　字彥淵，金華人。從葉儀、范祖幹學。

劉明章　葬書新注　新喻人。宋濂爲序。

瞿佑　陳氏葬説一卷

熊宗立　注雪心賦一卷　又　注天元賦一卷

符觀　地理集奇

謝昌　地理四書四卷　字子期，新安人。《郭璞葬書注》一卷，《地理發微注》一卷，《劉氏地理囊金注》一卷，《雪心賦句解》一卷。

曾直　地理書　字叔温，吉水人。弘治壬戌進士，太僕寺卿。

董潛　四神秘訣　又　水法　字德彰，德興人。精於相地，事母有孝行。

謝廷柱　堪輿管見二卷　字邦用，長樂人，別號"雙湖"。弘治己未進士，湖廣按察司僉事。

周孟中　地理真機十五卷

馬森　地理正宗集要

項喬　風水辯一卷

李經綸　地理括要一卷

秦雲　地理正脈　字起和，崑山人。彝陵州判官。

徐善繼　徐善述　人子須知三十五卷　德興諸生。

程天昭　道法雙脩　又　撼龍疑龍注解　德興人。

吳鵬　五寶經一卷　萬曆中合肥人。

張鳳　地理仙婆集

陳國幹　葬書古文衍義二卷

鄭之惠　葬書演一卷　錢塘舉人。

韓性之　郭子翼一卷

董章　堪輿秘旨六卷

徐國柱　地理正宗八卷
趙祐　地理紫囊八卷
郭子章　校定天玉經七注七卷
陳時陽　堪輿真諦三卷
劉潛　堪輿秘傳一卷
楊益　青囊奧旨一卷
王崇德　地理見知四卷
范有學　地理粹裘編二卷
李迪　人天眼目九卷
繆希雍　葬經翼一卷　又　畫莢圖解一卷
徐之鏌　羅經簡易圖解一卷　又　地理琢玉斧十三卷
地理全書五十一卷
邢雲路　金雞靈應
張萱　陰宅四書
相山骨髓
青囊正源
葬法心印
地理正源
陰陽定論六卷
地理洩天機十二冊
地理直說二卷
俯察要覽一卷
通天照砂斗輪經一卷
一寸金穴法一卷
玉尺經二卷
地理天機會元三十五卷
草木幽微經一卷

吳天洪　造福秘訣三卷
王繼芳　郭璞葬書考三卷
王文祿　葬度一卷
李國本　理氣秘旨七卷　又　地理形勢真訣三十卷
徐㷿　堪輿辯惑一卷

補宋
徐大升　子平三命通變三卷
張子微　玉髓真經五十卷
蔡牧堂　發微論一卷

補遼
王白　百中歌　興國軍節度使，占卜書。
耶律純　耶律學士星命秘訣五卷

補金
楊雲翼　氣數雜說
張居中　六壬無惑鈐六卷　司天判官。
丞相兀欽　注青烏子葬經一卷

補元
吳澂　刪定葬書
李道純　周易尚占三卷　保八爲序，舊誤以爲保八著。
陸森　玉靈聚義五卷　又　總錄二卷　吳人，陰陽學教諭。
王弘道　三元正經三卷　龍興路陰陽學正。三元者，婚、宅、葬也。
焦榮　選葬編錄三卷　陝西陰陽學提舉。
徐州徐施二先生　元理消息賦注一卷

祝泌　祝氏秘鈐五卷　又　六壬大占　又　壬易會元　字子涇，德興人，宋咸淳十年進士，官饒州路三司提幹，元世祖徵之不起，遣甥傅立上其書於朝。

耶律楚材　五星秘語一卷　又　先知大數一卷

劉秉忠　平砂玉尺四卷　又　玉尺新鏡二卷

朱震亨　風水問答

醫家類

趙簡王補刊素問遺篇一卷　世傳《素問》王砅注本，缺七十二篇《刺法論》，七十三篇《本病論》注，簡王得全本補行之。

呂復　內經或問　號"滄洲翁"，明初名醫。

汪機　素問抄一卷①　又　內經補注一卷

楊慎　素問糾略三卷

陰秉暘　內經類考十卷

孫兆　素問注釋考誤十二卷

潘弼　刪次內經　又　運氣考正　字夢徵，興化縣人，號"西泉居士"。

周詩　內經解　字以言。一名《素問箋解》。

沈應善　素問箋釋二卷　新建人。

馬蒔　素問發微

馬懸臺　素問注□卷

張介賓　張氏類經四十二卷　字景岳，別號"通一子"，浙江山陰人。

素問心得一卷　不知姓名。

呂復　難經附說

徐述　難經補注　洪武間常州名醫。

熊宗立　圖注難經四卷　又　難經大全四卷

張世賢　圖注難經八卷　又　圖注脈訣四卷

---

① "一"，《千頃堂書目》卷十四作"三"。

呂復　靈樞經脈箋
高士　靈樞經摘注十卷　字志學，鄞縣人。
靈樞經心得二卷
永寧王□□　經緯八卦脉訣一卷
呂復　切脈樞要　又　五色胗奇眩　又　脈緒脈系圖　又　運氣圖釋　又　運氣常變釋
李詗　集解脈訣十二卷　字孟言，錢塘人，號"樗散生"。從楊維楨學，賣藥于金陵市，賢而隱于醫。
劉醇　刊正王叔和脈訣□卷　字文中，祥符人。洪武中周府右長史。
楊文德　太素脈訣一卷　洪武初樂平人。
方炯　脈理精微　字用晦，莆田人。善詩，工醫術。
蔣主忠　脈訣本義　蔣用文子。
錢寶　運氣說二卷　又　醫案四卷　字文善，鎮江人。以醫名，程敏政誌其墓。
汪機　重集脈訣刊誤二卷　又　運氣易覽二卷　又　醫學原理二卷　又　推求師意二卷
樓英　氣運類注四卷①　字全芳，金華人。
吳球　脉訣疏義□卷　又　方脈主意二卷②
張世貞　圖注王叔和脈訣四卷
李先芳　醫家須知　論氣運。
盧志　脈家奧要
劉浴德　訓解宋劉元賓脈書三卷
劉仕聰　方脈全書　浙江西安人。
方穀　脈經直指七卷　萬曆初錢塘人。
吳崑　脈語二卷

---

① 此條後朱筆補："雜症治例一卷。"
② 此條後朱筆補："平治大法一卷。"

彭用先　潛溪太素啓蒙二卷　廬陵人。

李言聞　四胗發明八卷　李時珍父,號"月池翁"。

李時珍　瀕湖脈學一卷　又　奇經八脈考一卷

程伊　脉薈一卷

王三傑　運氣指明二卷

寧獻王權　乾坤生意四卷　又　乾坤生意秘韞一卷　又　活人心三卷

王履　標題原病式一卷　又　溯洄集一卷　又　百病鉤玄二十卷　又　醫韻統一百卷

劉純　玉機微義五十卷　又　醫經小學六卷　采《素》《難》之言,以便誦習,凡十八篇。純字宗厚,泰州人,洪武中名醫,父叔淵,朱震亨弟子。

沈繹　平治治法　吳人。洪武中,以事累戍蘭州,以醫名。

沈宗學　十二經絡治療淵源①　字宗起,蘇州人。與王賓友善。

許宏　通玄錄　字宗道,建安人。

戴思恭　證治要訣十二卷　又　類證用藥一卷　又　金匱鉤玄三卷　字原禮,浦江人。洪武時,官御醫。永樂初,擢院使,乞歸卒,帝自製文賜祭。

彭用先　體仁彙編十卷

徐子宇　致和樞要□卷　金陵人。與趙友同、吳訥友善,崑山鄭文康序其書。

劉長春　青囊雜纂八卷②　一作三卷。號淵然,仁宗時道士。

趙瀛　紺珠經四卷　嘉興知府。

王璽　醫林集要八十八卷　永平人,鎮守甘肅,平羌將軍總兵官。

程玠　松崖醫徑二卷

楊珣　丹溪心法四卷③

---

① 此條後朱筆補:"本草發揮精華、外科新錄。"

② "八",《千頃堂書目》卷十四作"四"。

③ 此條後朱筆補:"傷寒撮要二卷。"

程用光　重定丹溪心法□卷

王綸　明醫雜著八卷　又　節齋醫論一卷　又　醫論問答一卷　字汝言,慈谿人。成化甲辰進士,巡撫湖廣,都御史。

濮鏞　杏莊集　字景鳴,太平府人。官良醫副。

談倫　醫家便覽一卷①　號野翁,上海人。天順丁丑進士,總督易州山廠,工部侍郎。

周禮　醫學碎金四卷

盧和　丹溪纂要八卷　字廉夫,東陽人。

符觀　醫家纂要　新喻人。

楊廉　醫學舉要一卷　又　明醫録一卷

樓英　醫學綱目四十卷

劉全脩　注解病機賦二卷　浙江西安人。

俞子容　續醫説十卷

虞摶　醫學正傳八卷　又　方脈發蒙□卷　字天民,義烏人。能詩,有《百字吟》《半齋稿》。

吳球　諸證辯疑四卷　又　用藥玄機一卷　又　活人心統一卷

葛林　杏塢秘訣一卷　字茂林,錢塘人。正德中太醫院判。

陳諫　蓋齋醫要十五卷　字直之,錢塘人。

盧志　醫學百問辯　又　增定醫學綱目　字宗尹,崑山人。正德中,官太醫院判。武宗南巡不豫,志言於大臣曰:"帝冬得夏脈,法在不治,願定國儲,安社稷。"宮車晏駕,例應逮治,因是得免。

沈應文　醫約四卷　字守靜,浦城人,自號"句曲山人"。

石泉子　醫略正誤一篇　正德中人。敖英爲序。

周恭　事親須知五十卷　又　醫説續編五十卷

汪宦　醫學質疑□卷　祁門人。

---

① 此條後朱筆補:"試驗小方一卷。"

徐春甫　古今醫統一百卷　又　醫學捷徑□卷①　字汝元,祁門人。從汪宦學,後官太醫院。

何瑭　醫學管見

葉文齡　醫學統旨　字德徵,仁和人。太醫院判,世宗御書忠愛額其堂。

盛端明　程齋醫抄撮要五卷

方廣　丹溪心法附餘二十四卷　字約之,號古庵,新安人。

俞橋　醫學大原　海寧人。南京太醫院院判。

趙銓　體仁彙編　又　岐黃奧旨　又　諸家醫斷　廬陵名醫。與羅洪先善,洪先有《贈石亭子》詩。

陳嘉謨　醫學指南　祁門人。

賀岳　明醫會要二卷　又　醫經大旨　字汝瞻,嘉興人。

傅滋　醫學集成十二卷　又　醫學權輿四卷

許紳　聖諭對錄　錄嘉靖中頒降御札。

薛己　家居醫錄六卷　字新甫,號立齋,吳人。正德間,選爲御醫,擢南京太醫院院判,進院使。

徐魯源　醫經原旨□卷　無錫人。

龔信　古今醫鑑八卷

何繼高　軒岐新意一卷

馮鸞　醫學大成七卷　又　醫說補遺一卷

白飛霞　韓氏醫通一卷

李先芳　壺天玉鏡

蔣達善　醫鏡二十卷　常州人。

芮養謙　醫經原始　又　醫學發明

閔守泉　醫學類纂　俱直隸太平府人。

錢萼　醫林會海四十卷　嘉善人。

邵弁　醫學綱目四十卷　又　十二經絡發揮

---

①　此條後朱筆補:"幼幼類集二卷。"

張浩　仁術便覽四卷　萬曆初人。
李梴　醫學入門七卷
費傑　名醫抄① 　字世彥,浙江山陰人。
方隅　醫林繩墨八卷
羅周彥　醫宗粹言十四卷
張受孔　醫便五卷　休寧人。
解禎　醫學便覽四卷
徐常吉　古今醫家經論彙編五卷
朱儒　醫四書□卷　秀水人。萬曆初太醫院使,嘗諫神宗戒暴怒以平氣,寡嗜欲以養精,神宗納之,令中官陸敬書其語於屏。
黃維亮　醫林統要四卷
趙金　醫學經略　烏程人。
劉起宗　名醫三要三卷
陳朝璋　扶生堂醫書　臨川人。萬曆中選貢,常州府通判。
王肯堂　證治準繩八卷　又　王氏醫論四卷②
傅懋先　醫宗正脈五卷
周倫　醫略四卷
趙獻可　趙氏醫貫□卷③　字養葵,寧波人。
黃承昊　折肱漫錄六卷　又　評註薛氏內科醫案三卷　附方一卷　字闇齋,秀水人,黃洪憲子。萬曆丙辰進士,工科左給事中,歷福建按察使。
萬全　保命活訣三十五卷　羅田人。④
繆希雍　廣筆記二卷

---

① 此條後朱筆補:"經驗良方。"
② 此條後朱筆補:"證治類方八卷、傷寒證治準繩八卷、外科證治準繩八卷、女科證治準繩五卷、嗣產全書四卷、幼科證治準繩九卷。"
③ 空格處,《千頃堂書目》卷十四作"六"。
④ "羅",原字缺損,據《千頃堂書目》卷十四補。此條後朱筆補:"傷寒摘錦二卷、傷寒撮要六卷、養生四要五卷。"

喻嘉言　醫門法律
李中梓　頤生微論十卷
畢懋襄　醫薈十八卷　字君平，歙人。
繆氏識病捷法十卷　失名。
簡明醫要八卷　不知撰人名氏。
李濂　醫史十卷
周恭　增校醫史四卷　又　醫效日抄四卷
程伊　醫林史傳四卷　又　史傳拾遺一卷　又　醫林外傳四卷
許忠　汪石山醫案九卷
趙銓　石亭醫案
江瓘　名醫類案十二卷
周普　蘭谷醫案□卷　又　蘭谷用藥歌訣一卷
楊珣　針灸詳説二卷
姚良　考古針灸圖經　字長卿，吳人。
解延年　經穴圖解　又　本草集略
汪機　針灸問對二卷①
徐鳳　徐氏針灸六卷　又　針灸大全七卷
徐師曾　經絡全書
孝宗皇帝類證本草三十一卷
徐彥純　本草發揮四卷　浙江山陰人，朱丹溪弟子。
沈宗學　本草發揮精華
楊溥　用藥珍珠囊詩括二卷　溥繫獄時，括爲韻語，以便撿藥。②
熊宗立　原醫圖藥性賦八卷
王綸　本草集要八卷

―――――――

① 此條後朱筆補："外科理例八卷。"
② "以便"後，《千頃堂書目》卷十四有"誦讀"二字。

徐彪　本草證治辯明十卷① 　字文蔚，華亭人。正德中太醫院判。

徐東齊　本草權度三卷

滕弘　神農本經會通十卷　 甌寧人。

汪穎　食物本草二卷　 江陵人。正德中，官九江知府。本盧和所爲，書而成之。

寧源　食鑑本草一卷　 鎮江人。

吳源　食品集二卷　附錄一卷　 吳江人。

汪機　本草會編二十卷

陳嘉謨　本草蒙筌十二卷　 字廷采。嘉隆間祁門醫士。

李時珍　本草綱目五十二卷　 字東璧，蘄州人。楚府奉祠。時珍辨疑訂說，②肆力者四十年，始成其書。分一十六部，部各有類，增藥三百七十四種。萬曆二十四年，子諸生李建元進於朝，命宣付史館。

許希周　藥性粗評四卷

方穀　本草集要十二卷

梅得春　藥性會元三卷

馮鸞　藥性賦一卷

姚能　藥性辯疑　 海鹽人。

程伊　釋藥二卷

徐升泰　本草正訛補遺　 字世平，會稽人。補《本草綱目》所未備。

繆希雍　本草經疏二十卷　又　方藥宜忌考十二卷

李言聞　人參傳一卷　又　艾葉傳一卷③

世宗皇帝　易簡方一卷　又　袖珍方□卷　 嘉靖中，命太醫院官編緝。

寧獻王權　壽域神方四卷

周定王　普濟方一百六十八卷

---

① 此條後朱筆補："傷寒纂例二卷、咳嗽分類二卷。"
② "説"，《千頃堂書目》卷十四作"誤"。
③ 此條後朱筆補："痘疹証治。"

唐□王□□　神妙秘方①
醫方選要十卷　又　外科驗方二卷　興獻王命本府良醫周文寀輯。
呂復　四時燮理方
倪維德　考定東垣試效方
李恒　袖珍方四卷　字伯常，合肥人。洪武初，爲周府良醫，奉憲王命集。恒永樂間致仕，王親賦詩以餞，命長史瞿佑序其事。
沈繹　醫方集要
方炯　杏林肘後方十卷
雷伯宗　千金寶鑑　建安人，名勳，以字行。洪武中醫學正科。
戴思恭　證治類方四卷
胡濙　衛生易簡方四卷　濙爲禮部侍郎，出使四方，輯所得醫方進於朝。一作十二卷。
劉均美　拔萃類方二十卷　錢塘人，號閬耕。以醫名。洪、永間，徙家金陵，與解、楊諸公友善。一作四十卷。
吳㻞②　古簡方十二卷　字德章，蘭溪人。博雅善書，有詩號《蘭渚漁歌》。
熊宗立　山居便宜方十六卷　又　温隱君海上方一卷　又　備急海上方二卷
金忠　廣惠集方一卷　字尚義，麗水人。天順甲申進士，南京貴州道御史。
王英　杏林摘要方一卷　裕州人。
談倫　試驗小方一卷
方賢　奇效良方六十九卷　成化初人。
丘濬　群書日抄一卷
何孟春　群書續抄一卷　又　軍中備急方一卷　又　群方樞要一卷
錢原溥　集善方三十六卷　字彦深，丹徒人。

---

① 此條，《千頃堂書目》卷十四作"唐王神妙秘方"。
② "㻞"後，《千頃堂書目》卷十四有一"德"字。

金弘　金氏集效方一卷
楊廉　諸方選要二卷
鄒福　經驗良方十卷　甌寧人。善察脈,逆知人生死。
孫鈍　試效集成　字公鋭,錢塘人。
劉淳　道濟方一卷　又　續方一卷　漢中知府。南平山人。
丁毅　醫方集宜十卷①　字德剛,江浦人。精於醫道,見殯者棺下流血,毅熟視之曰:"此生人血也。"止昇者欲啓視。喪家不之信,隨至墓所。強啓之,乃孕婦也。胗之,以針刺其胸,產一兒,婦亦甦。蓋兒手握母心,氣踣身殭耳。通邑稱神。②
王鏊　本草單方八卷
趙叔文　救急易方八卷　字季敷,吳郡人。
經驗良方三卷　鳳陽府同知石首張維國持集二卷,襄陵知縣虞城李高集一卷。③
陳謹　精選良方二卷　又　續方一卷　武進人。
顧鼎臣　經驗方一卷④
史琳　醫說妙方十卷　一作張琳。巡撫保定,都御史。
吳旻　扶壽精方二卷
張時徹　攝生衆妙方四卷　又　急救良方二卷
張用謙　醫方摘元
白飛霞　方外奇方
許紳　經驗方
周正　集古奇方
萬表　萬氏家抄濟世良方五卷　又　積善堂活人滋補方一卷
又　積善堂活人經驗方一卷　一作萬邦孚,六卷。
龔廷賢　萬病回春八卷　又　種杏仙方四卷
陳仕賢　經驗良方十卷　字邦憲,福清人。嘉靖壬辰進士,副都御史。

---

① 此條後朱筆補:"蘭閣秘方□卷、痘疹玉函集。"
② "氣踣",原誤作"氣賠",據《千頃堂書目》卷十四改。
③ "陵",《千頃堂書目》卷十四作"陽"。
④ 此條後朱筆補:"醫眼方論一卷。"

李先芳　中流一壺　急救方。
李齊芳　宦邸便方二卷
徐師曾　途中備用方二卷
王宗顯　醫方捷徑四卷　一作二卷。
鄒元標　馮嘉會仁文書院集驗方七卷
吳崑　醫方考六卷
王肯堂　證治類方八卷
程伊　釋方四卷①
費傑　經驗良方
松篁閣劉氏經驗方二卷
王象晉　簡便驗方一卷
段成冕　經驗良方一卷
陳鍾盛　宦邸便方四卷
鄭夢圃　墨寶齋集驗方□卷　新安人。
本草單方六卷　不知撰人名氏。
急救仙方十一卷　又　急救仙方一卷
呂復　長沙論傷寒十釋②
劉醇　纂述傷寒秘要一卷　又　傷寒治例一卷③
方炯　傷寒書
沈貞　傷寒會通　號絕聰老人，崑山沈愚祖。其書取李浩《傷寒或問》、郭雍《補亡》及他書論傷寒者，以合於仲景之論。
陶華　傷寒六書六卷　《瑣言》《家秘的本》《殺車搥法》《截江網》《一撮金》《明理續論》。　又　傷寒直格標本論一卷　又　傷寒治例點點金一卷　又　傷寒治例直指一卷　又　傷寒九種書九卷　又

---

① 此條後朱筆補："脈薈一卷。"
② 此條後朱筆補："養生雜言。"
③ 此條後朱筆補："壽親養老補遺。"

傷寒全書五卷　字尚文,餘杭人。永樂中,官本縣訓科。
熊宗立　傷寒運氣全書十卷　又　傷寒活人指掌圖論十卷
楊珣　傷寒撮要二卷
吳恕　傷寒活人指掌五卷　字如心,錢塘人。太醫院御醫。
鄒彬　傷寒運氣或問一卷
高昶　傷寒鈐法書一卷　益都人。
吳綬　傷寒蘊要全書　錢塘人。太醫院判。
彭浩　傷寒秘問①　字養浩,杭州人。
徐彪　傷寒纂例二卷
姚能　傷寒家秘心法②
汪機　傷寒選錄③
馮鷥　傷寒統會七卷
馬宗素　傷寒醫鑑一卷
李如庵　傷寒易覽一編　黃岡人。
萬全　傷寒摘錦二卷　又　傷寒撮要六卷
王肯堂　傷寒證治準繩八卷
董養學　傷養指掌補注三卷　甌寧人。
喻嘉言　傷寒尚論編
項昕　脾胃後論　明初名醫。
樓英　雜症治例一卷
吳球　平治大法一卷
彭浩　雜病正傳
徐彪　論咳嗽分條二卷④

---

① 此條後朱筆補:"雜病正傳。"
② 此條後朱筆補:"小兒正蒙。"
③ 此條後朱筆補:"痘疹理解。"
④ "分"字,《千頃堂書目》卷十四無。

趙原陽　上清紫庭追勞方一卷① 一作九卷。
梁學孟　痰火喘門四卷 武昌人。
吳洪　痰火膚見三卷② 芝城人。
邵懋臣　陰虛燃理篇一卷 新安人。
凌漢章　流注辯惑
沈宗學　外科新錄
陶華　癰疽神效秘方一卷
趙原陽　外科序論一卷　又　仙傳外科秘方十一卷
汪機　外科理例八卷
薛己　外科心法七卷　又　外科經驗方一卷　又　瘡瘍機要三卷　又　正體驗要二卷
白士偉　中流一壺一卷 潼川州人。爲桃源教官。
陳寔功　外科正方四卷
王肯堂　外科證治準繩六卷
外科精要三卷 不知撰人。
倪維德　原機啓微集二卷 字仲賢，開封人。家於吳。
顧鼎臣　醫眼方論一卷
顧可學　眼科對症經驗方一卷
薛己　原機啓微集附錄一卷
吳復　養生雜言
劉醇　壽親養老補遺
郭晟　家塾事親五卷 鳳陽人，武定侯英裔孫。
鄭達　尊生錄十卷 字汝達，襄陽人。宣德乙卯舉人，知盩厔、崑山二縣。
劉宇　安老懷幼書四卷 字志大，潁川人。山西副使。
周宏　衛生集四卷

---

① 此條後朱筆補："外科序論一卷、仙傳外科秘方一卷。"
② 此條後朱筆補："痘疹會編十卷。"

周臣　厚生訓纂二卷

孫禎　石雲先生江滸迂談一卷　　丹徒人。

萬全　養生四要五卷

馮□　尊生彙言一卷

吳倫　養生類要二卷　　歙縣人。

邵之翰　調理四時切要□卷

保身節錄一卷

魏直　二難寶鑑二卷①　　字廷豹，蕭山人。能詩，以醫名吳越間。

趙輝　便產須知三卷

高懋齊②　胎產須知二卷　又　胎產育嬰錄一卷

皇甫泰　產寶　　錢塘人。與同邑孫鈍齊名。

丁毅　蘭閣秘方□卷

趙繼宗　益後全方二卷　　一作《江陰高寶》。

薛己　校注婦人良方二十四卷

王肯堂　女科證治準繩五卷　又　嗣產全書四卷③

蔡毅中　胎產須知□卷

徐用宣　袖珍小兒方十卷　　徽州人。

葛哲　保嬰集　　字明仲，崑山人。官趙府良醫輯進，宣宗賜宴獎勞。

省翁活幼口義二十卷

熊宗立　丹溪治痘要法一卷　又　祈男種子書二卷

魏直　博愛心鑑二卷

寇衡　全幼心鑑四卷　　天順間高陽人。

王鑾　幼科類萃二十八卷　　字元吉，烏程人。為德清縣訓科，召入太醫院。

---

① 此條後朱筆補："博愛心鑑二卷。"
② "懋"，《千頃堂書目》卷十四作"茂"。
③ "嗣"，《千頃堂書目》卷十四作"胤"。

王綸　節齋小兒醫書
袁顥　痘疹全書　嘉興人。
徐春甫　幼幼類集二卷
薛鎧　保嬰撮要二十卷　字良武，吳人，薛己父也。少爲諸生，專精醫理，弘治中，徵入太醫院。
丁毅　痘疹玉函集
汪機　痘疹理解
李言聞　痘疹證治
姚能　小兒正蒙
孫禎　痘疹論三卷
沈堯中　保赤全書二卷
彭用先　原幼心法二卷
王肯堂　幼科證治準繩九卷
陳履端　幼科新書　吳人。
萬全　廣嗣紀要十六卷　又　幼科發揮二卷　又　痘疹心法二十二卷　又　萬氏痘疹全書十一卷　一名《痘疹格致要論》。全，羅田人。
萬邦孚　痘疹方論六卷
周子蕃　小兒推拏秘訣一卷
吳洪　痘疹會編十卷
黃廉　秘傳經驗痘疹方四卷
趙金　廣嗣全書
齊德成　全嬰寶鑑　字中孚，閩縣人。
薛己　家居醫錄十六種
吳勉學　醫統正脈四十二種
華氏心法四卷　以下不知撰人。
崔真人脈訣一卷
見證秘傳一卷　又　脈學秘傳一卷

歷代醫粹一卷
脈訣集成四卷
胗脈須知五卷　又　胗脈要訣三卷
脈訣補注三卷
保生餘錄五卷
保生備錄四卷
杏林春意
太素心要一卷
醫學發蒙二十三卷
難經正義九卷
名醫類案三十卷
保生心鑑一卷
老老餘編二卷
西方子銅人針灸經十五卷
本草圖形四卷
藥類證明二卷
伊尹湯液仲景廣爲大法十卷
太乙紫金丹方一卷
洪州丘先生傷寒類粹一卷
風科集論名方二十八卷
外科樞要四卷
外傷金鏡錄一卷
眼科龍木論一卷
石光明家傳方一卷
明目至寶四卷
眼科撥雲圖集二卷
銀海精微二卷

女科樞要四卷
辨疑集三卷
產症須知一卷
婦科心鏡二卷
保嬰直指五卷
治痘三法一卷
增定痘疹彙書
保嬰金鏡錄一卷
保嬰奇方五卷
葉玠　五運指掌賦圖一卷　以下不知時代。
楊退修　通神論十四卷
周與權　難經注解一卷
鮑叔鼎　圖經脈證類擬二卷
章秀　醫經脈要錄一卷
孫一奎　赤水元珠十卷　又　醫旨緒餘二卷
鄭鎰　雲嶠醫說十卷
森立夫　如庵脈訣一卷　又　經驗痘疹方一卷
蕭昂　醫萃一卷
葉文遜　世醫通變大法二卷
宋心德　醫學指歸三卷
錢桂逵　醫經蒙引八卷
張繼宗　敬齋醫賦一卷
尹覺　家塾事親九卷
劉奇舉　元微秘要八卷
樊駰　抵金集一卷
詹瑞方　本草類要十卷
李允恭　李氏集秘方一卷

鄭鸑　傳信方八卷
劉党　緊要二十四方一卷　又　不自秘方一卷
曹金　傳信尤易方八卷
李樓　怪症方二卷
劉國翰　奇效單方九卷
孫天仁　萬應方四卷
潘思敬　用藥指掌一卷
董炳　避水集驗方四卷
繭道　接骨仙方二卷
楊清叟　外科集驗方一卷
王伯學　痔漏論一卷
謝天錫　瘡瘇證治一卷
楊得春　瘡科通神論三卷
胡永平　明目方一卷
張聲道　産科大通元論一卷
錢大用　活幼全書八卷
孟孔　治痘詳說三卷

補宋

崇寧看詳太醫局醫局生赴試問答一卷
何大任　太醫局諸科程文格一卷　又　保幼大全二十卷　一名《小兒衛生總微論方》。
劉開復　真劉三點脈訣一卷　又　脈訣理玄秘要一卷　又　醫林闡微一卷　又　傷寒直格五卷
劉元賓　脈要秘括二卷
楊士瀛　醫學真詮二十卷　又　活人總括十卷　又　仁齋直指附遺方二十六卷　字登父，景定間三山人。
陳自明　婦人良方二十四卷　又　外科精要三卷

周守忠　名醫蒙求一卷　又　類纂諸家養生至寶二十二卷
　　又　養生月覽二十五卷
張景　醫說十卷

補金

紀天錫　集注難經五卷　泰安人，爲醫學博士，大定七年表上於朝。
張元素　潔古注叔和脈訣十卷　又　病機氣宜保命集四卷　一名《治法機要》，後人誤以爲劉元素作，潔古諸書多附托，惟二書爲元素所著，餘削不錄。　又　潔古珍珠囊一卷　元素字潔古，金易州名醫，後人易其書爲韻語，以便誦習，謂之《東垣珍珠囊》，非原書也。
劉元素　素問要旨八卷　又　素問玄機原病式二卷　又　治病心印一卷　又　河間劉先生十八劑一卷　又　宣明論方十五卷　以下六種爲《河間六書》。　又　傷寒標本心法類萃二卷　又　傷寒心鏡一卷　又　傷寒直格論方三卷　又　素問玄機氣宜保命集三卷　又　傷寒醫鑑一卷　字守真，河間人，世所謂劉河間也，別號通玄子，章宗徵之不出，賜號高尚先生。
李慶嗣　傷寒纂類四卷　又　改正活人書二卷　又　傷寒論三卷　又　針經一卷　又　醫學啓元　洺州人。
張從正　儒門事親十五卷　又　治病撮要一卷　又　傷寒心鏡一卷　又　張氏經驗方二卷　又　秘錄奇方二卷　字子和，睢州考城人。

補元

聖濟總錄二百卷
李杲　辯惑論三卷　辯內傷外感。　又　脾胃論三卷　又　此事難知二卷　辨析經絡脈法分比傷寒六經之則。　又　蘭室秘藏五卷　又　用藥法象一卷　又　醫學發明九卷　推明《本草》《素》《難》脈理。
竇默　銅人針經密語一卷　又　標幽賦　王鏡澤注。　又　指迷

賦　又　瘡瘍經驗全書十二卷

王好古　湯液本草二卷　又　湯液大法四卷　又　醫壘元戎十二卷　又　陰症略例一卷　又　癍論萃英一卷　又　錢氏補遺一卷　字近之，趙人，別號海藏，李杲弟子，官醫學教授。

羅天益　衛生寶鑑二十四卷　又　試效方□卷　字謙甫，藁城人，東垣弟子。

戴起宗　脈訣刊誤三卷

滑壽　難經本義二卷　又　十四經發揮三卷　又　胗家樞要一卷　又　醫家引彀一卷　又　攖寧生五藏補瀉心要一卷　又　滑氏素問注抄三卷　又　滑氏脈訣一卷　又　讀傷寒論抄一卷　又　痔瘻論一卷　又　醫韻□卷　字伯仁，本許昌人，後家儀真，學醫於京口王居中，而技過之，別號攖寧生。

李晞范　難經注解四卷　又　脈髓一卷　崇仁人。

王鏡澤　增注醫鏡密語一卷　蘭溪人，不知名，從竇默學針灸，能盡其術，至元初，徵領揚州教授。

鮑同仁　注通元指要二賦　又　經驗針法　字用良，歙人，會昌州同知。

朱震亨　格致餘論一卷　又　金匱鉤玄三卷　又　傷寒論辨□卷　又　本草衍義補遺□卷　又　局方發揮一卷　又　平治薈萃方三卷　又　外科精要發揮□卷　又　丹溪治痘要法一卷　又　活幼便覽二卷　又　丹溪醫案一卷　又　丹溪治法語錄三卷　字彥修，義烏人，從許文懿學，所居在丹溪，學者稱丹溪先生，宋景濂言其得考亭正傳，爲金華四賢之嗣，不徒醫也。

鄧焱　運氣新書　字景文，蜀人。

王珪　參定養生主論十六卷　字均章，號中陽老人，生元盛時，年四十，即棄官歸隱虞山下，慕丹術，尤精於醫，年九十餘卒，嘗自作"虞山圖"，吳寬有詩題之。

李鵬飛　三元參贊延壽書五卷　自號九華澄心老人。

葛應雷　醫學會同二十卷　字震父，吳人，江浙醫學提舉。

葛乾孫　醫學啓蒙　又　經絡十二論　又　十藥神書一卷
朱撝　心印紺珠經二卷　字好謙,傳醫道於李湯卿。湯卿,劉河間弟子。
趙良　醫學宗旨　又　金匱衍義
鄒鉉　壽親養老新書四卷
胡仕可　本草歌括八卷　瑞州路醫學教授。
吳瑞　日用本草八卷　字瑞卿,海寧醫士,文宗時人。
尚從善　本草元命苞七卷　又　傷寒紀元妙用集十卷
熊景元　傷寒生意　字仲光,崇仁人。
申屠致遠　集驗方十二卷
危亦林　得效方二十卷
東垣試效方九卷
薩德彌實　瑞竹堂經驗方十五卷　號謙齋。
李中南　錫類鈐方二十二卷
杜思敬　濟生拔萃方十九卷　延祐中人。
陸仲達　千金聖惠方　青陽人。
堯允恭　德安堂方一百卷　京口人。
道士殷震　簡驗方
吳以寧　去病簡要二十七卷　歙人。
齊德之　外科精義二卷　充御藥院外科太醫。
曾世榮　活幼心書二卷　衡州人。
馮道玄　全嬰簡易方十卷
東垣十書二十五卷
孫允賢　醫方大成十卷

藝術類

曹昭　格古要論十四卷　字仲昭,松江人。洪武初,為此書。至天順間,吉水王均增輯。
沈津　欣賞編十卷　字潤卿。

茅一相　續欣賞編十卷

吳繼　墨蛾小錄四卷

周履靖　江左周郎藝苑一百卷①

朱存理　鐵網珊瑚二十卷

朱凱　圖畫要略一卷　字堯民,吳人。爲諸生,能詩。

都穆　寓意編一卷　又　本朝名畫記

唐寅　畫譜三卷

韓昂　明畫譜一卷

鎮國中尉觀熰　畫法權輿二卷

劉璋　明書畫史三卷　字圭甫,嘉定縣人。末一卷同邑童時補正,時字尚中。

羅周旦　古今畫鑑五卷

李開先　中麓畫品一卷

王勣　畫史二十卷　南直隷通州人。

何良俊　書畫銘心錄一卷

王世貞　畫苑十卷　又　畫苑補遺二卷

莫是龍　畫説一卷

沈襄　梅花譜二卷

吳金陵　畫鑑直指　字邦畿,龍泉人。生於金陵,故名。

宋懋晉　畫苑　字明之,華亭人。

周履靖　周氏繪林十六卷　又　畫藪七種九卷

劉世儒　雪湖梅譜四卷

王穉登　吳郡丹青志一卷

鄭德中　繪事指蒙一卷

徐㷇　閩畫記一卷

曹學佺　蜀中畫苑四卷

---

① 此條後朱筆補:"周氏繪林十六卷、畫藪七種九卷。"

李日華　畫媵一卷　又　續畫媵一卷　又　書畫想像錄四十卷　又　墨君題語三卷
盛時泰　元牘紀一卷
陳繼儒　書畫史一卷　又　書畫金湯一卷　又　妮古錄四卷
茅維　南隅書畫錄一卷
安□　墨林快事□卷
張丑　清河書畫舫十二卷　　字青父，吳郡人。
松齋梅譜十五卷
圖繪宗彝八卷
畫家要訣四卷
珊瑚木難
珊瑚林二卷
南城消遣小棋譜
寧獻王權　爛柯經一卷
林應龍　適情錄二十卷　又　棋史二卷　　永嘉人。精篆摛，爲鑄印局大使。
汪廷訥　坐隱先生訂棋譜八卷
王思任　奕律一卷
顧成憲　廢奕解一卷
項世芬　玉局鉤玄一卷
汪貞友　奕志二卷
馮元仲　奕旦評一卷
方□□　奕微□卷①　　字子振。
邵棣　玉局藏機二卷
文會堂奕選一卷　　以下不知撰人。

---

① 此條被刪除，於下"奕微"條下朱筆補"方子振"。熊《志》爲："方子振《奕微》。"

奕正二卷

忘憂清樂集二卷

手談萃要一卷

象棋金鵬十八變二卷

象棋秘訣九卷

夢入神機十卷

石室秘傳

橘叟元談

秋仙遺譜

奕萃搜元

奕微

楊維楨　除紅譜一卷　一作《朱河》。

臧懋循　六博碎金八卷

王良樞　詩牌譜一卷

顧應祥　牌譜一卷

汪道昆　贏諨令名譜一卷①

屠本畯　兼三圖一卷

潘之恒　葉子譜一卷　又　續譜一卷

張大命　骰譜一卷

玉局先生訂補李易安馬戲圖譜一卷

徽府校刻蹴踘譜二卷

坎離牌譜一卷

袁福徵　拇陣篇一卷

張升　酒籌一卷

梅花令譜一卷

---

① "贏"，《千頃堂書目》卷十五作"赢"。

徐爾謙　悅生近語一卷　臨清人。
楊惟休　博古一卷
孫作　邯鄲枕一卷
沈宗學　墨法集要
綉法一卷
營造正式六卷
群物奇制一卷
十友譜一卷
屠隆　考槃餘事四卷
文震亨　長物志十二卷　字啓美，吳人。崇禎中，官中書舍人。

補宋

張雯　書畫補逸
湯垕　畫鑑一卷

補元

周密　雲煙過眼錄四卷
朱珪　名迹錄　又　印文集考　字伯益，崑山人。
夏彥文　圖繪寶鑑五卷　雲間人。
華光和尚　梅品一卷
李衎　竹譜詳輯一卷　號息齋道人，薊丘人，官至江浙行省平章政事。
黃公望　山水訣一卷　字子久，別號大癡道人。
梓人遺制八卷

類書類

永樂大典二萬二千二百一十一卷　永樂元年閏七月丙子朔，上諭翰林學士解縉等曰："天下古今事物，散載諸書，篇帙浩繁，不易檢閱，朕欲悉采各書所載事物類聚之，而統之以韻，以便考索。嘗觀《韻府》《回溪》二書，事雖有統，而采摭不廣，紀載太略，爾等其如朕意。凡書契以來，經史子集百家之書，至于天文、地理、陰陽、醫卜、僧道、技藝之言，備輯爲一書，毋厭浩繁。"二年十一月丁巳書成，賜名《文獻大成》。既而帝覽以爲未備，遂命重修，而敕太子少師姚廣孝、刑部侍郎劉季箎及翰林學士兼右春坊大學士解縉總之，命翰林學士王景、侍讀學士王達、國子祭酒胡儼、司經局洗馬楊溥、儒士陳濟爲總裁，翰林院侍講鄒緝，脩撰王褒、梁潛、吳溥、李貫、楊觀、曾棨、編修朱紘、檢討王洪、①蔣驥、潘畿、王偁、蘇伯厚、張伯穎、典籍梁用行，庶吉士楊相，左春坊左中允尹昌隆、宗人府經歷高得暘、吏部郎中葉砥、山東按察司僉事晏璧爲副總裁，命禮部簡中外官及四方宿學老儒有义學者充纂脩，簡國子監及在外郡縣學能書生員繕寫，開館於文淵閣，命光祿寺給朝暮酒饌。永樂五年十一月，書成，更賜名《永樂大典》，帝自製序以冠之。其文曰："昔者聖王之治天下也，盡開物成務之道，極裁成輔相之宜，備禮樂而明教化，闡□□而□人文。粵自伏羲氏始畫八卦，通神明之德，類萬物之情，造書契以易結繩之治，神農氏爲耒耜之利，以教天下，黃帝堯舜氏作通其變，使民不倦，神而化之，使民宜之，垂衣裳而天下治，禹叙九疇，湯修人紀之數。聖人繼天立極，皆作者之君，所謂治法興王之道，非有述於人者。暨乎文武相繼，父作子述，監乎二代，郁郁乎文。孔子生周之末，有其德而無其位，承數聖人之後，制作已備，乃贊《易》、序《書》、修《春秋》，集群聖之大成，語事功則有賢於作者。周衰接乎戰國，縱橫捭闔之言，興家異道，而人異論，王者之迹息矣。迨秦有燔禁之禍，而斯道中絶。漢興，六藝之教漸傳，而典籍之存可考，由漢而唐，由唐而宋，其制作沿習，良有足徵。然三代而後，聲名文物所可稱述者，無非曰漢唐宋而已。洪惟我太祖高皇帝膺受天命，混一輿圖，以神聖之資，廣造作之典，興造禮樂制度，文爲博大悠遠，同乎聖帝明王之道。朕嗣承鴻基，緬思纘述，尚惟有大混一之時，必有一統之制作，所以齊政治而同風俗，序百王之傳，按歷代之典，世遠祀綿，簡編繁夥，恒嘅其難一，至於考一事之微，汎覽莫周，求一切之實，窮力莫究，譬之淘金於沙，探珠於海，戞戞乎其不可易得也。乃命文學之臣，纂輯四庫之書。及購募天下遺籍，上自古初，逮于當世，旁搜博采，彙聚群分，著爲典奥。以氣者天地之始也，有氣斯有聲，有聲斯有字，故用韻以統字，用字以繫事。揭其綱而目必張，振其本而末具舉，包括宇宙之廣大，統合古今之異同，巨細精粗，粲然明備，其餘雜家之言，亦皆得以附見。蓋網羅無遺，以存考索，便觀者因韻以求字，因字以考事，自源徂流，如射中鵠，開卷而無所隱。始於元年之秋，成於五年之冬，總若干卷，名之曰《永樂大典》。臣下請序其首，蓋嘗論之，未有聖人，道在天地，未有六經，道在聖人。六經作，聖人之道著。所謂道者，彌淪乎天地，貫通乎古今，統之則爲一理，散之則爲萬事，支流蔓衍，

---

① "檢"，原誤作"簡"，據《千頃堂書目》卷十五改。

其緒紛紜，不有以統之，則無以一之，聚其散而兼總其條貫，於以見斯道之大，而無物不該也。朕深潛聖道，志在斯文，業常討論其旨矣，然萬機浩繁，實資流覽，姑述其概，以冠諸篇，將以垂示無窮，庶幾有裨於萬一云。"其書凡一萬一千九十五冊，賜纂脩廣孝等二千一百六十九人抄有差。①

張九韶　群書備數十二卷
袁均哲　群書纂數十二卷　字庶明，建昌人。增廣九韶所著。
沈易　博文編四卷
吳相　滄海遺珠十卷
吳綬　詩壇叢韻二十八卷　字孟章，滁州人。成化間錦衣指揮僉事。
楊循吉　奚囊手鏡二十卷　又　雲峰廣要
群書集事淵海四十七卷　《百川書志》云弘治時人編。
博平恭裕王安誠　錦囊詩對
蔡潮　對偶菁華一卷
楊慎　哲匠金桴五卷　又　均藻四卷　又　謝華啓秀七卷　又　群書麗句二卷
凌瀚　群書類考二十二卷　蘭溪人。從學章懋，舉嘉靖乙酉，官周府紀善。
浦南金　脩辭指南二十卷
顧充　古雋考略十卷　上虞人。
吳琯　經史文編三十卷　又　三才廣志三百卷
趙繼宗　正韻詩押二十二卷　正德中人。
唐順之　荊川稗編一百二十卷
李先芳　拾翠軒雜纂四十卷　類編象緯、堪輿、歲時人物事。
鄭若庸　類雋三十卷
王世貞　王氏類苑詳注三十六卷
陳耀文　天中記六十卷

---

① 文末有墨筆補："至隆慶元年四月重寫。"

凌迪知　文林綺綉七十卷[1]　又　文選錦字二十一卷　又　左國腴詞八卷　又　太史華句八卷

張之象　楚騷綺語六卷

慎懋官　華夷花木鳥獸珍玩考十二卷

徐鏈　群書纂要一百九十六卷

曹大同　藝林華燭一百六十卷　南直隸通州人。

陳禹謨　駢志二十卷　又　補注北堂書抄一百六十卷

茅綯　學海一百六十四卷

徐常吉　事詞類奇三十卷

王圻　三才圖說一百六卷　又　古今考□卷

徐元太　喻林一百二十卷　字汝賢，宣城人。嘉靖乙丑進士，南京刑部尚書。

馮琦　經濟類編一百卷

章潢　圖書編一百二十七卷　字本清。南昌諸生。萬曆間，知府范淶薦授府學訓導，月給以米。

何三畏　何氏類鎔□卷

陸應陽　唐彙林□卷

彭大翼　山堂肆考二百四十卷

卓明卿　卓氏藻林八卷

郭子章　黔類十八卷

詹景鳳　六緯擷華十卷

焦竑　焦氏類林八卷　又　編次楊升庵外集一百卷

沈堯中　玉府鉤玄六卷

彭好古　彭氏類編雜說六卷

陳瓐　經籍要覽

程廷策　三才管見

王家佐　古今元屑八卷

---

[1] "七十"，《千頃堂書目》卷十五作"五十九"。

況叔祺①　考古詞宗二十卷
朱謀㙔　金海一百二十卷
林濂　詞叢類採八卷　又　續詞叢類採八卷
潘晟　三才括典四卷
俞安期　唐彚函二百卷②　彚《初學記》《藝文類聚》《北堂書抄》《白氏六帖》杜
　氏《通典》《歲華紀麗》爲書。
宋應奎　翼學編十三卷
陳世寶　古今類腴十八卷
陳懋學　事文類纂十六卷　福清人。
劉日寧　博古奇句聯珍十二册
袁黃　群書備考二十卷
周獻臣　鴻乙通□卷　字寰六，臨川人。萬曆丙戌進士，知太康縣。抄撰群
　籍，網羅古今異言奇事，分置甕中，故一名《甕書》。
徐鑑　諸書考略四卷
凌以棟　五車韻瑞一百六十卷　字稚隆，湖州人。
劉仲達　劉氏鴻書一百八卷　宣城人，字九逵。
劉嗣昌　劉氏類山十卷　字燕及，桐城人。萬曆甲辰進士，興化知府。
黃一正　事物紺珠四十六卷
汪宗姬　儒數類函六十二卷　字肇郚。
劉國翰　記事珠十卷
吳楚材　疆識略二十四卷
彭儼　五侯鯖十二卷
商濬　博聞類纂二十卷
范泓　典籍便覽八卷

---

①　"況"，原誤作"祝"，據《千頃堂書目》卷十五、《四庫全書總目》卷一百三十七"考古辭宗二十卷"條改。
②　"彚"，《千頃堂書目》卷十五、殿本《明史》卷九十八作"類"。

楊淙　事文玉屑二十四卷

倪鉅　廣韻府群玉　又　廣蒙求　字偉長,常熟人。

徐袍　事典考略六卷　蘭溪人,字叔章。嘉靖甲午舉人。

朱東光　玉林摘粹八卷

王光裕　客窗餘録二十二卷

劉業　古今事類通考十卷

夏樹芳　詞林海錯十六卷

□□□　麗句集十二卷

王路清　珠淵十卷

唐希言　事言要元集二十二卷

錢應允　史學璧珠十八卷

胡尚洪　子史類語二十四卷

沈夢熊　三才雜俎五卷

唐汝諤　經史詞林□卷

盧一元　事物別名三卷　又　古今合字二卷　字復初,無錫人。

陳懋仁　雨牘一卷

徐良彥　續抄二卷　字季良,新建人。萬曆戊戌進士,南京工部侍郎。

陳仁錫　潛確居類書一百二十卷　又　經濟八編類纂二百五十五卷　一作二百八十五卷。

林琦　倫史鴻文二十四卷　福清人。

張元玘　閱古類奇□卷　字采初,松江人。建寧知府。

程良孺　茹古略八十卷　字穉修,孝感人。天啓貢士,户部主事。

鄧志謨　故事白眉十二卷

雷金科　文林廣記三十一卷

徐應秋　駢字憑霄二十卷　字雪林,衢州西安人。萬曆丙辰進士,福建右布政使。

□□□　枳記二十八卷

類林雜說十五卷　楊士奇《文籍志》云明初人所編。

居家必用事類全集十卷　一云熊宗立編。
編年拔秀二卷
稽古彙編十二卷
儒學樞要六卷
廣志二百四十冊
日用便覽事類十卷
學山一百卷
經史子集名數六卷
音注對類二十卷
文苑豹斑十二卷
喻林髓十卷
續韻府群玉四十卷
陶宗儀　說郛一百卷
袁褧　前四十家小說四十卷　又　廣四十家小說四十卷　又　後四十家小說四十卷　又　金聲玉振集二十卷
屠隆　漢魏叢書六十卷
胡文煥　格致叢書五十卷　又　百家名書□卷
周履靖　夷門廣牘一百二十卷
吳勉學　古今逸史
胡震亨　姚士粦　秘册彙函二十卷
沈節甫　紀錄彙編二百十六卷
祁承爜　國朝徵信叢錄二百十二卷　又　淡生堂餘苑六百四卷
范欽　天一閣藏書二十卷
商濬　稗海四十六種　又　續稗海二十七種共三百六十八卷
陳繼儒　秘笈二十卷　又　續秘笈二十卷　又　廣秘笈五十卷　又　普秘笈□卷　又　彙秘笈□卷

李如一①　藏説小萃十一種十九卷
高承埏　稽古堂群書秘檢二十二種
毛晉　津逮秘書十五集
樊玉衡　鹽邑志林
烟霞小説十四種三十三卷
稗乘四十五卷
梓吳十種十卷
浣花居叢書十種

補宋

祝穆　事文類聚前後續别四集一百七十卷　前集六十卷,後集五十卷,續集二十八卷,別集三十二卷。
富大用　新外二集五十一卷　新集三十六卷,外集十五卷。大用,字時可。
潘自牧　記纂淵海一百九十五卷　字牧之,慶元丙辰進士,龍游令。《金華志》作潘景憲,景憲字叔度,登隆興元年進士,官教授,朱熹銘其墓。
楊伯巖　六帖補三十卷
嚴毅　押韻淵海二十卷　字子仁。
□□□　合璧事類前後續别外五集三百六十六卷
章俊卿　山堂群書考索二百十二卷　前後續别四集,字如愚,金華人,慶元中進士,官國子博士,忤韓侂胄,罷職歸。
陳元靚　事林廣記十卷　一作十二卷。
陳景沂　花木果卉全芳備祖前集二十七卷後集三十一卷　天臺人,稱江淮肥遁愚一子,寶祐元年癸丑安陽老圃韓境序。
胡繼宗　書言故事十卷　又　詩韻大成二卷　廬陵人。
周守忠　姬侍偶類二卷

---

①　"如一",原誤作"一如",《千頃堂書目》卷二十六著錄李氏"存餘稿八卷",名作"如一",小注:"字貫之,江陰人。"文淵閣《四庫全書》第511冊《(乾隆)江南通志》卷一百六十三"李如一"條同,據改。

王應麟　玉海二百卷　又　小學紺珠十卷
謝枋得　秘笈新書十六卷
毛直方　詩學大成三十卷　建安人。
高伯壎　會萃古今事類二百卷　字汝諧，福寧州人，領宋漕薦。
劉芳實　劉茂實　敏求機要十六卷　芳實字月梧,茂實字鳳梧。
胡煦　群書會元截江網十六卷
錦綉萬花谷前集四十卷　後集四十卷　續集四十卷　別集三十卷
翰苑新書七十卷　又　別本三十五卷　前後續別四集。
分門古今類事二十卷
大學新編畫一元龜一百卷
纂圖增注群書類要事林廣記四十卷
璧水群英集八十二卷
四六叢珠四十卷
萬卷菁華前集八十卷　後集八十卷
增修聲律萬卷英華九十二卷

補金

鄭當時　韻類節事　又　群書會要　字仲康,洪洞人,大定中進士,汾州教授。

補元

高恥傳　群書鉤玄十二卷　臨邛人。
劉應李　翰墨全書一百三十三卷　一作一百四十五卷。　又　事文類聚翰墨全書九十八卷　字希泌,建陽人,咸淳中進士,授本邑簿,與熊禾、胡廷芳講學洪源書堂。
張諒　經史事類書澤三十卷　字子惠,建安人,學《易》於丘富國。
陰幼遇　韻府群玉二十卷　一作殷時遇,字時夫,奉新人,數世同居,登宋寶祐九經科，入元不仕，兄中夫幼達注釋，宋濂云，幼遇名時夫，字勁絃，中夫字復春，未知孰是。

錢全袞　韻府群玉掇遺十冊　　華亭人，元末杜門著書，不仕張氏。

鄭起潛　聲律關鍵八卷

錢繙　萬寶事山二十卷

凌緯　事偶韻語

俞希魯　竹素鉤玄三十卷

吳黼　丹墀獨對十卷

虞韶　小學日記故事十卷　　建安人。

白珽　經子類訓二十卷　　又　集翠裘二十卷　　又　靜語二十卷

唐懷德　破萬總錄一千卷　　凡所讀之書，輒撮其諸凡而附之以論辯。　又　鉤玄集

書林廣記二十卷

群書一覽十卷

士林龜鏡

道家類

太祖御注道德經二卷　　帝以諸家之注，各有異見，因自爲注以發其義，洪武七年成。　又　周顛仙傳一卷

成祖神仙傳　　永樂十七年，命侍臣編。

寧獻王權　庚辛玉册八卷①　又　救命索一卷　又　造化鉗鎚一卷

朱升　老子旁注

黃潤玉　道德經注解二卷

鄭瓘　道德經正解　　字温卿，蘭溪人。成化庚戌進士，官通判。

———

① "八"，《千頃堂書目》卷十六作"一"。

王道　老子億二卷
黃省曾　老子玉略
薛蕙　老子集解二卷
李先芳　老子本義一卷①
張時徹　老子解一卷
皇甫濂　道德經輯解三卷
王樵　老子解
萬表　道德經贅言一卷②
田藝蘅　老子指玄二卷
邵弁　老子彙注
徐學謨　老子解二卷
焦竑　老子翼二卷　又　考異一卷　又　附錄一卷③
李登　老子約筌二卷
張位　張洪陽道德經解一卷④
郭子章　老子解二卷
黃洪憲　老子解⑤
李贄　老子解二卷⑥
僧德清　道德經發隱二卷
林兆恩　道德經釋略六卷⑦
陶望齡　陶周望老子解二卷⑧

① 此條後朱筆補："陰符經解一卷、蓬元雜錄十卷。"
② 此條後朱筆補："元門入道資糧一卷。"
③ 此條後朱筆補："莊子翼八卷、南華真經餘事雜錄二卷、拾遺一卷、陰符經解一卷。"
④ 此條後朱筆補："南華標略二卷、陰符經一卷。"
⑤ 此條後朱筆補："蒙莊獨契。"
⑥ 此條後朱筆補："莊子內篇解二卷。"
⑦ 此條後朱筆補："常清淨經注釋略一卷、元宗大道二卷。"
⑧ 此條後朱筆補："莊解五卷。"

沈一貫　道德經解二卷

龔錫爵　老子疏略一卷

陸長庚　老子道德經元覽二卷①

陳嘉謀　老子疏述一卷②

吳伯敬　老子臺懸一卷

吳德明　老子真詮一卷

諸萬里　解老悟道編二卷③

吳汝紀　老子疏略二卷

鄭孔肩　老子解一卷

鍾繼元　道德要覽

曾如春　道德經解一卷

張正學　道德經測言　潼川州人。萬曆中，官吏科給事中。

高誊　郭子翼莊一卷

楊慎　莊子闕誤一卷

孫應鰲　莊義要刪十卷

胡以遜　莊子補劓

王宗沐　南華經別編二卷

張位　南華標略二卷

黃洪憲　蒙莊獨契

焦竑　莊子翼八卷　又　南華真經餘事雜錄二卷　又　拾遺一卷

陸長庚　南華副墨八卷

李贄　莊子內篇解二卷

---

① 此條後朱筆補："悟真篇小序一卷、方壺外史八卷、周易參同契測疏一卷、參同契口義一卷、南華副墨六卷、陰符經測疏一卷。"

② 此條後朱筆補："讀陰符大旨一卷、太上感應篇句解八卷。"

③ 此條後朱筆補："莊子止樸編二卷。"

陶望齡　陶周望莊解五卷
吳伯敬　莊子臺縣四卷
羅勉道　南華循本三十卷
李騰芳　說莊三卷　號湘洲,長沙人。萬曆壬辰進士,由庶吉士歷官少詹事。
袁宏道　廣莊一卷
僧如愚　莊子旦暮解一卷①
郭良翰　南華經薈解三十三卷
鄭之惠　測莊一卷　錢塘人。
諸萬里　莊子止樸編二卷
樂氏談莊一卷
顧起元　遁居士批莊子內篇一卷
葉秉敬　莊子膏肓四卷
李光縉　南華膚解二卷　字衷一。萬曆乙酉福建解元。
呂繼儒　莊子注　字明谷,新昌人。
譚元春　譚子遇莊三卷
釋通潤　漆園逸響
錢士升　莊子內篇注二卷
方以智　藥地炮莊八卷
方允文　南華經注六卷
朱得之　三子通義二十卷　《老子》二卷,《莊子》十卷,《列子》八卷。
吳伯與　老莊因然八卷
潘基慶　老莊解　字良耜,烏程人。萬曆末貢士。
歸起先　老莊略二卷
潘恩　通元真經節要一卷
黃諫　亢倉子音釋一卷

---

① 此條後朱筆補:"石頭和尚陰符經解一卷。"

盛端明　玉華子四卷　饒平人。弘治壬戌進士,歷官南京糧儲都御史,以方術特授太子少保,禮部尚書,贈太子太保,諡"榮簡"。

黃潤玉　陰符經注

鄭瓘　陰符經正解

李先芳　陰符經解一卷

張位　注陰符經一卷

虞淳熙　陰符經演一卷

陸長庚　陰符經測疏一卷

焦竑　陰符經解一卷

沈宗霈　百谷子陰符釋義三卷

僧如愚　石頭和尚陰符經解一卷

陳嘉謨　讀陰符大旨一卷

夏元鼎　陰符經注三卷①　字宗禹。

王潼　陰符經補注

靳昂　黃庭心印②　尉氏人,靳於中子。

黃彥西　黃庭經注　莆田人。

周瑛　周易參同契本義

商廷試　訂注參同契經傳三卷　會稽人。嘉靖辛丑進士,陝西行太僕寺卿。

徐渭　分釋古注參同契三卷

王一言　訂注古文參同契真詮三卷

徐獻忠　參同契心測　一作《分節參同契》。

徐夢易　大易參同契解　松陽人。嘉靖中貢士,官武學教授。因當時方士謬妄,著是書闢之。

陸長庚　周易參同契測疏一卷　又　參同契口義一卷

---

① 此條後朱筆補:"悟真篇講義七卷、崔公藥鏡解。"
② 此條後朱筆補:"龍砂一脈一卷。"

林兆恩　常清淨經注釋略一卷
劉長春　增注感應篇一卷　字淵然。
顧亮　注太上感應篇二十卷
陳嘉謨　太上感應篇句解八卷
吳應賓　感應篇注
王志堅　感應篇續傳二卷
冒起宗　太上感應篇增注十六卷
武當嘉慶圖三卷
孫希化　真武全傳八卷
蔡淑達　真武化書七卷
漢天師世家一卷
張三丰真仙遺事一卷
張三丰外傳
王崇慶　元風錄辯衍一卷
五真元脈八卷
七真仙傳七卷　俱不知撰人。
王世貞　曇陽子傳一卷
王士騏　宜真子傳一卷
范守己　文昌帝君傳一卷
文昌化書□卷
胡文煥　神事日搜二卷
曹學佺　蜀中神仙記十卷
楊爾曾　仙媛紀事九卷
池顯方　國朝仙傳二卷[①]
陳繼儒　香案牘一卷

---

① 此條後朱筆補："元訣二卷。"

夏元鼎　悟真篇講義七卷
陸長庚　悟真篇小序一卷
陳應循　元林群玉集二卷　弘治中道士，任真人。
桑喬　大道真詮四卷　字子木，江都人。
敖英　霞外雜俎一卷　一作鐵脚道人，或云魏郡杜巽才著。
趙古蟾　心書一卷
李先芳　蓬元雜錄十卷
萬表　元門入道資糧一卷
王惟一　景陽明道篇　又　先天易贊　括蒼道士。
卓上陽　寤言錄　號晚春，莆田人。
靳昂　龍砂一脈一卷
王世懋　望崖錄內外篇二卷
劉黃裳　元圖符一卷
林兆恩　元宗大道二卷
趙台鼎　脈望六卷　內江人，大學士趙貞吉子。
吳允如　聖教心宗三卷
尹真人　性命圭旨四卷
朱多煃　龍砂八百純一元藻二卷
傅兆際　寰有詮六卷
池顯方　玄訣二卷
楊守業　洞天玄語五卷
徐成名　保合編十二卷
華後承　烟霞集二卷
周履靖　赤鳳髓三卷　又　海外三珠四卷　又　鶴月瑤笙二卷
彭齡　龍砂筏一卷　又　彭幼朔庸言一卷　不知何許人，萬曆初，居潼川州，自稱鄒長春，後來吳稱江鶴，號甀甄子，在楚稱祝萬壽，號海圉，後更今名。談百餘年事如指掌。天啓中卒于金陵，其妻亦闔戶自經死。

彭好古　度身筏二卷
許樂善　尊生要旨
顧元　紫府奇元十一卷
陸長庚　方壺外史八卷
俞明時　道門微旨
陶宗儀　金丹密語一卷
張三丰　金液還丹捷徑口訣一卷　又　金丹直指一卷　又　金丹秘旨一卷
劉太初　金丹正惑一卷　稱"柯山野叟"，洪武初人。
通靈真人　道法權衡元髓歌一卷
王惟一　金丹扼要
陳深　丹經刊誤　長興人。嘉靖中，官雷州推官。
陸長庚　龍眉子金丹印證測疏一卷　又　金丹就正篇一卷　又　金丹大旨圖一卷　又　張紫陽金丹四百字測疏一卷　又　崔公入藥鏡測疏一卷
夏元鼎　崔公藥鏡解
彭文質　讀丹錄一卷
脩真秘要一卷　正德中，王葵序。
沈槩　攝生要義一卷　河上文人注。槩字一之，嘉善人。
錦身機要三卷
魯至剛　採真機要三卷　常州人。
陳士元　隄疾恒談十五卷
高濂　尊生八箋二十卷
大洞解悟真經八卷
闓經二卷
朱載堉　葆真通十卷
楊循吉　經進華陽求嗣齋儀十卷　世宗時進。

袁黄　祈嗣真詮一卷
王惟一　祈禱問答　又　行雷心傳　又　道法精微
修真十書二十三卷
道書全集七十二卷
白□□①　道藏目錄詳注四卷
葛寅亮　金陵道觀志□卷
熊常靜　鐵柱延真萬年紀錄類編　明初道士。

補宋

白玉蟾　老子道德經寶章一卷　又　指玄篇八卷
董思靖　道德集解二卷　一作四卷。思靖，清源天慶觀道士。

補元

吳澄　老子道德經注四卷　更定百六十八字。　又　南華內篇訂正二卷
瞻思　老莊精語
趙學士　老子集解四卷　又　全解二卷
李衎　息齋老子解二卷
李道純　道德經注一卷　又　中和集六卷　又　太上大道經注一卷　字元素，都梁人，號瑩蟾子，亦曰清庵。
道士雷思齊　注莊子
俞琰　全陽子周易參同契發揮九卷　又　全陽子參同契釋疑二卷　又　陰符經解一卷　又　易外別傳一卷
陳致虛　上陽子參同契注三卷　又　金丹大要十卷　字觀吾。
戴起宗　悟真篇注疏三卷

---

① 空格處，《千頃堂書目》卷十六作"雲霽"。

丘長春　磻溪集五卷　又　語録一卷　又　西游記二卷
玄風慶會録五卷
蕭廷芝　金丹大成集五卷　字元瑞。
董漢醇　群仙要語二卷　又　仙學摘粹二卷
陳沖素　内丹三要一卷
趙友欽　緣督子仙佛同源論一卷　又　金丹正理　又　盟天録
陳虛白　規中指南一卷
盤山棲雲大師語録一卷
張天雨　外史出世集三卷　又　碧岩玄會録二卷　字伯雨,吳都人,年二十棄家入道,道名嗣真,別號貞居,常從開元道士王宗衍入朝,被璽書賜驛傳成道門擢任,非其志也,隱於茅山,爲《尋山志》,考索極博云。
洪恩　靈濟真人文集八卷　元道士,編輯南唐徐知訓、徐知證乩筆。
趙道一　歷代真仙體道通鑑前集三十八卷　後集四卷　道一,浮雲山道士,劉辰翁爲之序。
金蓮正宗記□卷

釋家類

太祖集注　金剛經一卷　成祖御製序。
成祖御製諸佛世尊如來菩薩尊者名稱歌曲一卷　又　普法界之曲四卷　又　神僧傳九卷
仁孝皇后夢感佛説第一希有大功德經一卷　又　佛説五十三佛大因緣經三卷　又　諸佛世尊如來菩薩尊者神僧名經四卷
宋濂　心經文句一卷
宗泐　全室禪師注心經一卷　又　金剛經注一卷
溥洽　金剛經注解附録二卷
如玘　金剛經注解一卷　又　圓覺心經合注

真可　心經要論一卷　又　心經直談一卷　又　心經淺說一卷　又　心經出指一卷　字達觀,吳江人。世稱紫栢大師。

林明壽　心經妙義一卷　建寧人。

德清　心經直説一卷　又　金剛決疑一卷　字澄印,號憨山,全椒人。

李贄　心經提綱一卷①

林兆恩　心經釋略一卷　又　金剛經統論四卷②

洪恩　金剛經解義一卷③　又　心經説一卷　號雪浪,金陵僧。

曾鳳儀　金剛般若宗通二卷　又　心經釋一卷　字舜徵,耒陽人。萬曆癸未進士,禮部主事。

陳翰臣　心經新解一卷

楊時芳　心經集解一卷

如愚　金剛筏喻二卷　又　金剛重言一卷　又　心經鉢柄一卷④　字蘊璞,江夏人。

何湛之　金剛經偈論疏注二卷　字冲伯,南京留守左衛人。萬曆己丑進士,浙江左參議。

俞王言　金剛標指一卷　又　心經標指一卷⑤

張二果　金剛經注釋⑥　東莞人。天啓丁卯舉人,隱廬山。

通潤　金剛心經解⑦　字一雨,吳縣人。

張有譽　金剛經義趣廣演三卷

李通　華嚴疏抄四十卷　雲南人,李元陽祖。

方澤　華嚴要略二卷　嘉善人,字雲望。與唐順之、方豪爲友。

---

①　此條後朱筆補:"禪談一卷、龍湖閒話一卷、李氏因果録三卷、業報案二卷、文字禪四卷、古德機緣三卷、淨土訣一卷、三教品一卷、李氏道古録二卷。"

②　此條後朱筆補:"性實宗旨二卷、教外別傳一卷、三教會編九卷。"

③　"經"字,《千頃堂書目》卷十六無。

④　此條後朱筆補:"法華經智者考證一卷。"

⑤　此條後朱筆補:"楞嚴標指十二卷、圓覺經標指一卷。"

⑥　此條後朱筆補:"楞嚴正脈、白業卮言。"

⑦　此條後朱筆補:"法華大窾七卷、楞嚴合轍十卷、楞伽合轍□卷。"

德清　華嚴法界境一卷　又　法華通義七卷①
曹嗣儒　華嚴指南四卷
明河　華嚴十門限　又　法華節要②　字汰如，南直隸通州人。
如愚　法華經智者考證一卷
通潤　法華大㮣七卷
大祐　彌陀金剛二經真解　又　法華撮要圖　又　淨土解行二門圖③　字啓宗。洪武間僧錄司左善世。
袾宏④　阿彌陀經疏抄四卷
鎮澄　楞嚴正觀疏十卷　又　般若照真論一卷
傳燈　楞嚴元義四卷　又　楞嚴圓通疏前矛二卷　天台僧。
汪道昆　楞嚴纂注十卷
曾鳳儀　楞嚴宗通十卷　又　楞伽宗通八卷　又　圓覺宗通□卷
交光法師　楞嚴正脈十卷
陸長庚　楞嚴述旨十卷
沈宗霈　楞嚴約旨二卷⑤　又　徵心百問一卷
俞王言　楞嚴標指十二卷　又　圓覺經標指一卷
通潤　楞嚴合轍十卷　又　楞伽合轍□卷
袁宏道　楞嚴模象記二卷⑥
鍾惺　楞嚴如說十卷
錢士升　楞嚴外解
王應乾　楞嚴圓通品四卷

① 此條後朱筆補："觀楞伽記四卷、筆論略注三卷。"
② 此條後朱筆補："楞伽解、圓覺蚊飲甘露門、續高僧傳。"
③ 此條後朱筆補："淨土指歸二卷、淨土真如禮文、天台授受圖。"
④ "袾"，《千頃堂書目》卷十六作"袾"。下同。
⑤ "二"，《千頃堂書目》卷十六作"一"。
⑥ 此條後朱筆補："德山暑談一卷、宗鏡撮錄十二卷、金屑編一卷。"

張二果　楞嚴正脈

方允文　楞嚴經解十二卷　淳安人。

弘道　注解楞伽經　字存翁,吳江人。洪武中,與梵琦同被召。

德清　觀楞伽記四卷

明河　楞伽解

李登　般若約抄①　字士龍,上元人。以貢授新野令,左遷崇仁教諭。

袁中道　音注彌陀經二卷

袾宏　佛說遺教經論疏節要補注一卷　又　菩薩戒義疏發隱五卷　又　戒疏發隱事義一卷　又　菩薩戒明辯一卷②

通潤　圓覺近釋　又　圓覺正疏　又　思益梵天經直疏□卷　又　梵網初釋　又　起信續疏　又　琉璃品駁　又　明論集解　又　所緣論　又　發硎論釋　又　因明集釋　又　三支比量釋　又　六離合釋　又　杜妄說辯謬

明河　圓覺蚊飲甘露門

德清　肇論略注三卷

曾文饒　大乘百法明門論注一卷

蕭士瑋　起信論解一卷

成唯識論俗詮十卷

一清　華嚴圓覺楞嚴楞伽諸經論　吳中僧。

沈士榮　續原教論二卷　建安人。以儒士舉至京,疏陳時政,帝嘉之,手詔褒諭,授翰林待詔。

姚廣孝　佛法不可滅論一卷③

盧璣　續三教平心論

石顯　西方合論十卷

---

① 此條後朱筆補:"宗鏡約抄、覺海同符。"
② 此條後朱筆補:"阿彌陀經疏抄四卷、諸經日誦集要二卷。"
③ 此條後朱筆補:"孝道餘錄一卷。"

智順　善才五十三參論一卷
傳燈　般若融心論一卷　又　淨土生無生論一卷　又　楞嚴壇表法一卷　又　首楞嚴壇海印三昧二卷　又　菩薩戒懺一卷
管志道　龍華懺儀式一卷①
袁黄　袁生懺法一卷②
袾宏　諸經日誦集要二卷
大祐　淨土指歸二卷　又　淨土真如禮文　又　天台授受圖
仁潮　法界安立圖六卷
梵琦　楚石禪師語錄二十卷③
清礎　毗盧正印　又　語錄
智及　四會語錄　字以中，吳人。洪武初，召居天界。
克庵禪師語錄一卷　洪武時僧。
懷信　五會語錄
伯瑩　四會錄
元瀞　三會語錄二卷
溥洽　雨軒語錄五卷
法聚　玉芝語錄六卷　又　玉芝和尚內語二卷
法舟和尚　剩語一卷　嘉靖間僧。
鄧豁　渠南詢錄一卷
李贄　禪談一卷　又　龍湖閒話一卷
達觀和尚　語錄　又　園中語錄一卷
德清　憨山大師雙徑錄一卷　又　憨山緒言一卷
袁宏道　德山暑談一卷

---

① 此條後朱筆補："憲章餘集、續憲章餘集。"
② 此條後朱筆補："詩外別傳一卷、靜坐要訣一卷。"
③ 此條後朱筆補："西齋淨土詩二卷。"

大艤　禪警語一卷　又　宗教答響一卷　又　歸正錄一卷　又　博山語錄二十二卷　號博山，天啓中僧。

圓悟　天童密雲禪師語錄

元賢　永覺禪師語錄二卷①

梵琦　西齋淨土詩二卷

劉璉　無隱集偈頌三卷

惟則　鵶臭吟　又　頌古百二十偈　字天真，吳興人，②洪武中僧。

普慈　頌古詩　字海舟，常熟人，洪武間僧。③

都穆　方外集

楊慎　禪藻集六卷④

陸樹聲　禪林餘藻一卷

袁黃　詩外別傳一卷

李贄　文字禪四卷

宋文憲　護法錄十卷　不知何人輯。

大同寶林編　類集古今人所爲寺宇碑版詩文。

來斯行　拈古頌一卷

周汝登　宗傳咏古十卷

俞彥　擬詩和頌一卷

四家禪喜集十九卷　王荊公、蘇東坡、穎濱、黃山谷。

沈泰鴻　慈向集十三卷

王應遴　慈無量集四卷⑤

姚希孟　佛法金湯文錄十卷

---

① 此條後朱筆補："弘釋錄三卷。"
② "興"，《千頃堂書目》卷十六作"縣"。
③ "武"，《千頃堂書目》卷十六作"永"。
④ 此條後朱筆補："禪林鉤元九卷。"
⑤ 此條後朱筆補："瞻禮阿育舍利記一卷。"

袁宏道　宗鏡攝録十二卷
陶望齡　宗鏡廣删十卷
李登　宗鏡約抄　又　覺海同符
如卺　禪宗正脈十卷
姚廣孝　道餘録一卷
四家評唱二十三卷
古音　一礶醍醐二卷　又　禪源諸詮一卷　正德間僧。
一元　歸元直指四卷　隆慶中四明僧。
王肯堂　參禪要訣一卷
袁黃　靜坐要訣一卷
李樹乾　竺乾宗解四卷
袁宏道　金屑編一卷
汪昌朝　無如子贅言一卷
李贄　古德機緣三卷
林兆恩　性實宗旨二卷　又　教外別傳一卷
張蔚然　蓬居問疑二卷
池顯方　禪髓二卷
張二果　白業卮言
楊惟休　佛宗一卷
張明弼　兔角詮十卷
王正位　赤水元珠一卷　又　旃檀林一卷
徐可求　禪燕二十卷　又　禪燕別集二卷
伯瑩　續集傳燈録　字文琇,號南石,崑山僧,與修《永樂大典》。
王埜　五燈集要
周紹節　中峰祖燈録　字希元,松江人。
章有成　金華分燈録一卷
瞿汝稷　水月齋指月録三十二卷　字元立,瞿景淳子。以父任官長蘆運使,加太僕寺少卿。

施沛　續傳燈錄□卷　又　草堂禪集　字沛然,松江人。官南康府同知。

祖心　冥樞會要四卷

淨喜　禪林寶訓四卷

景隆　緇門警訓二卷　又　尚直編一卷　又　尚理編一卷①

　　正統中吳中沙門。

方晟　宗門崇行錄四卷

祩宏　緇門警訓續集一卷　又　緇門崇行錄一卷　又　僧訓日記一卷　又　自知錄二卷　又　禪關策進一卷　又　雲栖共住規約一卷　又　正訛集一卷

陳實　大藏一覽十卷　明初寧德縣人。

一如　三藏法數十八卷　一作五十卷。會稽人,洪永間僧,任僧錄司闡教。永樂修《大典》,命如掌其事。

景隆　大藏要略五卷

楊慎　禪林鉤玄九卷

劉鳳　釋教編六卷②

陳士元　象教皮編六卷

□□　釋氏源流二卷

龔弘　方外別志　字元之,嘉定縣人。成化戊戌進士,工部尚書。

皇明護法錄□卷

管志道　憲章餘集　又　續憲章餘集

林兆恩　三教會編九卷

丘東昌　法喜隨筆五卷

曾大奇　通翼四卷

---

① 此條後朱筆補:"大藏要略五卷。"
② 此條後朱筆補:"吳釋傳一卷。"

夏樹芳　法喜志四卷　又　續法喜志四卷①　又　冰蓮集四卷
方士雄　增定佛法金湯十卷
周夢秀　知儒編一卷
元賢　弘釋錄三卷
顏從喬　僧世説□卷　字若齡,懷寧人。
萬善同歸集三卷
趙古蟾　注心賦一卷
李贄　淨土訣一卷　又　三教品一卷　又　李氏道古錄二卷
屠隆　發矇篇一卷②
德清　長松茹退二卷
宗林　寒燈衍義二卷
大艤　博山和尚信地説一卷
轉因錄四卷
袾宏　戒殺放生文一卷　又　往生集三卷
李贄　李氏因果錄三卷　又　業報案二卷
張位　好生編一卷
郭子章　牛禁集五卷
陳薦夫　廣放生論一卷
趙宧光　護生品二卷
李長科　廣仁品十八卷
問羊集四卷
釋迦觀音志一卷
屠隆　彌陀靈應錄一卷
劉鳳　吳釋傳一卷
袾宏　皇明名僧輯略一卷

---

①　此條後朱筆補:"栖真志四卷。"
②　此條後朱筆補:"彌陀靈應錄一卷。"

傳燈　天台山方外志三十卷
曹學佺　蜀中高僧記十卷
林應起　全閩祖師錄三卷
夏樹芳　栖真志四卷
虞淳熙　雲栖大師傳一卷
雲栖大師塔銘一卷
達觀大師塔銘一卷
憨山大師年譜二卷
明河　續高僧傳
葛寅亮　金陵梵刹志五十二卷
吳之鯨　武林梵刹志十二卷
俞汝爲　長水塔院記六卷
袾宏　雲栖紀事一卷
德清　曹溪志四卷
程嘉燧　破山寺志四卷
王應遴　瞻禮阿育舍利記一卷
大明三藏聖教目錄四卷
教苑清規十卷

補宋

圭堂　佛法大明二十卷
懷深　擬寒山詩一卷
湘山寂照禪師事狀十二卷
甬東三佛傳一卷　一名《四明三佛傳》。

補金

李之純　鳴道集說五卷

補元

維則　楞嚴會解疏十卷　又　楞嚴擲丸一卷　又　天臺四教儀要正　字天如，永新人。

明本　中峰和尚廣錄三十卷　又　中峰廣慧禪師一花五葉集四卷　又　中峰懷淨土詩□卷　又　庵事須知一卷

劉謐　靜齋學士三教平心論二卷

清筏　宗門統要續集十二卷

至雲　編石屋和尚山居詩並當湖語錄二卷　又　語錄一卷　名清洪，常熟人。

優曇　蓮宗寶鑑十卷　丹陽僧。

普會禪宗頌古連珠通集四十卷

心泰　佛法金湯編十卷

大訴　松雲普鑑二卷

海弜　古梅禪師語錄二卷　廬州僧。

恕中和尚　語錄六卷

元叟端禪師　語錄八卷

雪村　聚語錄　金壇人，居句容崇明寺。

盛勤　源宗集　嘉興資善寺僧。

志磐　佛祖統紀五十四卷

禪林類聚二十卷

□□　釋氏稽古略四卷

念常　佛祖通載二十冊

淨髮須知二卷

至元　心鐙錄□卷

集　　部

集之類八,一曰制誥類,二曰表奏類,三曰騷賦類,四曰別集類,五曰詞曲類,因《文獻通考》例錄。六曰總集類,七曰文史類,八曰制舉類。自宋熙寧用荆舒之制,以經義取士,其後或用或否,惟明遵行不廢。三百年來,程式之文與士之自課者,①不可勝錄,然而典制所在未能廢也。緣《通考》錄攫犀攫象之類,錄程式之文二三種,以見一代之制,而二三塲之著者,亦附見焉。

制誥類

太祖御製詔稿一卷　　起元年,迄五年止。　又　御製書稿三卷　　未即位前與羣雄書。　又　賜諸番詔敕一卷　　賜元君臣及西番、安南諸國。　又　御製誥敕文一卷　　諸司誥敕體式。

國初詔令一卷　　洪武一代。

高皇帝詔諭輯略三卷　　楊起元輯。

燕王令旨一卷

太宗敕諭文武羣臣注疏一卷　　即位賜羣臣敕諭,德安縣訓導鄭德隅注疏,永樂二年進呈。

平安南敕諭一卷

兩朝詔令二卷　　永樂、洪熙二代。

英宗皇帝玉音一卷

敕諭錄一卷　　嘉靖九年,敕諭户、禮二部及都察院。

隆慶詔令一卷

萬曆絲綸錄六卷　　周永春編。

崇禎絲綸錄□卷

---

① "式",原誤作"士",據文意改。

密諭二十八册
聖諭簿三十四册
明詔制八卷　起洪武元年,迄嘉靖八年。
傅鳳翔　皇明詔令二十一卷
明詔赦三十卷　總目要略五卷　起永樂二十三年,迄嘉靖十二年。
國朝大詔令
王世貞　天言彙錄□卷　錄太祖及神宗初年制誥。
金立敬　聖諭注一卷
明外制集八卷
內閣制誥
徐尊生　制誥二卷　字大年,國初淳安人。預修《元史》。
夏言　應制集十卷
王材　王旴江外制集三卷
高拱　綸扉集一卷　又　外制集二卷
瞿景淳　內制集一卷
申時行　外制集十卷
黃洪憲　鑾坡制草五卷
韓日纘　代言草三卷　字緒仲,博羅人。萬曆丁未進士,選庶吉士,歷官禮部尚書,謚文恪。
姚希孟　薇天集二卷　又　丹黃集二卷
黃景昉　甌安館制草十卷
倪元璐　代言錄五卷

補元

虞廷碩　歷代制誥五卷　又　詔令四卷　字君輔,建安人。
蘇天爵　兩漢詔令□卷　天爵合林虙、劉昉二書爲一,而取洪咨夔總論冠於首。

表奏類

成祖諭輯歷代名臣奏議三百五十卷　初，帝諭翰林儒臣黃淮、楊士奇等採古名臣如張良對漢高、鄧禹對光武、諸葛亮對昭烈，及董賈、劉向、谷永、陸贄奏疏之類，彙輯以便觀覽，永樂十四年十二月書成。

吳訥　歷代名臣諫疏

王恕　歷代諫議錄一百卷①　一作一百二十四卷。

謝鐸　赤城論諫錄十卷②　鐸與郡人黃孔昭同輯台人文之有關治道者，宋十人、明六人，凡六十六首。

程敏政　瀛賢奏對錄十卷

劉誠　典謨遺旨　取漢唐宋詔誥章疏可爲訓者。

楊慎　名奏菁英

黃訓　名臣經濟錄五十二卷

陳九德　删次名臣經濟錄十八卷　號遜齋，樂城人。監察御史。

萬表　經濟文錄四十四卷

張瀚　明疏議輯略三十七卷

孫旬　明疏議七十卷③　萊陽人。萬曆甲戌進士，由行人擢御史，累官操江都御史。

汪□□　明奏疏類抄六十一卷

張鹵　嘉隆疏抄二十卷④

張國綱　明代名臣奏疏二十卷　安定人。萬曆中舉人，南陽府推官。

吳亮　萬曆疏抄五十卷　字采于，武進人。萬曆辛丑進士，巡按宣大，御史。采輯萬曆癸酉迄己酉諸臣奏疏。

莊菼政　神宗留中奏疏四十卷

---

① 此條後朱筆補："三原王公奏稿十五卷。"
② 此條後朱筆補："桃溪奏議四卷。"
③ "議"後，《千頃堂書目》卷三十有一"抄"字，當據補。
④ 此條後朱筆補："滸東奏議十册。"

馮琦　唐策十卷　又　明策三卷

李廷機　經國鴻謨八卷

陳子壯　昭代經濟言十四卷

朱吾弼　明留臺奏議二十卷

熙朝奏議十二卷　不知編次姓氏。

王蓂　古今諫議集疏　金谿人。正德辛未進士，官浙江提學副使，武宗時任刑部主事。疏請擇宗子之賢者一人，育之宮中，俟皇子生，然後封以親藩，禮遣之國，如宋仁宗故事，不報。

邵寶　宋大儒大奏議六卷　輯二程及朱子書疏。

陳塏　名家表選八卷

朱東觀　禎朝詔疏九卷　詔一卷，疏八卷，崇禎十六年止。

危素　奏議二卷

桂彥良　太平十三策一卷

葉兌　武事綱目一卷

董儒　太平直言一卷　洪武十八年，儒官太子贊善上於朝。

解縉　解學士奏議一卷

張徽　國泰民安策一卷　洪熙元年，蘇州府同知張徽撰進。

王暹　奏議二十卷　字景陽，山陰人。永樂戊戌進士，右都御史。

于謙　忠肅公奏牘十卷①

孫原貞　尚書孫公奏議八卷②

何文淵　鈍庵奏議一卷

陳泰　奏議十卷　邵武人。永樂癸卯舉人，漕運都御史。

軒輗　憲臺奏議四卷

姚夔　文敏公奏議三十卷③

---

① "公"字，墨筆圈去，熊《志》無。

② "孫公"二字，墨筆圈去，熊《志》無。

③ "公"字，墨筆圈去，熊《志》無。

林聰　林莊敏奏議八卷①

吳琛　奏議十二卷　繁昌人。景泰辛未進士,兩廣都御史。

楊鼎　奏議五卷　陝西人。太子少保,户部尚書。

商輅　商文毅公奏議一卷②

葉盛　西垣奏草九卷　又　邊奏存稿七卷　又　兩廣奏草十六卷　又　上谷奏草八卷　又　葉文莊公奏議五十卷③

朱英　誠庵奏議

張瑄　奏議八卷

章律　都憲奏議一卷　常熟人。景泰甲戌進士,巡撫雲南,都御史。

金紳　青瑣獻納稿　上元人。景泰甲戌進士,南京刑部右侍郎。

彭時　彭文憲奏疏一卷

李裕　三朝奏議七卷

余子俊　余肅敏公奏議六卷④

韓雍　韓襄毅公奏議一卷⑤

章綸　進思録

王恕　三原王公奏稿十五卷⑥

馬文升　馬端肅奏議十六卷⑦

劉大夏　劉忠宣奏議一卷⑧

韓文　質庵奏議

彭韶　從吾奏議五卷

---

① "林"字,墨筆圈去,熊《志》無。
② "商""公"二字,墨筆圈去,熊《志》無。
③ "葉""公"二字,墨筆圈去,熊《志》無。
④ "余""公"二字,墨筆圈去,熊《志》無。
⑤ "韓""公"二字,墨筆圈去,熊《志》無。
⑥ "王公"二字,墨筆圈去,熊《志》無。
⑦ "馬"字,墨筆圈去,熊《志》無。
⑧ "劉"字,墨筆圈去,熊《志》無。

謝鐸　謝文肅公桃溪奏議四卷

王珣　奏稿十卷　曹縣人。成化己丑進士,巡撫寧夏,都御史。

程宗　奏議二十卷　常熟人。景泰辛未進士,南京工部尚書。

任漢　奏議十卷　四川溫江人。成化丁未進士,南京大理寺卿。

王鼎　兩臺疏草二卷　字器之,福州中衛人。成化辛丑進士,右都御史。

虞臣　竹西奏草三卷　又　丙辰奏草二卷　崑山人。成化戊戌進士,四川右參政。

朱欽　奏議一卷　字懋恭,邵武人。成化壬辰進士,巡撫山東,都御史。

蔣琬　奏議二卷　太保,兼太子太傅,定西侯。

畢亨　奏議一卷

楊廷和　題奏錄二卷　又　辭謝錄四卷

許進　憲臺議

陶諧　南川奏議二卷

何鑑　五川奏議　新昌人,①兵部尚書。

鄭紀　奏議四卷　仙游人。南京戶部右侍郎,進尚書致仕。

叢蘭　經略錄三卷

王時中　奏議十卷　黃縣人。弘治庚戌進士,太子少保,兵部尚書。②

馬中錫　東田奏疏三卷

王憲　督府奏議　東平人。弘治庚戌進士,兵部尚書。

陳鳳梧　靜齋奏議十卷

楊廉　月湖奏議四卷

羅玘　圭峰奏議一卷

劉瑞　禁垣奏議

雍泰　奏議稿五卷

張欽　閉關三疏一卷

---

① "人"字原脫,據《千頃堂書目》卷三十補。

② "少保",《千頃堂書目》卷三十作"太保"。

陳洪謨　督府奏議

李孟暘　奏議一卷

徐讚　奏議八卷　字朝儀，永康人。弘治乙丑進士，工部右侍郎。

戴銑　翀峰奏議□卷

范兆祥　奏議一卷　號半松，豐城人。弘治丙辰進士，由檢討出爲王府長史。

劉玉　執齋奏議三卷

陳玉　奏議四卷　字德卿，高郵人。弘治癸丑進士，南京右都御史。

殷雲霄　石川諫草一卷

程昌　和溪奏疏一卷　字時言，祁門人。正德戊辰進士，四川按察使。

方鳳　改亭奏草一卷

林俊　貞肅公奏議七卷①

王瓊　本兵敷奏十四卷　又　戶部奏議四卷　又　晉溪奏議六卷

彭澤　幸庵行稿十二卷

楊一清　吏部題稿五卷　又　吏部獻納稿一卷　又　綸扉奏議三卷　又　督府奏議八卷　又　關中奏議十八卷　又　制府經略三疏一卷

張孚敬　張文忠公奏議七卷②

桂萼　桂文襄公奏議八卷③

霍韜　渭厓疏略二卷

唐文　江西奏議二卷　又　雲南奏議一卷　又　督府奏議二卷　又　總制奏議十冊

吳廷舉　西巡類稿八卷　又　東湖奏疏

---

① "公"字，墨筆圈去，熊《志》無。
② "張""公"二字，墨筆圈去，熊《志》無。
③ "桂""公"二字，墨筆圈去，熊《志》無。

胡世寧　胡端敏奏議十卷① 　又　新河初議一卷
樊繼祖　雙厓奏疏十五卷　又　建築疏稿一卷　鄆城人。正德辛未進士,工部尚書。
夏言　桂洲奏議二十卷　又　南宮奏議五卷　又　奏謝錄二卷　又　諫垣時政奏議二卷
嚴嵩　嘉靖奏對錄十六卷　又　南宮奏議三十卷　又　安南奏議一卷　又　歷官表奏□卷
王廷相　浚川奏議十卷　又　按晉疏草一卷
湛若水　獻納稿三卷
呂柟　史館獻納一卷　又　南省奏議一卷
徐恪　少司馬奏議五卷
趙璜　趙莊靖公奏議八卷②　安福人。
王承裕　諫垣奏草
廖道南　疏牖集十卷　又　郊廟奏疏一卷　嘉靖九年進。
潘潢　樸溪奏議十卷
潘希曾　奏議四卷
曾銑　曾襄敏奏議二卷③　又　復套議一卷
毛伯溫　東塘奏議二十卷
梁材　儉庵疏議十卷　又　十四卷
王以旂　王襄敏公奏議十卷④　一作十二卷。
何孟春　何文簡疏議十卷⑤
黃衷　鐵橋奏議十卷
馬卿　撫漕奏議二卷

---

① "胡"字,墨筆圈去,熊《志》無。
② "趙""公"二字,墨筆圈去,熊《志》無。
③ "曾"字,墨筆圈去,熊《志》無。
④ "王""公"二字,墨筆圈去,熊《志》無。
⑤ "何"字,墨筆圈去,熊《志》無。

潘塤　撫臺奏議五卷　又　掖垣奏議二卷

張鉞　南巡題草八卷　字文輔,安仁人。正德戊辰進士,南京工部侍郎。①

孫懋　毅庵孫公奏疏□卷②　又　南垣奏疏□卷　慈谿人。正德辛未進士,應天府尹。

汪玉　撫畿奏稿二卷

劉夔　奏議十卷　字舜弼,襄垣人。正德辛未進士,巡撫保定,僉都御史。

底蘊　河曲諫稿二卷　文安人。正德甲戌進士,巡撫甘肅,副都御史。

程啓充　西臺奏議三卷　字以道,嘉定州人。正德戊辰進士,監察御史,議大禮謫戍,贈光祿寺少卿。

張芹　欷齋奏議　新淦人。弘治壬戌進士。

彭汝實　兌陽集□卷　一册。

楊子器　吏部奏稿三卷　又　琴堂奏草一卷

鄭繼之　鄭少谷奏議一卷③

毛玉　琢庵奏議四卷

田汝秄　水南奏議五卷

錢薇　海石疏草二卷

張原　玉坡奏議　字士元,三原人。正德甲戌進士,兵科給事中,諫大禮杖死。

鄧顯麒　夢虹奏議二卷　字文瑞,奉新人。正德甲戌進士,行人司副,諫南巡被杖。

馮恩　馮子仁奏疏一卷④

龍誥　東曹奏議一卷　攸縣人。正德戊辰進士。

黃洪毗　翠巖奏疏一卷

王邦瑞　王襄敏公奏議八卷⑤

---

① "工部"後,《千頃堂書目》卷三十有一"右"字。
② "孫公"二字,墨筆圈去,熊《志》無。
③ "鄭"字,墨筆圈去,熊《志》無。
④ "馮"字,墨筆圈去,熊《志》無。
⑤ "王""公"二字,墨筆圈去,熊《志》無。

許讚　三曹奏議
許誥　許莊敏奏議二卷① 　又　道統奏議一卷
許論　三捷錄三卷
胡瓚　巡邊錄八卷 　又　奏議四卷　永年人。南京工部尚書。
李承勛　李公奏議□卷② 　四册。
史道　鹿野雲中奏議四卷 　又　撫夏奏疏八卷
林庭㭿　小泉奏議
孫應奎　東穀奏議二卷　河南衛籍,長洲人。南京户部尚書。
朱紈　秋崖奏議十卷　長洲人。巡撫閩浙,都御史。
吴鵬　歷任疏稿十一卷　一作三十卷。
馬坤　石渚奏議四卷　直隸通州人。嘉靖癸未進士,户部尚書。
鄭曉　端簡公奏疏十四卷③ 　又　淮揚奏稿十卷
張時徹　芝園別集十一卷
龔輝　西槎疏草二卷　字實卿,餘姚人。嘉靖癸未進士,工部左侍郎。
翁萬達　總督奏議 　又　三鎮兵守議□卷　一册。
馮岳　軍門疏稿四卷 　又　軍門行稿五卷
周倫　奏議二卷
蘇祐　穀原奏議十二卷
顧寰　漕河奏議十卷 　又　兩廣奏議二十卷 　又　京營奏議十二卷　鎮遠侯。
林富　奏議二卷 　又　兩廣疏略二卷
馬從謙　奏疏一卷
林希元　奏疏□卷　二册。
沈漢　水西諫疏二卷

————
① "許"字,墨筆圈去,熊《志》無。
② "李公"二字,墨筆圈去,熊《志》無。
③ "公"字,墨筆圈去,熊《志》無。

趙漢　趙諫議疏稿四卷① 字鴻逵，平湖人。正德辛未進士，選授給事中。劾蕭敬、谷大用等，多著直聲，出爲□西參議。②

茅瓚　密勿論一卷

周天佐　迹山疏稿一卷

周怡　訥溪疏草一卷

黎貫　韶山奏議二卷 從化人。嘉靖中御史。

劉繪　嵩陽奏議二卷

葛木　恤刑疏草□卷 四册。刑部郎中，恤刑江西題奏。

楊溥③　楊襄毅公奏疏四卷④　又　歷官奏議七十卷　又　經略疏議二卷　又　職方郎官疏六卷　又　撫臺疏議二卷　又　本兵疏議二十四卷　又　太宰楊公獻納稿十卷

胡松　莊肅公奏疏五卷⑤　又　督撫江西奏議二卷

葛守禮　輿川奏議□卷 一册。

雷禮　古和疏稿

吕光洵　皆山堂奏稿七卷

傅頤　奏陳録一卷

吳□□　吳劍泉奏議三卷⑥

毛愷　奏議八卷

張瀚　臺省疏稿八卷　又　督撫奏議十六卷

趙炳然　歷官奏議

胡應文　疏草十卷

吳嘉會　奏議十卷 代州人。嘉靖乙未進士，兵部右侍郎。

---

① "趙"字，墨筆圈去，熊《志》無。
② 空格處，《千頃堂書目》卷三十作"廣"。
③ "溥"，原誤作"博"，據《千頃堂書目》卷三十改。
④ "楊""公"二字，墨筆圈去，熊《志》無。
⑤ "公"字，墨筆圈去，熊《志》無。
⑥ "吳"字，墨筆圈去。

陳棐　禮垣六事疏二卷　又　大同撫臺奏議六卷

胡宗憲　督府奏議六卷　又　續督府奏議六卷　又　三巡奏疏□卷　又　平倭奏議

翁大立　督撫江西奏議二卷　又　審録江西奏議五卷　又　總理河道奏議二卷

李遂　本兵疏稿　又　督撫經略　又　公移八卷

陳紹儒　圍漕疏要二卷

張鹵　滸東奏議□卷　十册。

黄中　西野奏疏二卷　嘉靖中御史。

薛廷寵　諫垣奏議四卷　字汝承，福清人。嘉靖壬辰進士，吏科都給事中。

張選　張纘曾　祖孫臺諫奏議二卷

何棟　督府奏議

田秋　都諫田公奏議□卷①

張達　青瑣奏議二卷

張翀　張太常奏議二卷②　潼川州人。

吳巖　吳維石奏議二卷③　吳江人。正德戊辰進士。

何以尚　鳴梟存稿□卷

孫枝　諫垣疏草□卷　工科都給事中。

高拱　掌銓題稿三十四卷　又　南宫奏牘四卷　又　綸扉外稿二卷　又　獻忱集五卷

嚴訥　館閣表奏二卷

高儀　高文端奏議十卷④　字子象，錢塘人。文淵閣大學士兼禮部尚書，贈太子太保。

---

① "田公"二字，墨筆圈去，熊《志》無。
② "張"字，墨筆圈去，熊《志》無。
③ "吳"字，墨筆圈去，熊《志》無。
④ "高"字，墨筆圈去，熊《志》無。

王崇古　督府奏議五卷　一作十卷。　又　陳脩邊務疏一卷

方逢時　督撫奏議六卷

朱衡　漕河奏議五卷

曹忭　前川曹先生奏議二卷①

周鑑　河南疏議□卷　隆慶間都御史。

呂懷　呂司直奏議一卷②

張居正　奏對稿十卷

譚綸　譚襄敏公奏議十卷③

趙錦　趙端肅公奏議九卷④　餘姚人。

石茂華　三邊奏議　又　甘肅奏議　益都人。嘉靖甲辰進士，總督三邊，兵部尚書，贈太子少保，諡恭襄。

吳桂芳　督撫兩廣奏議十六卷

梁夢龍　歷官表奏抄

陸光祖　奏議

張學顏　司馬司農奏議二十卷　又　撫遼奏議十卷⑤

王遴　疏草八卷　又　奏議十卷

凌雲翼　總督兩廣奏議十二卷　又　大征三疏一卷　又　永濟河疏一卷　又　總督漕河疏□卷⑥　十一冊。

劉應節　薊門奏議八卷

徐栻　南臺奏疏四卷

王宗沐　敬所先生漕撫奏疏十卷⑦

---

① "曹先生"三字，墨筆圈去，熊《志》無。
② "呂"字，墨筆圈去，熊《志》無。
③ "譚""公"二字，墨筆圈去，熊《志》無。
④ "趙""公"二字，墨筆圈去，熊《志》無。
⑤ 此條末朱筆補："一作十六卷。"熊《志》作："一作十五卷。"
⑥ 漕河，《千頃堂書目》卷三十無"河"字。
⑦ "敬所先生"四字，墨筆圈去，熊《志》無。

宋儀望　垂楊館奏議七卷
李祐　撫粵疏草八卷　字吉甫,清平衛人。嘉靖丁未進士,巡撫廣東,都御史。
張肖甫　督撫奏議七卷　銅梁人。
潘季馴　潘大司空歷官奏疏二十卷①
郭應聘　奏議三十六卷　《粵西奏議》《總制兩廣疏議》《留樞疏草》。
董傳策　奏議輯略一卷
王一鶚　督撫奏議十卷
魏學曾　遼陽奏議
孟重　三撫奏議四卷　字汝器,渭南人。嘉靖癸丑進士,累官兵部右侍郎。
龐尚鵬　百可亭奏議十卷
楊兆　奏議三集十四卷
耿定向　天臺疏略一卷
耿定力　叔臺疏略一卷
趙用賢　文懿奏議一卷
吳中行　吳復庵奏疏一卷②
李世達　宮保奏議四卷
吳文華　督撫奏議　又　留都疏稿
林潤　願治疏稿八卷　莆田人。嘉靖丙辰進士,巡撫應天,都御史。
曾同亨　歷官奏議八卷
劉燾　薊遼奏議□卷　十冊。又　關中奏議□卷　五冊。又　廣福奏議□卷　三冊。
舒化　淮峰諫疏二卷
沈節甫　奏議八卷　又　代庖公案八卷　烏程人。嘉靖己未進士,工部左侍郎。
葉春及　應詔書一卷　歸善舉人。隆慶初,官閩清教諭,應《求言詔》上書二十五

---

① "潘大司空"四字,墨筆圈去,熊《志》無。
② "吳"字,墨筆圈去,熊《志》無。

篇,凡三萬餘言。

龐尚鴻　戇言一卷　南海人。萬曆初,以候選訓導,上言天壽山陵寢,後官鉛山知縣。

申時行　綸扉奏草十四卷　又　綸扉簡草四卷

王錫爵　王文肅公奏議二十卷①　又　密揭辯議一卷　又　請儲瀝疏二卷

蹇達　督撫奏疏十二卷

陳有年　奏議

張國彥　薊門奏議六卷

蕭大亨　蕭岳峰奏議十卷

溫純　督撫奏疏十一卷

褚鈇　臺中疏稿八卷

張學顏　大司徒張公撫遼奏議十六卷②

王基　雲中奏議　益都人。南京戶部尚書。

徐元太　撫蜀奏議

顧養謙　撫遼奏議四卷

宋應昌　經略朝鮮奏議十二卷

陳察　虞山奏議十卷

蕭廩　蕭司馬奏議八卷③　萬安人。嘉靖乙丑進士,兵部右侍郎,贈尚書。

曾如春　督撫天中奏疏三十四卷　臨川人。嘉靖乙丑進士,總督河道,工部右侍郎。

張應治　奏疏四卷　字體微,秀水人。嘉靖壬戌進士,官南京戶科給事中,④陞山東副使。

沈一貫　敬事草十九卷

---

① "王""公"二字,墨筆圈去,熊《志》無。
② "大司徒張公",熊《志》無。
③ "蕭"字,墨筆圈去,熊《志》無。
④ "戶科"後,《千頃堂書目》卷三十有一"都"字。

趙志皋　趙文懿公奏議十六卷① 　又　奏題稿十卷
張位　館閣疏揭二卷
朱賡　朱文懿奏議十二卷②　一作八卷。
裴應章　諫草焚餘八卷
徐學謨　南宮題奏稿十卷
于慎行　春曹奏議
馮琦　正士風文體疏一卷
余懋學　禮垣疏草五卷　又　余中宇奏議六卷③
趙參魯　端簡奏疏六卷　字宗傳,鄞縣人。隆慶辛未進士,南京刑部尚書。
金學曾　撫閩奏疏六卷　字子曾,錢塘人。隆慶戊辰進士,巡撫福建,副都御史。
郭子章　郭中丞撫黔奏疏十六卷④
管志道　比部奏議四卷　一作《刑曹疏議》五卷。
蕭彥　撫滇疏草三卷　又　諫垣疏草　涇縣人。隆慶辛未進士。
趙世卿　司農奏議□□卷　八册。
賀一桂　賀文南奏疏一卷⑤　廬陵人。嘉靖乙丑進士,大理寺卿。⑥
李化龍　撫遼疏草六卷
李三才　漕撫小草十五卷　一作《奏草》十七卷。
楊時寧　督撫奏議十五卷
汪應蛟　撫畿奏疏十卷　又　海防奏議一卷　又　計部奏議二卷
張棟　可庵奏疏六卷　字伯任,崑山人。萬曆丁丑進士,兵科都給事中。

---

① "趙""公"二字,墨筆圈去,熊《志》無。
② "朱"字,墨筆圈去,熊《志》無。
③ "又""余"二字,墨筆圈去,熊《志》無。
④ "郭中丞"三字,墨筆圈去,熊《志》無。
⑤ "賀"字,墨筆圈去,熊《志》無。
⑥ "卿"字原脱,據《千頃堂書目》卷三十補。

林熙春　掖垣疏草一卷　又　出山疏草一卷　海陽人。□□□□進士,户部左侍郎。①

趙珣　方齋奏議二卷

梅國楨　西征疏草二卷

江東之　黔中疏草一卷

王士昌　三垣摘稿一卷

鍾化民　督撫中州學正書七卷

周世延　撫梁奏疏十卷

項篤壽　小司馬奏草六卷

戴士衡　奏疏二卷

項應祥　東嘉問夜草七卷

周孔教　周中丞疏稿十八卷②　又　西臺疏稿二卷　又　江南疏稿九卷　又　中州疏稿五卷　字明行,臨川人。萬曆庚辰進士,巡撫應天,副都御史。

于孔兼　春曹書疏五卷

方大鎮　方侍御二疏一卷③　又　寧淡居奏議六卷

王萬祚　王侍御疏稿四卷④

沈裕　慎庵奏議一卷　字以寧,浙江人。萬曆壬辰進士,廣東道御史。

姚文蔚　掖垣疏草五卷

翁憲祥　奏議十二卷　萬曆時掌科,官至太常寺卿。

王元翰　未焚草二卷　字伯舉,雲南寧州人。萬曆辛丑進士,工科右給事中,謫刑部簡較,稍遷工部主事。

喬世昌　掖垣奏牘一卷　寧陵人。萬曆戊子解元,己丑進士,刑科都給

---

① 據《明清進士題名碑錄索引》,林熙春爲萬曆癸未進士。
② "周"字,墨筆圈去,熊《志》無。
③ "方"字,墨筆圈去,熊《志》無。
④ "王"字,墨筆圈去,熊《志》無。

事中。①

鮑應鰲　祠曹題疏稿五卷

梅守峻　銓諫草三卷

錢一本　西臺疏稿二卷

楊天民　掖垣諫草四卷　□□人。萬曆中,官禮科給事中。

徐文華　西臺奏議二卷

朱國祚　册立疏草一卷

王士騏　王司勳代庖録四卷②

李植　言事紀略五卷

伍袁萃　疏議檄書四卷

朱吾弼　朱侍御留臺奏議二卷③

楊光訓　西臺疏草二卷　渭南人。萬曆丙戌進士,順天府府丞。

郝敬山　草堂諫草二卷

蔣科　南臺奏議□卷　二册。

沈儆炌　安攘疏草八卷

徐鑾　職方疏草十三卷

熊尚文　撫楚奏疏六卷　又　從祀疏草　又　督撫楚臺奏議
　　豐城人。萬曆乙未進士,刑部右侍郎。

葉向高　綸扉奏草三十卷

吳道南　綸扉奏草一卷　又　南宮續草一卷　又　大政議一卷

翁正春　南宮奏草四卷

李汝華　計部奏疏三十六卷

李宗延　祝鳩氏奏議十五卷

---

① "事"字原無,據《千頃堂書目》卷三十補。
② 第二個"王"字,墨筆圈去,熊《志》無。
③ "朱侍御"三字,墨筆圈去,熊《志》無。

鄒元標　鄒忠介公奏疏五卷①
鍾羽正　掖垣疏稿
毛士龍　疏稿一卷
王昺　摘進名臣奏議略一卷　　駙馬都尉。
林材　天垣疏草四卷　　閩縣人。萬曆癸未進士，南京通政使。
嚴一鵬　東巡疏略四卷
江秉謙　西臺疏草一卷
孫瑋　奏草二十四卷　又　部院奏草六卷　　南吏部尚書。
周炳謨　周仲覲疏草一卷②
張輔之　司空奏議四卷
馮從吾　西臺疏草一卷
王德完　王希泉先生歷朝奏議十二卷③
鄧渼　南中奏牘十八卷
金忠士　西臺建白疏二卷
陳邦瞻　粵西疏草四卷
歸子顧　工垣疏草一卷
孫承宗　奏議三十卷
張銓　張忠烈公奏疏三卷④
熊廷弼　按遼疏稿六卷　又　經略疏稿六卷　又　按遼書牘六卷　又　經略書牘六卷
王象乾　經理牂牁奏議十四卷　又　督府奏議□卷　又　行邊奏疏□卷　四册。
何士晉　疏稿一卷

---

① "鄒""公"二字，墨筆圈去，熊《志》無。
② "周"字，墨筆圈去，熊《志》無。
③ "王""先生"三字，墨筆圈去，熊《志》無。
④ "張""公"二字，墨筆圈去，熊《志》無。

孫慎行　孫文介公奏議二卷①
葉初春　疏稿一卷
左光斗　左忠毅公奏疏三卷②
周宗建　周忠毅公奏議四卷③
周朝瑞　兩朝奏議
侯震暘　天垣疏略一卷　嘉定縣人。萬曆庚戌進士,吏科都給事中,贈太常寺少卿。
徐學聚　撫閩疏草三卷　又　公移十卷　蘭溪人。萬曆癸未進士,副都御史。
鄒維璉　樞曹奏疏二卷　又　撫閩奏疏政稿十卷
曾大奇　治平言二卷　字端甫。泰和諸生。
徐民式　江南平役疏稿一卷
王在晉　撫齊疏稿八卷　又　總部疏稿八卷　又　經略疏稿六卷　又　復命疏稿二卷　又　署部疏稿二卷
錢士升　綸扉奏草
楊嗣昌　地官集十七卷　又　中樞奏議□卷
申用懋　司馬疏草十四卷
畢懋康　疏草二十卷
丘禾嘉　蔬水堂疏稿一卷
畢□□　按秦奏疏十卷
陳于廷　摘稿一卷
錢士晉　經濟錄十卷
鄭三俊　焚餘疏草六卷
吳履中　疏稿二卷　金壇人,天啓乙丑進士,大理寺丞。

---

① "孫""公"二字,墨筆圈去,熊《志》無。
② "左""公"二字,墨筆圈去,熊《志》無。
③ "周""公"二字,墨筆圈去,熊《志》無。

李繼貞　津門奏草
熊明遇　中樞集略十卷
許如蘭　奏議十卷
曹時聘　奏疏五卷
南居益　撫閩疏四卷
熊文燦　撫閩奏疏文移十卷①
倪元珙　回奏復社疏一卷　號三蘭，上虞人。天啓壬戌進士，光祿寺丞。
魏呈潤　樞垣疏稿二卷　號倩石，龍溪人。崇禎戊辰進士，兵科給事中，以言事外謫。
顏繼祖　三垣疏稿四卷
何楷　入垣疏草二卷
湯開遠　寒光堂疏草
華允誠　疏稿一卷
盧象升　忠烈公疏略一卷②
孫傳庭　撫秦疏草　又　督師奏議　又　謀國集
范景文　罪言一卷　又　味元堂疏稿一卷
李邦華　李忠肅公奏議六卷③
凌義渠　諫垣奏議
倪元璐　奏牘三卷
王家彥　王忠端奏議五卷④
黃道周　石齋藏業一卷　又　解齊環□卷　又　解遼環一卷
葉廷秀　奏疏一卷
王家禎⑤　總理奏議七卷

---

① "十"，《千頃堂書目》卷三十作"七"。
② "公"字，墨筆圈去，熊《志》無。
③ "李""公"二字，墨筆圈去，熊《志》無。
④ "王"字，墨筆圈去，熊《志》無。
⑤ "禎"，《千頃堂書目》卷三十作"楨"。

陸完學　撫浙疏草八卷
呂維祺　南庚奏疏三卷　又　南樞奏疏一卷
蔡懋德　忠襄公撫晉疏草五卷①
陳龍正　秘垣疏草四卷
劉士禎　秉丹堂奏議二卷　號須彌，萬安人。天啓壬戌進士，工部右侍郎。
李日宣　西臺奏草四卷　又　吳中奏稿十二卷　又　祀戎奏議十六卷　又　按豫勿喜錄二十卷　又　銓曹奏稿八卷　又　河東文告三卷　吉水人。萬曆癸丑進士，吏部尚書。
陳新甲　保邦十策一卷　又　邦政紀略一卷
周鑣　奏疏一卷　字仲馭，金壇人。崇禎戊辰進士，禮部員外郎。
徐憲卿　留垣封事存略一卷　字邦亮，太倉人。
程世昌　疏摘二卷　又　直綫一卷　又　梟草一卷　光山人。崇禎辛未進士，巡撫，都御史。
路振飛　兩浙摘略　又　漕撫奏議　又　閩吳疏草　又　保障東南稿　號皓月，曲周人。天啓乙丑進士，總督漕運，都御史。
李若珪　撫鄖疏稿六卷
沈珣　沈侍御疏稿四卷②
方震孺　按遼奏疏二卷　又　兩臺奏疏二卷　又　賫恤奏疏一卷　又　幾灰草一卷　字孩未，壽州人。萬曆癸丑進士，巡撫廣西，都御史。
朱泰禎③　雲中疏草八卷　海鹽人。萬曆丙辰進士，御史，外謫，後官兵部主事。
趙洪範　奏疏一卷　嘉定人。天啓壬戌進士，監察御史。
葉紹顒　按粵疏草二卷　字慶繩，吳江人。天啓乙丑進士，大理寺卿，湖廣副使。

---

① "公"字，墨筆圈去，熊《志》無。
② "沈"字，墨筆圈去，熊《志》無。
③ "禎"，《千頃堂書目》卷三十作"楨"。

吳煥　按秦奏疏四卷　又　西臺奏疏一卷　吳江人。萬曆丙辰進士。

錢春　留計奏議六卷

周鼎　總河疏草六卷

蔣允儀　蔣侍御疏草四卷[①]　宜興人。萬曆丙辰進士，巡撫鄖陽，都御史。

李喬崙　西臺疏草一卷

李若星　總河奏議一卷　又　總督川貴奏議一卷　息縣人。萬曆甲辰進士，總督川貴，侍郎。

陳堯言　留省焚餘一卷　永嘉人。萬曆己未進士，陝西參議。

陸澄源　奏疏一卷　字芝房，平湖人。天啓乙丑進士，職方司員外郎。

陸清源　疏略一卷　字岫青，平湖人。崇禎甲戌進士，雲南道御史。

戴東旻　督撫鄖中疏稿二卷　建德人。萬曆己未進士，巡撫鄖陽，都御史。

金光宸　金雙岩中丞封事集[②]　凡九種，光宸字天樞，全椒人。崇禎戊辰進士，左僉都御史。

錢嘉徵　疏草一卷　嘉興縣貢生。

補宋

張浚　張忠獻公中興備覽三卷

虞允文　虞雍公奏議二十三卷

胡銓　忠簡公奏議六卷　孫通判鄂州梡編。

鄭僑　鄭魯公歷官表奏十卷

趙汝騰　庸齋瑣闥集□卷　一册　又　庸齋表箋□卷　一册

王覿　王內翰奏議二卷

牟子才　牟清忠公奏議十卷

李蘩　桃溪先生免糴奏議三卷　淳熙間蘩以大府卿總領四川，奏乞罷和糴諸疏，末附魏了翁撰蘩墓銘。

---

① "蔣"字，墨筆圈去，熊《志》無。
② "金""中丞"三字，墨筆圈去，熊《志》無。

崔與之　崔清獻公奏議四卷
方逢辰　蛟峰奏劄一卷
趙順孫　趙丞相奏稿□卷
遠齋遺文一卷　不知名氏，條上時政二十事。
樓山奏議六卷　宋端平間人，莫詳姓氏。

補金
完顏綱　類編陳言文字二十卷

補元
趙天麟　太平金鏡策八卷　東平人，世祖時以布衣進是策，評論國事切於當時。
鄭介夫　太平策　字以吾，開化人，成宗時宿衛禁中，覽時政缺遺，疏太平策，凡一綱二十目，成宗嘉之，授雷陽教授，後官金谿丞。
王惲　烏台筆補
卜天璋　中興濟治策二十篇　文宗天曆二年表上。
馬祖常　章疏一卷
蘇天爵　松廳章疏五卷
吳明　定本萬言策　大同人，累官國子助教。
張明卿　政事書一卷

騷賦類

林兆珂　楚辭述注
趙南星　離騷經訂詁一卷
黃省曾　騷苑四卷
陳第　屈宋古音義三卷
汪瑗　楚辭集解十五卷　又　楚辭蒙引二卷

張之象　楚範六卷①

黃文煥　楚辭聽直八卷　字維章,福州永福人。天啟乙丑進士,海陽、山陽知縣,考選授翰林院編脩。

張燦　擬離騷二十篇　字蘊之,嵊縣人。

黃道周　續離騷一卷　又　謇騷一卷

陳雅言　天對六篇

李□②　賦苑八卷　字漸卿,吳人。

劉世教　賦紀一百卷　字少彝,海鹽舉人。

王守志　賦藻□卷

俞王言　辭賦標義十八卷

陳山毓　賦略五十卷　又　賦略外篇十五卷　嘉善人。天啟丁卯解元。

施重光　賦珍八卷

楊維楨　麗則遺音古賦程式三卷　丁卯同年進士黃清老評。

陶振　紫金山等三賦一卷　字子昌,吳江人。洪武初,爲本學訓導,坐佃居官房,逮至京,進三賦稱旨,釋其罪,擢安化教諭。三賦者,《紫金山》《金水河》及《飛龍在天》三篇。

董璘　明皇都賦一卷

桑悅　兩都賦二卷　又　古賦三卷　門人徐威注。

莫旦　明一統賦補四卷　字景周,吳江人。成化乙酉舉人,南京國子監學正。別有《鱸鄉集》。

廖世昭　明一統賦三卷

余光　兩京賦二卷　嘉靖□□年,上命宣付史館,賞新鈔一千貫。光字晦之,號古峰,江寧縣人。嘉靖壬辰進士,官浙江道監察御史。

黃佐　兩都賦二卷

盛時泰　兩都賦二卷　字仲交,江寧人。嘉靖末貢士。

---

① 此條後朱筆補:"叩頭蟲賦并注一卷。"
② 空格處,《千頃堂書目》卷三十一作"鴻"。

馬斯臧　二都賦四卷　字駿伯,寧波衛籍。官揚州都司。
黃器先　兩京賦一卷
帥機　南京賦一卷　又　北京賦一卷　萬曆中奏進。
楊通　奉天一覽賦一卷
貢汝成　三大禮賦一卷①　嘉靖十六年表上。
廖道南　詞垣賦頌四卷
奉國將軍拱㮿　聖嗣誕慶賦一卷②　萬曆十五年,進拱㮿瑞昌恭懿王曾孫。
歐陽雲　碧溪賦略二卷
丁奉　虞鄉三賦一卷
陳鳳　東還賦一卷
董晟　四明攬勝賦一卷
劉寬　河西賦　甘州中衛人,學者稱"心古先生"。
方寬　嚴陵賦一卷　字敬敷,壽昌人。
王養端　遂昌三賦一卷　字茂成,遂昌人。嘉靖乙卯舉人。
丘兆麟　麻姑山賦一卷
范槲　明蜀都賦一卷
董越　朝鮮賦一卷
張進　朝鮮賦一卷
劉繪榮　樂賦一卷
盧柟　浮丘四賦一卷　又　次梗賦三十七篇一卷
張之象　叩頭蟲賦并注一卷
康祥卿　天游山人賦一卷
沈朝焕　抱膝長吟賦一卷　又　快士賦一卷　字伯含,仁和人。萬曆壬辰進士,福建參政。

---

① "一",《千頃堂書目》卷三十一作"三"。
② 此條後朱筆補:"聖嗣頌一卷。"小注中"萬曆"改爲"嘉靖"。

張應鳳　北堂上壽賦一卷
文翔鳳　南都新賦六篇一卷
張士昌　聽雪齋二賦一卷　莆田人，字隆父。布衣。
湯開先　過庭詩賦二卷　字季雲，湯顯祖子。
劉鑾　賦篇一卷
林古度　林茂之賦一卷　福清人。
晉陽四賦一卷
幽憤三賦集一卷　俱不知撰人。
顧祿　明混一頌一卷
陳循　神功聖德詩頌一卷　循謫戍鐵嶺，天順三年，撰進成祖、仁宗、宣宗及英宗功德，爲頌四章，詩二十章。
潘淵　嘉靖龍飛頌　嘉靖五年三月，天台起復知縣潘淵獻。凡六十四圖，五百段，一萬二千章，仿蘇蕙織錦迴文體。帝以其文字縱橫，不可辨識，令圖寫正文再上。
白鵲　賦頌集一卷　嘉靖十年，鄭王進白鵲一雙，輔臣翟鑾、李時及群臣所爲賦頌。
奉國將軍拱㮾　聖嗣頌一卷　嘉靖十五年，同賦進呈。
廖道南　宗廟禋頌二卷
新樂王載璽　洪武聖政頌一卷　凡十五章。　又　皇明政要頌一卷
帥機　平西夏頌　又　皇太子出閣講學頌　萬曆中進。

補宋
吳仁傑　離騷草木蟲魚疏四卷
楊萬里　天問解一卷
高似孫　騷略三卷
謝翱　楚詞芳草圖譜一卷
祝君澤　古賦辨體十卷
曹勛　迎鑾賦

補元
郝經　皇朝古賦一卷
馮子振　授命寶賦一卷
虞廷碩　古賦準繩十卷
元賦青雲梯三卷
古賦題十卷　又　後集六卷　不知撰人。

別集類

太祖御製文集三十卷　甲集二卷,乙集三卷,丙集文十四卷,詩一卷,丁集十卷。又　御製文集類編十二卷　又　詩集五卷
仁宗御製文集二十卷　又　詩集二卷
宣宗御製文集四十四卷　又　詩集六卷　又　御製二教文一卷　又　御製祖德詩□卷　世宗和韻。
憲宗御製詩集四卷
獻帝　含春堂稿一卷　出閣時作。又　恩紀詩集七卷　分藩時作,俱嘉靖五年命司禮監刊行。
世宗御製詩賦集一冊　又　翊學詩一卷　嘉靖七年,聽經筵講官講《大學衍義》,帝製五言古詩一章並序,大學士楊一清等恭和。又　宸翰錄一卷　御書七言詩賜張孚敬者。又　輔臣贊和詩集一卷　嘉靖六年除夕,御製五言詩示楊一清,一清與謝遷等恭和。又　咏和錄一卷　嘉靖十年,帝同大學士張孚敬,及禮部尚書李時西苑觀稼,抵先蠶壇位御製詩,孚敬等恭和。
又　咏春同德錄一卷　與輔臣費宏等倡和。又　白鵲贊和集一卷　又　祭祀記一卷　又　忌祭或問一卷　嘉靖七年製。又　火警或問一卷
神宗御製詩文一卷
仁孝皇后詩集一卷　以上帝后。
周定王橚　元宮詞一卷　舊以爲周憲王,又作周恭王,何喬遠以爲定王。考

其自序作於永樂四年,定王之薨在洪熙元年,則似屬定王,非憲、恭也。

蜀獻王椿　獻園集十七卷

寧獻王權　采芝吟四卷

遼簡王植　遺稿二册

漢王高煦　擬古感興詩一卷　凡二十八篇,《列朝詩》云:"其臣僚嘗爲鏤版行世。"

周憲王有燉　誠齋新錄三卷　又　誠齋集三卷　牡丹、梅花、玉堂春詩各百咏。　又　誠齋遺稿一册　定王子。

楚莊王孟烷　勤有堂文集□卷　又　勤有堂詩集□卷

楚憲王季㙺　毓秀軒詩①　又　維藩清暇錄　管延枝有序。

慶康王秋㙷　愼德軒集

寧靖王奠培　懶仙竹林漫稿三卷　又　擬古詩二百篇　又　却掃吟　獻王孫。

潘安王詮鉌　凝齋稿　初封靈川王,謚恭懿,以長孫廩移嗣王進封②。

秦康王志潔③　默庵集□卷

楚端王榮㦀　正心詩集

蜀定王友垓　文集十卷

唐成王彌鍗　甕天小稿十二卷

唐恭王彌鈒　謙光堂集四卷④　本封交城王,以子宇温嗣王進封。

秦簡王誠泳　經進賓竹小鳴稿十卷　紀善强晟編。嘉靖元年,從孫定王惟焯表上,詔送史館。

蜀惠王申鑿　惠園集

肅藩安和世子　真淤星海詩集二卷　子弼桄嗣封,追封王,謚曰"靖"。

----

① "詩",《千頃堂書目》卷十七作"集"。
② "廩移",《千頃堂書目》卷十七作"胤栘"。
③ "潔",《千頃堂書目》卷十七作"㳻"。
④ "堂"後,《千頃堂書目》卷十七有一"詩"字。

潘憲王臐栘①　保和齋稿
蜀成王讓栩　長春競辰稿十六卷　楊慎爲序。
潘宣王恬烄　綠筠軒稿
趙康王厚煜　居敬堂集十二卷
益莊王厚燁　勿齋文集五卷
韓昭王旭櫏　冰壺遺稿五卷
蜀端王宣圻　端園集
潘□王□□　詩集一册
鄭□王□□　退思録四册
□□□□　雙泉詩集三卷
徽□王□□　邇卑吟集一卷
襄□王□□　文集一卷
益王東館缶音四卷　號仙源。
永壽王□□　東軒詩集一卷②　秦藩。
鎮平恭靖王有爌　德善齋詩集一卷　又　梅花百咏一卷　又　道統論
博平王□□　養正餘力録一卷　周藩。
慶成王□□　宗川集二卷　晋藩。
武岡保康王顯槐　文集　又　少鶴山人續集八卷　又　詩集八卷
東會王□□　清正吟集二卷
靈丘榮順王遜烇　雲溪稿
靈丘世子俊格　天津集　榮順王五世孫，嗜學好文，聚書萬卷，未嗣封卒。
安塞宣靖王秩炅　滄洲漁隱録六卷　又　栲齋隨筆二十卷
豐林端康王台瀚　平齋集

---

① "臐栘"，《千頃堂書目》卷十七作"胤栘"。
② "一"，《千頃堂書目》卷十七作"五"。

石城安恪王宸浮　孤憤詩草一卷

弋陽端惠王拱樻　訓忠堂集四卷

清源王□□　咏史續編一卷　凡百四十九首。號"懶雲"。

光澤王寵瀼[①]　雅音叢和一卷　遼藩。

安慶□□王恬壠[②]　嘉慶集　自號"西池道人"。

保定惠順王埕坦[③]　清苑山房集

德平榮順王𧰼梃[④]　集書樓稿

三城康穆王芝垝　進脩橋

承休昭毅王彌鋠　復齋存稿

棗陽榮肅王祐楒　朱仲子集三卷　又　方城集一卷

富順□□王厚焜　東蘄集二卷

樊山王載坽　大隱山人集十七卷　人稱"升甫先生"。

新樂□□王載壐　樓居稿一卷　又　田居稿一卷[⑤]　號誠軒。有博雅稱，建博文書院。□□中，賜敕獎諭。

商河□□王載埁　松庵集　《秇苑巵言》稱其工玉筯大小篆。

周藩奉國將軍安泦　河上集　字思甫，鎮平王孫。

周藩鎮國中尉睦㮮　陂上集二十卷

魯藩鎮國中尉觀熰　濟美堂遺稿二卷　字中立，有孝行。

寧藩奉國中尉　多熿詩集十二卷　字宗良，博雅，好修。萬曆初，薦堪宗正者，首舉之。

寧藩奉國將軍多煃　芙蓉園稿　字用晦，與李攀龍、王世貞善，世貞《續五子詩》，多煃其一也，右俱瑞昌王孫。

攝石城府事鎮國中尉謀𡑞　枳園近稿八卷　字鬱儀，與周藩睦㮮，皆

---

① "瀼"，《千頃堂書目》卷十七作"瀼"。

② "壠"，《千頃堂書目》卷十七作"壠"。

③ "埕"，《千頃堂書目》卷十七作"理"。

④ "𧰼"，《千頃堂書目》卷十七作"胤"。

⑤ "田"，《千頃堂書目》卷十七作"由"。

以通經學古,并重於朱邸。謀𡐨著書一百二十種,不能盡見,録其著者於別類。

寧藩弋陽王孫拱檜　負初集二卷

寧藩奉國將軍多𤏳　五游編六卷　又　倦游編一卷　字貞吉,有盛名,門人私諡"清敏先生"。弋陽王府。

寧藩弋陽奉國將軍多煌　委蛇集四卷

寧藩弋陽王孫多炤　默存自娛集二十二卷　字孔賜。

寧藩中尉謀垳　退省稿六卷　字幼晉。

寧藩中尉謀𡐨　入山詩三卷　多𤏳子,自稱來鯤,字子魚,出游吳越間,別號天池。

寧藩樂安中尉謀𧥄　初集四卷　又　西堂詩一卷　又廬山詩一卷　字公退,初字康侯。讀書修詞,才名蔚起。

寧藩□□統鉓　我法居集　字章華,寧獻王九世孫。崇禎戊辰進士,選庶吉士,授檢討,歷官南京國子監祭酒。

寧藩建安輔國將軍拱榿　瑞鶴堂詩集二卷　又　爽臺集二卷

寧藩建安鎮國中尉多焓　支離市隱集、北郭子魚樂詞三十卷

唐藩鎮國中尉碩勳　巨勝園集十卷　又　友聲集十卷　字孔炎,定王五世孫。博雅慷慨,工爲文章。

唐藩輔國中尉器封　𨓏游集　字子厚,碩勳子。萬曆初,與父同舉宗正,人榮之。

成皋　孟橫詩草三卷

潘□□□　雲仙集十四卷

朱載堉　泊如軒草六卷　又　夢古齋稿略三卷　又　艮野小集四卷

朱誼㵧　大業堂詩草五卷

朱翊鈘　天倪閣集二卷

朱拱㮮　既白詩稿七卷

朱安㳻　習靜樓集三卷

朱程楷　滄海披沙集一卷　以上宗藩。

宋濂　潛溪文集十卷　後集十卷　續集十卷　皆前元時作。　又潛溪文粹十卷　劉基選定。　又　續文粹十卷　方孝孺、鄭濟同選定。　又　宋學士文集七十五卷　《鑾坡前集》十卷，《後集》十卷，《翰苑續集》十卷，《別集》十卷，《芝園前集》十卷，《後集》十卷，《續集》十卷，①《朝天集》五卷。　又　潛溪先生集十八卷　弋陽黃溥選定。　又　宋學士全集三十三卷　高淳韓叔陽彙諸家本定爲全集，然亦多遺落，不稱善本。　又宋學士詩集五卷

劉基　覆瓿集二十四卷　拾遺二卷　前元時作。　又　犁眉公集四卷　又　劉文成公集二十卷②　合并諸集及《郁離子》《春秋明經》諸書。

陶安　辭達類抄十九卷　又　姚江類抄一卷　又　知新稿五卷　又　江行雜咏一卷　又　黃岡寓稿一卷　又　鶴沙小紀一卷　又　別類一卷　又　鄱陽新錄一卷　又　玉堂稿八卷　又　陶學士先生文集二十卷③　合并諸集成編，前附《陶學士事迹》一卷。

李習　橄欖集五卷　字伯羽，當塗人。元延祐四年鄉舉，明太祖下太平，以爲郡太守。

汪廣洋　鳳池吟稿十卷

孫炎　左司集四卷　門人蔣敬編次。敬字行簡，金陵人。

夏煜　允中集□卷　與孫融皆學《詩》於天台丁仲容。明初，官行中書省博士，④改浙東總制。

劉炳　春雨軒集十卷　字彥昺，鄱陽人。洪武初，官中書博士，⑤諮議典籤。

劉迪簡　劉尚賓文集五卷　字商卿，安福人。洪武初官尚賓館副使，⑥出使

---

① "續"，原誤作"別"，據《千頃堂書目》卷十七改。
② "劉""公"二字，墨筆圈去，熊《志》無。
③ "先生"二字，墨筆圈去，熊《志》無。
④ "官"字，墨筆圈去。
⑤ "官"字，墨筆圈去。
⑥ "官"字，墨筆圈去，熊《志》無。

安南。

郭奎　望雲集五卷　字子章,巢縣人。師事青陽余闕,明初爲中書行省掾。①

王褘　王忠文公集二十四卷②

張以寧　翠屏集四卷　又　淮南集一卷　又　南歸紀行一卷

危素　學士集五十卷③　又　悦學集□卷

詹同　天衢吟嘯集一卷　又　海岳涓埃集二卷　一作《海涓集》。

劉崧　槎翁集十八卷　又　槎翁詩集八卷　又　職方集九卷

魏觀　蒲山牧唱四卷

朱善　一齋集十卷　又　遼海集五卷　又　廣游集一卷

黃肅　黃子邕詩集一卷　江西新城人。元禮部主事。洪武五年,官工部尚書,④出爲廣西行省參政。

吳沉　澉川集　字濬仲,吳師道子。明初,召爲翰林待制,官至東閣大學士,⑤坐懿文太子故,被讒死。

羅復仁　玉堂倡和稿　吉水人。明初弘文閣學士。

陶凱　陶尚書集

桂彥良　清節集　又　清溪集　又　拄笏集　又　老拙集　又　和陶集⑥　名德稱,以字行,慈谿人。舉元鄉薦,爲平江路文學掾,洪武中以薦官太子正字,遷晋王府右傅。⑦

顧輝　守齋類稿三十卷　字德潤,鄞人。十歲善屬文,博士俞希魯將以神童舉,辭不就,竟以布衣終。⑧與桂彥良爲外兄弟。一名淵,字德輝。

――――――

① "爲"字,墨筆圈去,熊《志》無。
② "王""公"二字,墨筆圈去,熊《志》無。
③ "學士集五十卷",《千頃堂書目》卷十七無,有"説學齋集五十卷"。
④ "官"字,墨筆圈去。
⑤ "召爲""官至"四字,墨筆圈去。
⑥ "拄",原誤作"挂",據《千頃堂書目》卷十七、文淵閣《四庫全書》第525册《浙江通志》卷二百四十九改。另,"和陶集"中"集"字,《千頃堂書目》作"詩"。
⑦ 小注中"元"爲"以薦官""遷"諸字,墨筆圈去,於"慈溪人"後補"元時"二字。熊《志》注文同改後内容。
⑧ 小注中"將""竟以布衣終"諸字,墨筆圈去,熊《志》無。

朱升　楓林文集十二卷

趙汸　東山文集十五卷

汪克寬　環谷集八卷

汪叡　蓉峰集□卷　又　清溪集十帙　左春坊左司直郎。

朱模　白沙行稿二卷　休寧人,字子範。初從學陳櫟,洪武初,爲六安州判官,捕逃丁被害。①

唐桂芳　白雲集略四十卷　又　武夷小稿　字仲實,唐元子。元官南雄州學正,太祖至歙,與朱升同被召,尋攝紫陽書院山長,學者稱"白雲先生"。

李勝原　盤谷遺稿五卷　字源澤,寧國太平人。明初,從太祖取江州,有綉袍銀盌之賜,後乞歸,卒,太祖遣祭。

胡翰　胡仲子集十卷　又　長山先生集　字仲申,金華人。明師下金華,被召入見,授衢州教授。洪武初,命分修《元史》,學者稱"長山先生"。②

蘇衡　蘇平仲文集十六卷　字平仲,金華人,蘇轍裔孫。明初召爲國子學錄,③預修《元史》,授編修。

葉儀　南陽山房稿二十卷　字景翰,金華人,受學許謙。明師下金華,召爲五經師,以老疾辭。

范祖幹　栢軒集□卷　字景先,金華人。與葉儀同被召,④辟爲諮議,以親老辭,學者稱"純孝先生"。

王冕　竹齋詩集二卷　又　竹齋詠梅詩一卷　字元章,諸暨人。舉進士不第,棄去,明兵至邑,⑤胡大海授咨議參軍,一夕病死。

朱廉　朱伯清文集十七卷　字伯清,義烏人。以布衣預脩《元史》,授翰林編修,後官楚府長史。⑥

梁寅　石門集二卷　字孟敬,新喻人。元辟集慶路儒學訓導,明初,徵入禮局

---

① 小注中"初""爲"二字,墨筆圈去。
② 小注中"被""入""命"諸字,墨筆圈去,熊《志》無。
③ "召爲"二字,墨筆圈去,熊《志》無。
④ "被召"二字,墨筆圈去。
⑤ "兵至邑"三字,墨筆圈去。
⑥ "後官"二字,墨筆圈去,熊《志》無。

議禮,書成不受官,歸石門山,學者稱爲"梁五經"。①

張九韶　吾樂山房稿

陳謨　海桑集十卷　洪武初,與梁寅皆徵至南京議禮。謨字心吾,吉安泰和人。②

周霆震　石初集十卷　字亨遠,安成人。及見故宋諸老學有淵源,集爲門人晏璧編。③

何淑　蠖閣集八卷　字伯善,撫州樂安人。元至正辛卯進士,授武岡丞。洪武四年,召爲太子賓客,辭不就,又召至京,以老病辭,自號"蠖閣"。④

熊太古　爇餘集　又　熙眞集　字隣初,豫章人,熊朋來子。中元至順三年鄉舉,⑤南臺御史平章趙子敬辟爲廣東廉訪司書吏,轉湖廣省掾,授翰林編修,國子助教,江南行省員外郎。元末,隱稻山著書。洪武三年,徵校雅樂,告老歸卒。

李祁　雲陽先生集十卷　字一初,茶陵州人。至順癸酉進士,江浙儒學副提舉。元亡辟居永新山中,明徵之,力辭不起。李東陽,其五世從孫,爲傳其集。⑥

王子讓　長留天地集　又　滄海遺珠集　廬陵人。與李祁善。

涂幾　涂子類稿十卷　又　東游集　字守約,宜黄人。洪武初,進時政十九事及上皇帝書。⑦

熊釗　幾亭文集　字伯幾,南昌人。洪武初,聘校書會同館,胡儼其門人也。

劉秩　聽雪篷詩集六卷　字伯序,豐城人。洪武初崇明知州,奏免租課,民立祠祀之,未幾被誣,子孫,孫年十二,上書頌冤得白。

楊維楨　東維子集三十卷　又　東維子詩集□卷　又　古樂府十卷　又　樂府補六卷　又　復古詩集六卷　又　鐵崖

---

① 小注中"辟""爲"二字,墨筆圈去。
② 注文末補"門人楊士奇編",熊《志》入正文。"謨字心吾,吉安泰和人",墨筆乙到注文前。
③ "集爲"二字,墨筆圈去,熊《志》無。
④ 小注中"授""爲"二字,墨筆圈去。
⑤ "中"字,墨筆圈去。
⑥ 注文"元亡辟居永新山中,明徵之,力辭不起。李東陽,其五世從孫,爲傳其集",經墨筆圈改、涂乙,改爲:"元亡避居永新山中,明徵力辭不起。五世從孫李東陽傳其集。"熊《志》同。
⑦ "皇",原誤作"黄"。

文集五卷　字廉夫,山陰人。元泰定丁卯進士,授天台尹,①改錢清塲司令,別號鐵崖,又號東維子。②洪武三年,召至京議禮,有疾乞歸卒。

張憲　玉笥集十卷　字思廉,會稽人。受詩法於楊維楨。明成化中,全椒黃璨刻行其詩,憲常爲張士誠樞密院都事。③

吳復　雲槎集十卷　字見心,富陽人。與張憲同學於維楨,樂府歌詩與憲齊名。

倪瓚　雲林詩集六卷　又　清閟閣集十五卷　明裔孫錦搜輯。④

高啓　缶鳴集十二卷　又　鳧藻集五卷　又　槎軒集十卷　啓詩有《鳳臺》《吹臺》《江館》《青丘》《南樓》《槎軒》諸集。成化中,吳人張習得其遺稿,⑤緝爲是編,總名曰《槎軒》。　又　高季迪大全集十八卷

楊基　眉庵集十二卷

徐賁　北郭集六卷　一作十卷。

張羽　靜居集六卷

陳基　夷白齋集二十卷　一作二十五卷。　又　夷白齋尺牘□卷　字敬初,臨海人。少從黃溍學,游京師,授經筵檢討,淮兵起爲江浙行省郎中,參張士誠軍事,士誠稱王,基諫之,幾被殺,已而進秩内史,遷學士院學士。入明,⑥召修《元史》,賜金而還。

劉仁本　羽亭稿□卷　字德元,天台人。中元乙科,爲方國珍行省左右司郎中,參其謀議。⑦

張昱　張光弼詩集二卷　廬陵人。爲楊完者參軍,遷江浙行省左右司員外郎,行樞密院判官。明祖徵入京,問其年,曰:"可閒矣。"因自號"可閒老人",僑寓西

---

① "授"字,墨筆圈去。
② "別號鐵崖,又號東維子"諸字,墨筆乙於"字廉夫"後。
③ "璨"字原無,據《千頃堂書目》卷十七補。"憲"字,墨筆圈去。"常爲張士誠樞密院都事"諸字,墨筆乙於"楊維楨"後。
④ "明"字,墨筆圈去,熊《志》無。
⑤ "得其遺稿"四字,墨筆圈去,熊《志》無。
⑥ "入"字,墨筆圈去,"明"後補一"初"字,熊《志》内容同。
⑦ 小注中"中""爲""參其謀議"諸字,墨筆圈去,"乙科"前補一"中"字,熊《志》注文同。

湖山間以終。①

王彝　王常宗集四卷　一名《螞蟥子集》，一名《三近齋文稿》。

王行　半軒集十二卷　補遺一卷　又　楮園集十五卷　又　學言稿十二卷　又　四六劄子二卷

袁凱　海叟詩集四卷　又　在野集二卷

孫作　滄螺集六卷

王廉　交山集　又　南征錄　出使安南時作，使歸，②擢工部員外郎，以躄等辭，改澠池丞。

朱右　白雲稿十二卷　字伯賢，臨海人。徙上虞，洪武三年，宋濂薦修《元史》及《日曆》，歷官晉府長史。③一作九卷。

徐一夔　始豐類稿十五卷　字大章。

錢宰　臨安集十卷　字子予，會稽人。洪武初，辟修《禮》《樂書》，爲國子監助教。

徐尊生　懷歸還鄉等稿二十卷　字大年，嚴陵人。④兩脩《元史》，尊生皆在列，又入禮局議禮，⑤不肯受官歸。

揭軌　新河集□卷　字孟同，揭奚斯後。⑥洪武初，舉明經，任清河主簿，⑦遷知縣，被召較定書傳。

錢甦　謙齋存稿一冊　字更生，常熟人。太祖命代撰祭元幼主文，蒙嘉賞。甦初名沂，字伯與。坐事當刑，子迪代死，改今名。

貝瓊　清江貝先生文集三十卷　《海昌集》一卷,《雲間集》七卷,《兩峰集》三卷,《金陵集》十卷,《中都集》九卷,《歸田稿》一卷附。　又　詩集十卷

顧祿　經進集二十卷　字謹中，華亭人。辟太學典簿，⑧太祖喜其詩，嘗置案

---

①　"山間"二字，墨筆圈去，熊《志》無。
②　"出""時作""使"諸字，墨筆圈去。
③　"歷"字，墨筆圈去，熊《志》無。
④　"嚴陵"，《千頃堂書目》卷十七作"淳安"。
⑤　"尊生皆在列又"諸字，墨筆圈去。
⑥　"揭奚斯後"四字，墨筆圈去。
⑦　"主"字原脫，據《千頃堂書目》卷十七補。
⑧　"太學"，《千頃堂書目》卷十七作"太常"。

頭,故名集曰"經進"。

張適　甘白先生集六卷　《樂圃集》二卷,《江館》《南湖》《江行》《滇池集》各一卷。適字子宜,吳人。明初,爲都水司郎中,①出爲廣西行省理問。

傅著　味梅齋稿　字則明,常熟人。與張適皆預修《元史》,後官潞州知州。②

張率　張嘉定集八卷　字孟循,廣信人。吳元年,知嘉定州。

張簡　張仲簡詩集　吳人。元季爲黃冠,後反初服,爲饒介客。

張宣　青暘集　字藻仲,江陰人,張端子。官翰林院編脩,③太祖稱爲"小秀才"。

吕敏　無礙居士詩集　字志學,無錫人。初爲黃冠,與高啓友善,所謂北郭十子之一也,後舉明經,官訓導。④

陶宗儀　南村詩集四卷　又　滄浪櫂歌一卷　字九成,黃巖人。居松江,至正間,累辭辟舉。洪武六年,舉人才至京,⑤以疾辭,建文中卒。

答禄與權文集十卷　蒙古人。元河南北道廉訪司僉事。洪武六年,以薦爲秦府紀善,⑥改監察御史,擢翰林修撰,降典籍,九年陞應奉,十一年致仕,居河南永寧,吳人黃省曾序其集傳之。⑦

滕克恭　謙齋稿　字安卿,祥符人。元進士,集賢學士。洪武初,命典鄉試。

張昌　存齋集一卷　臨汾人。元進士。洪武二年,聘至禮局議禮,授國子監助教,授皇太子經,又爲經筵講官,尋致仕。

李延興　一山文集九卷　字繼本,士瞻子。至正丁酉進士,官太常奉禮兼翰林院檢討。入明不仕,⑧郡邑聘爲教官。

張籌　一梧集　字唯中,無錫人。元舉江浙行省鄉試。明初,以薦爲禮部尚書。⑨

鄭潛　白沙稿　又　樗庵類稿二卷　字彦昭,歙縣人。元泉河路總管,入

---

① "爲"字,墨筆圈去。
② "後官"二字,墨筆圈去。
③ "官"字,墨筆圈去。
④ 小注中"善""也後""官"諸字,墨筆圈去,熊《志》無。
⑤ "至京"二字,墨筆圈去。
⑥ "以"字,墨筆圈去。
⑦ "傳之",圈去,於"序"後補"傳"字,熊《志》注文同。
⑧ "入"字,墨筆圈去。
⑨ "以"字,墨筆圈去。

明爲潞州同知。①

李惟馨　知非齋稿一卷　字庭芳,潞州人。元兵部尚書。明初,召入禮局議禮,授以官,辭歸。

方道壑　愚泉詩稿十卷　字以愚,方逢辰曾孫。至順二年進士,江西行省員外郎。洪武初,兩被召,皆不起。

鮑恂　西溪漫稿　嘉興人。洪武初,召授文華殿大學士,以老辭還。

杜斅　拙庵集十卷　壺關人。太祖時以布衣召授四輔官兼太子賓客,司夏季上旬。斅孫矩官松江推官編次。

吳毅　學海集　南城人。洪武初,徵辟,官博士典籍,預修《大明律令》,學者稱"學海先生"。

吳源　托素齋集八卷　字性傳,莆田人。元泉州路訓導。洪武中,徵爲四輔官。

劉駉　愛禮文集十卷　字宗道,龍溪人。以俊秀被徵辭歸,從學於三山趙彥進氏,造詣益深,復起赴京,試者八千人,居第一,授試都御史。坐事謫滇南,或言其逃者,命捕其父,駉聞之,投水死。

宋訥　西隱集十卷

劉三吾　坦齋集二卷　一作《坦翁集》十二卷。

張孟兼　孟兼文集六卷　名丁,以字行,浦江人。洪武初官山東副使。②

程國儒　雪崖集□卷　江西德興人,字邦民。元衢州都事,明獲之,不屈,後授內省都事,爲洪都知府。③坐事自經。

劉丞直　雪樵詩集　字宗弼,贛州人。元進士,入明爲浙江按察司僉事。④

王翰　梁園寓稿九卷　又　敝帚集五卷　又　山林樵唱一卷　夏縣人。官廣州教授,⑤死於獠賊。

---

① "人""爲"二字,墨筆圈去,熊《志》無。
② "官"字,墨筆圈去,熊《志》無。
③ "爲"字,墨筆圈去,熊《志》無。又,"字邦民",墨筆乙於注文前。
④ "人""爲"二字,墨筆圈去,熊《志》無。
⑤ "官"字,墨筆圈去。

方克勤　愚庵集二十卷　字去矜,寧海人,①方孝孺父。洪武二年,以訓導辟知濟南府。

劉仕貆　悠然集十卷　安福人。洪武初,舉賢良,官廣東按察司僉事。②

時季照　夢墨稿十卷　名銘,以字行,慈谿人。洪武中官四川按察司僉事。③

林興祖　棠陰清趣集七卷　福清人。明初舉孝廉,官廣西布政使司參議。④

葉兑　四梅集　字良仲,寧海人。嘗獻武事一綱三目於明太祖,晚植四梅於庭,因以名其集。⑤

吳伯宗　南宮、使交、成均三集二十卷　又　玉堂稿四卷

杜寅　雙清集十卷　又　紀行詩一卷　字宗原,松江人。洪武初,舉詞科,爲太常贊禮郎。奉使麓川,諭其主入貢,擢禮科給事中,以疾歸。太祖兩賜手書存問,卒年三十三。

鄭真　滎陽外史集一百卷　慈谿人。洪武初,試浙闈爲榜首,官廣信府教授。

盛祥　寅清集十卷　字天瑞,丹徒人。洪武乙丑進士,道州知州。《貢舉考》作"盛安"。

倪峻　靜寄集　字克明,無錫人。洪武庚午舉人,給事中,改行人,出使占城。

張紳　詩集　濟南人。博學工詩,少從事兵間,後官浙江布政。

唐肅　丹崖集八卷　一作十卷。翰林院供奉。

謝肅　密庵集十卷　與唐肅稱二肅,歷官福建僉事。⑥

謝徽　蘭庭集六卷　字元懿,長洲人。洪武初,徵修《元史》,授編修。

謝恭　蕙庭集□卷　字元幼,徽弟。

戈鎬　鳳臺集　鎮江人。洪武初禮部主事。

偶桓　江雨軒集二十卷　又　醉吟錄三卷　字武孟,太倉人。舉秀

---

① "寧海",《千頃堂書目》卷十七作"臨海"。
② "官"字,墨筆圈去。
③ "官"字,墨筆圈去。
④ "官"字,墨筆圈去。
⑤ "於明太祖""以"諸字,墨筆圈去。
⑥ "歷官"二字,墨筆圈去,熊《志》無。

才,爲荆門州吏目。①

盧熊 鹿城隱書 又 蓬蝸集 又 幽憂集 又 清溪集 字公武,崑山人。官兖州知府。②

郭翼 林外野言八卷 字羲仲,崑山人。洪武初,徵授訓導。

易恒 陶情集六卷 字以成,崑山人。

秦約 樵海漫稿 字文仲,崇明人。洪武中以薦爲溧陽教諭。③

殷奎 强齋文集十卷 又 婁曲叢稿 又 渭城寱語 字孝章,一字孝伯,崑山人,官咸陽教諭。④

申屠衡 扣角集⑤ 字仲權,長洲人,自號"樹屋傭"。洪武中官翰林院修撰,嘗召草《諭蜀書》。⑥

周南老 拙逸齋稿 字正道,長洲人。元季,爲省掾。⑦ 明初,徵入議禮。自號"拙逸老人"。

袁華 可傳集 字子英,崑山人。洪武初郡學訓導。

馬麐 醉漁草堂二集 字公振,崑山人。

盛彧 歸胡岡集一卷 常熟人。

朱應辰 漱芳集三卷 字文奎,吳人。明初爲本郡訓導。⑧

顧文昱 蔗境吟稿 字光遠,嘉定縣人。明初爲廣東行省右司郎中。⑨

吳文泰 愚庵集 字文度,吳縣人。洪武中涿州同知。

史公謹 獨醉亭詩集 太倉人。洪武中應天府推官,左遷湘陰丞,後僑居金陵。⑩

————

① "爲"字,墨筆圈去,熊《志》無。
② "官"字,墨筆圈去,熊《志》無。
③ "以薦爲"三字,墨筆圈去,熊《志》無。
④ "官"字,墨筆圈去,熊《志》無。
⑤ "扣",《千頃堂書目》卷十七作"叩"。
⑥ "官""嘗"二字,墨筆圈去,熊《志》無。
⑦ "爲"字,墨筆圈去。
⑧ "爲"字,墨筆圈去。
⑨ "縣""爲"二字,墨筆圈去。
⑩ "後"字,墨筆圈去,熊《志》無。

顧德輝　玉山璞二卷　又　玉山草堂集一卷　字仲瑛,別名阿瑛,崑山人。元時舉茂才,授會稽教諭,不就。淮張辟之,避居嘉興,入明徙濠州卒。①自號"金粟道人"。

徐達左　耕漁文集六卷　字良夫,吳郡人。明初薦起爲建寧訓導,②卒官。

馬文璧　灌園集　名琬,以字行。

朱吉　三畏齋稿四卷　字季寧,吳郡人,朱德潤子。洪武間,以才授户科給事中,③改中書舍人,擢湖廣僉事,永樂中卒。

虞堪　鼓枻稿一卷　字克用,一字勝伯,長洲人,虞允文後。洪武中,爲雲南府學教授,卒於官。④

陳登　西掖稿　字從善,句容人。元季,隱句曲山中。明初,入太祖幕,⑤與孫炎、夏煜才名相頡頏。

朱潤祖　寓軒集十卷　溧水人。洪武初淳安縣教諭。

吳海　聞過齋集四卷　字朝宗,一字魯客,閩縣人。元亡,秦從龍薦之明太祖,不肯出。⑥

戴良　九靈山房集三十卷　字叔能,浦江人。至正辛丑,薦授淮南江北行中書省儒學提舉。洪武中,召至京,欲官之,⑦以老病辭。卒於寓舍,錢謙益云蓋自裁也。

王逢　梧溪詩集七卷　字元吉,江陰人。至正中,獻《河清賦》,臺臣薦之,稱疾辭歸,避地上海,自號"最閒園丁"。洪武初召之,不出。子掖爲通事司令,以逢老叩頭,泣請乃免。

貢性之　南湖集二卷　字友初,宣城人,號南湖先生。元季,爲閩省理官。明初,隱居山陰,更名悅。

華幼武　黄楊集三卷　續集一卷　字彥清,無錫人,號栖碧老人。師陳方

---

① "人"字,墨筆圈去。
② "薦起爲"三字,墨筆圈去。
③ "以才"二字,墨筆圈去。"才"前,《千頃堂書目》卷十七有一"人"字。
④ "爲""於"二字,墨筆圈去。
⑤ "太祖"二字,墨筆圈去,熊《志》無。
⑥ "元亡",墨筆改爲"明初"。"明太祖""肯"四字,圈去。熊《志》注文同。
⑦ "欲官之"三字,墨筆圈去。

子貞,子貞題其集曰:"黃楊言其欲爲詩而奪於事,猶黃楊之厄閏也。"一作六卷。

謝應芳　龜巢集二十卷　又　龜巢摘稿四卷　字子蘭,毘陵人。元辟山長不就。明初,隱芳茂山。

浦源　舍人集十卷　字長源,無錫人。官晉府引禮舍人。

李琛　碓軒文集　又　碓軒吟稿　字伯器,無錫人。與浦源善,號雲泉生。

葛天民　野樵逸響一卷　江陰人。洪武中,以人材爲大理府同知。

馬治　海漁集六卷　字孝常,宜興人。建昌府同知。

朱升　九峰樵唱集　字彥升,無錫人。洪武中,舉明經,爲本縣訓導。

謝林　雪樵集　又　煮雪窩稿①　謝應芳子,官新鄭教諭。

朱昶　雪江集　字明通,靖江人。洪武中秦府長史。

儲可求　五松清響集　宜興人,名才,以字行。洪武初,舉明經,累官禮部右侍郎。

邵亨貞　蛾術文集十六卷　字復孺,嚴陵人。明初,爲松江訓導。

袁宗彥　菊莊集三卷　名宗,以字行,松江人。洪武中,官長史,後謫戍滇南。

華希顏　東湖集一卷　辟常州訓導,以老病辭職,隱居東湖。

董紀　西郊笑端集一卷　字良史,上海人。洪武初,官江西按察司僉事。

張存　雪澗集　字性中,丹陽人。洪武中江西安遠主簿。②

王震　文集一卷　又　詩集二卷　字震之,高郵州人。洪武中本州訓導。

張源湜　樵歌集　字仲源,高郵州人。洪武中辰州知府。

陳擇善　漁隱集　字從之,安東人。洪武中御史,能詩。

吳玉林　松蘿吟稿二十卷　新安人,字伯岡。明初,辟爲參軍,未幾棄去。解大紳志其墓。

方幼學　罼山集十二卷　字澤民,績溪人。洪武中,舉人材,台州教授。

朱同　□□集十卷③　字大同,朱升子。舉明經,洪武十五年,官禮部侍郎。明

---

① "稿",《千頃堂書目》卷十七作"集"。
② "主"字原脫,據《千頃堂書目》卷十七補。
③ 空格處,《千頃堂書目》卷十七作"覆瓿"。

年,坐事死。

姚璉　鳳池山房集　字廷用,一字汝器,歙人。元太平路儒學教諭。明祖至徽,與唐仲實同召見。

范準　虀甕稿　又　西游率稿　又　繆稿　又　塞白稿　又　何陋軒稿　休寧人。師事朱升、趙汸、汪叡,嘗訂汸《春秋集傳》行世。洪武中,官工部主事。

葉宗茂　茂齋集　名保翁,以字行,休寧人。洪武初饒州知府。

程彌壽　仁山遺稿　字德堅,祁門人。明初,爲江西行樞密院都事。

烏斯道　春草齋集十卷　字繼善,慈谿人。洪武初,知石龍、永新二縣,斯道學文於僧噩夢堂。

葉砥　坦齋集　字履道,上虞人。洪武辛亥進士,永樂中,爲饒州知府。

陳汝言　秋水軒詩稿　字惟允。與兄汝秩皆有才名,爲張士誠參謀,用事親信,入明,官濟南府經歷,坐事死。

陳秀民　寄情稿　字庶子,溫州人。元時知常熟州,①後仕張士誠,爲學士。

陳雷　窊庵集　字公聲,秀民子。

貝翺　舒庵集十卷　貝瓊子,官楚府紀善。

徐舫　瑤林集　又　滄江集　桐廬人,字方舟,別號"滄江散人"。死而自題其墓曰"詩人徐方舟之墓"。

葉見泰　蘭莊集　字彝仲,臨海人。洪武中刑部主事。

葉顒　樵雲獨唱集六卷　金華人。洪武中,舉進士,官行人司副,集皆元時所作詩。

沈夢麟　花溪集三卷　歸安人。元時以明經領鄉薦,累除武康縣令。入明,三校文閩浙,兩同考會試,屢以賢良薦不起。

桂衡　桂孟平文一卷　又　紫薇稿　仁和人。洪武中錢塘縣訓導,谷府紀善。

胡奎　斗南詩集②　海寧人。洪武中,以人才薦,官教授。

---

① "常",原誤作"嘗",據文意改。
② "南"後,《千頃堂書目》卷十七有"老人"二字。

錢遜　謙齋集二十卷　字謙伯，山陰人。洪武中，以薦官寧夏水利提舉司吏目，陞知縣，坐累謫交阯，起文昌縣主簿。

郭樻　暢軒稿□卷　字德茂，台州人。官知縣。

許伯旅　介石稿　字廷順，天台人。洪武中，爲刑科給事中。以詩名，號"許少杜"。

高明　柔克齋集二十卷　永嘉人。即高則誠也，登至正乙酉鄉薦，累官福建行省都事。明初被召，以疾辭。

葉子奇　靜齋集①　字世傑，龍泉人。從學王毅叔剛。洪武初，官巴縣主簿。

李公紀　栖白齋集　字仲脩，龍泉人。龍飛八年，②同葉子奇薦起，累官應天府治中。

劉璉　自怡集一卷　字孟藻，劉基子。官江西參政。

劉璟　易齋稿十卷　又　無隱稿一卷

劉鳶　盤谷集十卷　字士端。襲祖基誠意伯爵，後坐事謫甘肅，太祖崩，放歸，永樂中卒。

宋禧　庸庵文集三十卷　又　庸庵詩集十卷　字無逸，餘姚人。受學楊維楨，中元江浙副榜，爲繁昌教諭。洪武初，召修《元史》，再與桂彥良被徵，主考福建。初名元禧，後改今名。

俞慶　養□齋詩八卷③　金華人。明初義烏訓導。

俞恂　尚志齋稿二十卷　慶子，官本郡訓導。

林溫　栗齋集　永嘉人。初仕元，爲福建行省左司郎中。入明，官秦府長史。宋濂極稱其詩。

練魯　悾侗集八卷　又　外集四卷　字希曾，松陽人。元鄉薦，國初徵之不出。

---

①　"靜"前，原衍一"通"字，查《本朝分省人物考》卷五十六"葉子奇"條："（葉氏）所著又有《太玄本旨》《範通》《靜齋集》……等書行于世。"（《續修四庫全書》第 534 冊）又《續修四庫全書》第 542 冊影印明天啟刻本《兩浙名賢錄》卷二"巴陵簿葉世傑子奇"條："子奇少極穎悟，壯游王剛叔門，聞理一分殊之旨，乃加聖賢之學，不貴多聞，以靜爲主，因自號曰靜齋。所著有《範通玄理》《草木子》等書。"可知"通"字衍之由。

②　"飛八"，《千頃堂書目》卷十七作"鳳元"。

③　空格處，《千頃堂書目》卷十七作"素"。

俞深　雜詩十卷　字魯淵，桐廬人。明初建寧教授。

凌雲翰　柘軒集五卷　字彥翀，仁和人。後至元鄉薦，入明，官成都府學教授。

鄭淵　遂初齋稿十卷　浦江義門鄭氏，有孝行，宋濂謚之"貞孝處士"。

鄭栢　進德齋稿　字叔端，浦江人。蜀王賜號"清逸處士"。

林靜　愚齋集二十卷　字子山，吳興人。宋濂弟子。

郭濬　郭太學遺稿　字了淵，寧海人。洪武初，取入太學，名重一時。爲祭酒所譖，坐法死。

王琦　操縵稿　寧海人。與郭濬皆以文名，林右稱其如月墮澄江，上下一色，淨絕垢氛，清明之氣可掬。後坐事，謫滇南。

童子倫　利故生集□卷　蘭谿人，自名其堂曰"恒德"。吳履爲之記。

邢沂　雙崖集一卷　字師魯，金華人。受經范祖幹，隱於虎崖、雀崖之間，故名其集曰"雙崖"。

李曄　草閣集七卷　字東表，錢塘人。明初，官國子監助教。集爲門人唐仲進所編。①《南雍志》作臨安人。

李轅　筠谷集　曄子。亦能詩，爲宜倫縣丞。

傅淳　視志稿　字伯厚，慈谿人。洪武中徵士。

楊芾　百一稿□卷　又　無逸齋稿□卷　又　鶴崖集二十卷　字仲章，一字質夫，義烏人。徙東陽，從黃溍、陳樵學，明初薦舉。

唐光祖　委順夫集　永康人。隱居教授，爲文典實有法。

呂熒　雙泉文集　字慎明，永康人。從宋濂游，文有奇氣，以薦官刑部郎中。

韓循仁　南山集　字進之，永康人。與宋濂、吳履交。

許孚　樗散雜言　字存禮，許謙子。洪武初，薦起爲北平教授，坐誣累死。

金信　春草軒集　字仲孚，金華人。與楊維楨友善，工詩。

王淵　蓮塘集　字如淵，永嘉人。洪武初本學訓導。

楊大中　隨手錄三十卷　臨海人。元秘書省著作郎。洪武中，徵之，不起。

---

① "仲進"，《本朝分省人物考》卷五十二"李曄"條言："門人唐仲遑編其詩文爲《草閣集》，凡七卷。"當據改。(《續修四庫全書》第534冊)

王桓　明白先生集　字彥貞,慈谿人。洪武中,舉明經,盧氏縣令。
樂良　遺稿五十卷　定海人。受學程端禮,洪武中,爲本縣教諭。
張冠　北山樵隱行吟集　字士毅,桐廬人。洪武十四年,官蘇州知府。
劉明　詩集四卷　字峻明,龍泉人。國初,李文忠聘之,不起。
許汝霖　東岡集　又　禮庭遺稿　字時用,嵊縣人。元國史院編修,明初,召至京,乞歸。宋濂有《送還家序》。
張翼　桂宇集　字翔南,秀水人。領元鄉薦,明初,徵入禮局,書成,以老辭官。
陳世昌　希賢集　錢塘人。元至正初,由布衣入爲翰林修撰。洪武初,徵入修《禮》《樂書》,授太常博士。
徐原強　學齋文集　又　崖峰集　字均善,蘭谿人。洪武中,舉賢良,官翰林院待詔,兩主福建、江西鄉試。
蔣允汶　蒼崖文集　字彬夫,永嘉人。元進士。洪武初薦,起爲溫州府學訓導。
楊範　栖芸稿　字九疇,鄞縣人。隱居不仕,楊守陳、守阯,其孫也。
朱希晦　雲松巢詩二卷　樂清人。明初,召至京師,不受官歸。
方行　東軒集□卷　字時敏,方國珍子。江浙行中書省參知政事。宋濂爲集序。
鄭璧　完軒集二卷　字伯規,仁和人。張宣爲作《孝子傳》。
項昕　竹齋小稿　字彥章,號抱一翁,永嘉人。明初名醫。
李存　俟庵文集三十卷　字仲公,安仁人。元季,以高蹈丘園舉,不起,洪武中卒。
劉養晦　雪樵集四卷　萬安人。
劉永之　山陰集五卷　字仲修,臨江人。洪武中,召修禮書,以疾歸。
甘復　甘克敬詩集　餘干人。洪武二十三年,官國子監學正。成化中,同里趙琥刻其集。一名《山窗餘稿》。
龔敩　鵝湖集六卷　鉛山人。洪武初,舉明經,官國子監助教。
吳勤　匡山樵者集　又　黃鶴山樵集　又　幽翁集　又　六義齋集　字孟勤,永新人。洪武中武昌教授,永樂初,預修《太祖實錄》,改開封教授。
聶鉉　文集　字器之,清江人。洪武辛亥進士,授廣宗縣丞,累官國子監助教。胡儼序其集。

朱弘祖　東皋耕叟詩八卷　字彥昌，臨川人。明初都稅大使。一作《東皋舒嘯集》九卷。

王沂　徵士集八卷　又　竹亭遺稿一卷　字子興，泰和人。福建鹽運副使。

王祐　長江萬里稿五卷　字子啓。沂弟，四川崇慶知州。

曾子永　遼海詩略一卷　泰和人。洪武中禮部主事，坐事謫遼東。

徐素　澹湖集十卷　字淡如，鄱陽人。爲文善叙事，詩有氣格，陶安稱爲儒者。

劉宗玉　清華集　字潤芳，鄱陽人。陶安爲賦《積善堂歌》。

陳仲述　古文先生集五卷　名繼先，以字行，江西泰和人。洪武乙丑進士，監察御史。一作《古陳先生喬梓集》九卷。

董彝　平橋詩文集　字宗文，樂平人。元至正間，領鄉薦，明初官國子監學錄。自號"太平橋迂士"。

解開集四十卷　字開先，吉水人，解縉父。元末，入冑監。明初，徵至京，命爲本邑司訓。

金固　雪崖集五卷　字守正，新喻人，金幼孜父。官臨江府學訓導。

胡壽昌　胡延平詩四卷　字子祺，吉水人，胡廣父。洪武初延平知府。

羅性　羅德安集一卷　字子理，泰和人。洪武初，爲德安府同知，坐事謫戍西安。

蕭岐　正固先生集一卷　字尚仁，泰和人。洪武中陝西平涼府學訓導。

雷貫　知非稿四卷

羅閏　陳庵詩集十卷　字存禮，瑞州人。爲蕭山稅使，遷刑部司務。

周啓　詠萊稿　字孟啓，貴溪人。洪武中後軍都督府經歷。

周恒　桴隱集　本開封人，徙臨江。洪武初，聘修《禮書》。

魯修　卧雪齋稿三卷　董彝序。

洪楫　協趣集二十卷

黎明　愚浦鳴稿十卷　俱明初樂平人。

余應鳳　雲山樵唱集　字士韶，德興人。洪武十七年，以隱逸徵，官山東布政使司參議。

李衡　中山文集　字元成,崇仁人。洪武初本府訓導。

章喆　擊壤餘音　又　江湖漁唱集　字子愚,新喻人。梁寅弟子。

王時寶　天涯芳草集　號守軒,江西樂安人。洪武中刑部主事,左遷東流教諭。一作名時保。

朱叔服　采芹集　大學士朱善子。

吳從敬　康衢集　貴溪人。洪武中秦府長史。

蔡深　散木齋稿　字淵仲,樂平人。元徽州路學教授,饒州府太守,陶安薦其學行,辭不赴。

歐陽貞　餘學初集　又　龍江叢稿　又　東齋寓錄　又　貧樂集　字元嘉,分宜人。從揭奚斯學,工古文,洪武初以《易》魁江西省試,官考城主簿。

梁蘭　畦樂詩集一卷附錄一卷　字廷芳,南昌人,一字不移。於楊士奇爲先輩。集爲歌詩律絕,凡二百五十四篇。

朱智　煮雪稿　字存禮,鄱陽人。洪武中靖江王府紀善。

林鴻　鳴盛集四卷　字子羽,福清人。官膳部員外郎,世稱林膳部。

陳亮　滄州集三卷　字景明,長樂人。明初,累徵不起,作《讀陳摶傳詩》見志。

趙迪　鳴秋集六卷　字景哲,閩縣人。閩中十子之一。

周元　宜秋集八卷　字又元。

唐泰　善鳴集十卷　字亨仲,侯官人。洪武甲戌進士,陝西副使。

鄭定　澹齋集一卷　字孟宣,閩縣人。陳有定辟爲記室,①洪武末,官國子助教。以上皆閩中十才子。

林弼　林登州集六卷　龍溪人。元進士。入明,爲考功郎中,登州知府。

鄭關　石室遺音六卷　字公啓,一名迪。洪武中布衣。

陳仲進　南雅集四卷　名伯康,以字行,長樂人。洪武中明經,江山知縣。

鄭旭　咏竹稿一卷　字景初,閩縣人。洪武中南安訓導。

莊希俊　擊壤集　福清人。薦辟官臨洮同知。

---

① "有定",《千頃堂書目》卷十七作"友定",《續修四庫全書》第389冊影印明崇禎刻本《昭代武功編》卷二"湯東甌廖德慶削平陳友定"條:"陳有定,一名友定。"

王堅　三山樵唱二卷　字子正，長樂人。洪武三年，薦辟嘉興府同知。

林同　銅魚集　字子野，閩縣人。洪武中訓導。

危德華　北溪、觀海等集　光澤人。善屬文，尤工詩。洪武十五年，知縣金川姚伯和序其詩而傳之。

邢奇　繩庵集　字彥美，長溪人。明初爲河泊官。

沈得衛　東崖樵唱集　字輔之，連城人。爲陳有定幕客，①入明，以薦官訓導。

俞日強　俞伯莊文集　福州古田人，居太倉州。

林枝　古平集一卷　字昌達，閩縣人，布衣，號"古平山人"。

孫蕡　西庵集九卷　又　孫典籍集句一卷　又　和陶集

黃哲　雪篷集六卷　翰林院編脩。

王佐　聽雨軒集二卷

趙介　臨清集二卷　字伯貞。

李質　樵雲集　德慶州人。靖江王府右相。自孫蕡以下稱"廣州五先生"。

李德　易庵集　字仲修，番禺人。洪武中廣西義寧教諭。

藍山　詩集六卷　藍澗　詩集六卷　山名仁，字靜之，澗名智，字明之，俱建寧人。智官廣西按察司僉事。

張昌齡　詩集一卷　字有年，建安人。從杜本、蔣易學詩。洪武中，官福建按察司僉事。

蘇仲簡　敬所小稿四卷　名境，以字行。洪武中訓導。

趙良士　文集一卷　字志道，甌寧人。洪武中國子監助教。《南雍志》作趙友仁。

胡宗華　草澗集六卷　龍溪人。洪武中明經，官訓導。

黎貞　秫坡集　新會人。從孫蕡學，隱居不仕，坐事謫遼東。

謝員　鳴窮集　字友規，鄞縣人。洪武初，以户役充浙江憲司吏，稱疾求退，調臨洮府，謫戍興州衛。員，善爲文。

鄒奕　吳樵稿　字弘道，吳人。元贛州守，明初，謫隴右。

---

① "有定"，《千頃堂書目》卷十七作"友定"。

徐蘭　自鳴稿一卷　字與善，開化人。洪武中，舉京闈鄉試，拜邰陽令，坐事謫戍，後官國子監助教。

管訥　蚓竅集十卷　又　管長史紀行詩一卷　又　秋香百咏一卷　字時敏，華亭人。洪武中，官楚府左長史。

陸闓　友蘭集十卷　又　續古樂章　字伯陽，興化縣人。洪武中楚府伴讀。

陸中　蒲栖集二十卷　字與權，興化縣人。少從楊維楨學，不干祿仕。

舒頔　華陽貞素齋集七卷①　字道原，績溪人。至元丁丑，辟貴池教官，轉台州學正。入明，聘之，不出。

呂則耕　得月稿六卷　新昌人，生而聾，自號"石鼓山聾者"。洪武初，被薦，以病辭。

王文靜　蠅聲集五卷　宜興人。隱士。

逯昶　逯光古詩五卷　又　清華軒集　又　方外集　字光古，修武人。博通經史，隱居不仕。

劉醇　菊莊集四卷　字文中，祥符人。洪武中周府右長史。

丁遜學　詩集一卷　名敏，吳人。

韓奕　韓山人集一卷　字公望，吳人。與王賓同爲郡守姚善所禮。

丁鶴年　海巢集三卷　本西域人，後家武昌。性至孝，永樂中始卒。楚憲王命長史管延枝刻其集。

歐陽謙　滄海集　字伯貞，沔陽州人。洪武中，舉明經，官考功司郎中。

陳南賓　安老堂集□卷　名光裕，以字行，茶陵州人。元進士。洪武二年，應聘至京，除無棣縣丞，後官蜀府長史。

岳仲明　貽安集　固始人，岳飛七世孫。洪武七年，舉孝廉，不出，號"純學先生"。

吳仲昭　文集十卷　銅梁人。洪武中，以國子監生官浙江布政使。

---

①　"貞"，原誤作"真"，《千頃堂書目》卷十七作"貞"，文淵閣《四庫全書》第1459冊《明詩綜》卷十二"舒頔"條："字道原，績溪人……學者稱爲貞素先生，有《華陽貞素齋集》。"據改。

潘若水　退庵集　鄞縣人。明初翰林院待詔,以罪謫陝西,行太僕寺吏。

林大同　範軒文集九卷　字逢吉,常熟人。洪武中,由明經授開封府學訓導,病歸。永樂二年,被召,不出。

韓經　恒軒集七卷　字本常,浙江山陰人。洪武初,屢以經明行修薦,皆以病辭,家居教授,日以吟詠爲樂。

詹俊　公餘小稿一卷　字用章,當塗人。從學陶安。洪武初,以薦官磁州同知,遷汝寧府通判。

以上洪武。

方孝孺　遜志齋集三十卷　拾遺十卷　黃孔昭、謝鐸同輯。又 二十四卷　附錄外紀二卷　今行本。

卓敬　卓氏遺書五十卷　門人黃朝光輯。

練子寧　金川玉屑集六卷

茅大芳　希董堂集五卷　儲瓘輯編。①

程本立　巽隱集四卷

王艮　翰林集十卷　吉水人,王充耘孫。

王叔英　靜學集二卷②　字原采,一作名元采,以字行。

周是修　芻蕘集六卷　又　進思集□卷　名德,以字行,泰和人。洪武中,薦爲霍丘訓導,擢周府奉祀,建文中改衡府紀善,預修纂翰林。靖難兵至,自經於應天府學。

鄭居貞　閩南關隴集五卷　歙縣人,鄭濟子,濟官於閩,居貞遂爲閩人。建文中,官河南左參政,坐方黨死。

程通　貞白先生遺稿十卷　字彥亨,績溪人。洪武庚午,以尚書舉應天鄉試,後官遼府長史。

梅殷　都尉集三卷

劉端　懷古詩集　南昌人。永樂十一年大理寺右丞,與左寺丞王高同以縱奸惡

---

① "芳""瓘",《千頃堂書目》卷十八分別作"方""罐"。
② "學"後,《千頃堂書目》卷十八有一"齋"字。

外親,棄市。

任亨泰　任狀元遺稿二卷　襄陽人。洪武戊辰狀元,官禮部尚書,左遷御史。

王紳　繼志齋文集三十卷　一作二十卷。王禕子,官國子博士。

唐愚士　萍居集二十卷　名之淳,以字行。唐肅子,翰林院侍讀。

王稱　青巖類稿□卷　王紳子,受業方孝孺,收其遺骸。

俞貞木　立庵稿　名楨,以字行,更字有立,吳人。官都昌令。建文時,以勸太守姚善起兵,坐累死。

許繼觀　樂生詩集五卷　字士修,寧海人,自號"觀樂生"。方希直稱其善為詩,有魏晉人格。

林右　林公輔集□卷　臨海人。洪武間,為中書舍人,與方孝孺、王叔英友善,奉璽書行邊歸,進春坊大學士,輔導皇太孫,後以諭中都教授,掛冠歸。成祖兵入,聞方王死,為位哭於家。永樂戊子,島倭亂,有司強右起視兵,禦鄉里有功。成祖聞而召之,不赴,命武士械至京,對語不遜,劓其鼻死。

石允常　遇安軒集　寧海人。河南僉事,謫常州同知,永樂初授御史,不受。過金陵痛哭,不食死。

孫鎮　沖元稿　字希武,合肥人。洪武中,舉經明行修,為衛輝知府,以守城抗節。永樂初,謫戍山海。宣德初,御史薦授上饒丞,不就。

劉亨　竹軒集　又　寫心集　又　隨寓錄　字嘉會,廬陵人。洪武中,徵辟。建文初,言國子監祭酒師表天下,士班不宜在太僕下,采用之。永樂中,屢薦,不出,卒。

龔詡　野古集二卷

王賓　王仲光詩集二卷　吳人。有高行。

張紞　鷃庵集一卷①　字季昭,富平人。洪武中,舉通經,為東宮侍書。建文中,召拜吏部尚書。

樓璉　居夷集五卷　謫戍雲南洱海時作。

高遜志　嗇齋集二卷　字士敏,蕭縣人。元末,居嘉興,為鄲山書院山長。太祖二年,召修《元史》,為翰林院編修。建文初,以太常寺少卿兼學士。

以上建文。

---

① "鷃",殿本《明志》卷九十九作"鶡"。

解縉　學士集三十卷　又　解春雨集十卷　又　似羅隱集二卷

黃淮　省愆集二卷　又　介庵集　又　歸田稿

胡廣　胡文穆公集十九卷　又　晃庵扈從集

楊榮　兩京類稿三十卷　又　玉堂遺稿十二卷　又　文敏公集二十五卷附錄一卷　曾孫楊亘、楊旦合前二稿重編。

楊士奇　東里集二十五卷　又　東里詩集三卷　又　東里續集六十六卷　初名寓，以字行。

胡儼　頤庵集三十卷　又　吳國倫選頤庵文集十二卷

金幼孜　金文靖公集十卷外集一卷　又　北征集一卷

夏原吉　夏忠靖公集六卷　一作三卷。

王鈍　野莊集六卷

鄭賜　聞一齋集四卷　甌寧人。禮部尚書。

趙羾　倫父集三卷

茹瑺　忠誠伯詩集一卷

黃福　黃忠宣家集三十卷　又　集十八卷　又　後樂堂使交文集十七卷　又　後樂續集

鄒濟　頤庵集九卷　餘杭人。永樂初，薦舉，官少詹事兼翰林院侍讀學士，贈太子少保，諡"文敏"。

王達　天游集十卷　又　天游別集二卷　又　天游雜稿十卷

陳全　蒙庵集八卷　字果之，福州長樂人。永樂丙戌廷試第二人，侍講學士，署南京翰林院事。

曾棨　西墅集十卷　又　巢睫集五卷

林環　絅齋文集十卷　又　詩集三卷　字崇璧，莆田人。永樂丙戌狀元，翰林院侍講。

馬鐸　梅岩集二卷　字彥聲，長樂人。永樂壬辰進士，一甲第一人，官翰林修撰。

林誌　節齋集十五卷　字尚默,閩縣人。永樂壬辰進士第一人,廷試第二人,歷官右諭德兼翰林院侍讀。

董璘　玉堂清餘集　高郵州人。永樂戊戌進士第一人,選庶吉士,官修撰。

王汝玉　青城山人詩集八卷　名璲,以字行,吳人。舉元鄉試。洪武末,薦授應天訓導,永樂中,官贊善,坐事死,仁宗立,贈太子賓客,諡"文靖"。

沈度　滇南稿　洪武中,謫滇時作。　又　隨筆錄　又　西清餘暇　又　自樂稿　字民則,華亭人。翰林院學士。

吳溥　古厓集一卷　字德潤,臨川人。建文庚辰進士第一,授翰林院編修,與修《太祖實錄》及《永樂大典》,副總裁,遷國子監司業。

張洪　歸田集二卷　又　攬轡集　字宗海,常熟人。洪武中,以明經官行人,屢使外國,後爲翰林修撰。

王紱　王舍人友石詩集五卷　一作六卷。字孟端,無錫人。官中書舍人。

梁潛　泊庵集十二卷　字用之,江西泰和人。洪武丙子舉人,授蒼溪訓導,陞知縣,預脩《太祖實錄》,擢翰林修撰。①尋以本官兼右春坊贊善輔導仁宗於東宮,坐譖死。

梁本之　坦庵集八卷　名混,以字行。潛弟官魯府紀善。

劉髦　石潭集五卷　永新人。永樂戊子舉人,不仕。

劉子欽　橫山集二卷　吉水人。永樂甲申進士,選庶吉士,終新淦縣訓導。

宋子環　田心集二卷　字文瑩,吉水人。洪武甲申進士,□王府長史。

張嗣祖　苦淡齋集　字伯穎,吉水人。洪武甲子舉人,翰林院修撰。

鄒緝　素庵集十卷　字仲熙,吉水人。永樂初,由國子監助教擢翰林院侍講,陞左庶子,與修《太祖實錄》及《永樂大典》。

徐旭　玉堂集　字孟昭,江西樂平人。國子監祭酒,左遷翰林修撰。

王偁　虛舟集五卷　福州永福人。洪武中舉人,官翰林院檢討,坐解縉事死獄。

王褒　養靜齋集十卷　字中美,侯官人。洪武中舉人,翰林院修撰,爲《永樂大典》總裁,後改漢府紀善。

王恭　白雲樵唱集二卷　又　草澤狂歌五卷　又　鳳臺清嘯

---

① "撰",原誤作"擢",據文意改。

□卷　字安中,閩縣人,自稱"皆山樵者"。永樂四年,以儒士薦起,修《大典》,官翰林典籍。

高棅　嘯臺集二十卷　又　木天清氣集十四卷　自王偁以下爲閩中十才子之四。棅字彥恢,仕名廷禮,長樂人,別號"漫士",以薦官翰林典籍。

陳登　石田集三卷　字思孝,以善書爲中書舍人。

陳航　溪山集五卷　字思濟,布衣,俱福州長樂人。

黃壽生　東里文集十卷　莆田人。永樂辛卯進士,選庶吉士,預修《五經四書》《性理大全》,官檢討卒。

黃約仲　靜齋詩集四卷　莆田人。永樂中,以楷書選,大臣薦其能詩,授翰林檢討。

楊慈　文集五卷　字則惠,莆田人。永樂戊子解元,辛卯成進士,選庶吉士。

蘇伯厚　履素集十卷①　名垶,以字行,建安人。洪武中薦舉,永樂中,預修《太祖實錄》,官檢討。

陳仲完　簡齋集四卷　名完,以字行,福州長樂人。以王褒薦,官左春坊左贊善兼翰林院編修。

劉本　雲泉集五卷　字惟源,慈谿人。永樂丙戌進士,翰林院編修。

余鼎　南坡文集　星子人。永樂甲申進士,翰林院修撰,預修《太祖實錄》及《聖學心法》。

董轟　待詔集三卷　字文雷,奉化人,徙家徐州。博通經史,詞翰俱美,以大學士權謹薦,爲承天門待詔。

鄭棠　道山集二十卷　字叔美。浦江義門也,受業宋濂。永樂初,預修《大典》,後選侍仁宗於東宮,授檢討,告歸卒。

劉均　拙庵集八卷　字宗平,吉水人。舉人,爲大寧都司教授,預修《太祖實錄》,改翰林院待詔,陞檢討,爲《永樂大典》副總裁,坐罪謫,再薦爲天長教官卒。

趙友同　存齋集一卷　字彥如,金華人。洪武間,辟爲華亭校官。永樂時,姚廣孝薦其善經方,召爲太醫院御醫,預脩《五經》《四書大全》,後從夏原吉治水吳中。

梁敏　雲萍集　字以訥,高安人。洪武壬子舉人,永樂初,官春坊贊善,以忤旨謫枝江訓導。

———

① "素"後,《千頃堂書目》卷十八有一"齋"字。

虞謙　玉雪齋詩集二卷　字伯益，金壇人。洪武中，由太學生擢刑部山東司郎中，歷官大理寺卿。

朱逢吉　朱以貞集四卷　嘉興人。洪武初，應詔陳用賢五事，授寧津知縣，後官大理寺丞，按逢吉爲《徐達左傳》，署銜大理卿而列卿表皆不錄，未知孰是。

徐永達　文集二十卷　又　詩集十卷　字志道，歸德人。洪武丙子舉人，永樂十年，任南京鴻臚寺卿，出爲湖廣山西按察使。

王洪　毅齋集八卷　字希範，錢塘人。禮部主事。

蕭儀　襪線集二十卷　字德容，江西樂安人。永樂中，由進士官吏部主事，三殿災，應詔陳言被殺，儀嘗爲《石中美傳》，楊士奇謂可比韓愈《毛穎傳》。

尹昌隆　集八卷　字彥瑾，泰和人。洪武丁丑進士，永樂初，官春坊中允，改禮部主事，爲尚書呂震所誣死。

黃裳　黃郎中集十卷　字迪吉，番禺人。洪武癸酉舉人，刑部郎中。

張得中　江村吟稿　又　思牧齋集　鄞縣人。永樂初，擢進士第，授刑部主事，改江寧知縣，以廉能稱，嘗預修《永樂大典》。

陳鏞　桂林稿四卷①　字叔振，錢塘人。永樂乙未進士，禮部主事，死交阯事。

蘇鑑　金臺寓稿　字良金，建寧人，蘇伯厚子。永樂中，舉明經，官吏部郎中。

袁珙　柳莊集一卷

袁珪　清白先生詩集一卷　字廷珪，廷玉弟。永樂初，官禮科給事中。

袁忠徹　符臺外集五卷　又　鳳池吟稿　又　拙休稿

蔣用文　靜學齋集　名武生，以字行，儀真人。以醫事仁宗，官太醫院使，諡"恭靖"。

高得暘　節庵集②　字孟升，錢塘人。宗人府經歷，預修《永樂大典》，後坐解縉事，下獄死。

張顯　惷叟稿　字緝熙，奉新人，國子監丞。北都建，移北國學，能盡厥職，卒於官，兩京人士皆灑泣。

羅師程　寫心集　又　歸田集　名恢，以字行，永豐人。國子監博士。

---

①　"稿"，《千頃堂書目》卷十八作"集"。
②　"集"後，《千頃堂書目》卷十八有"三卷"二字。

周靜　滇南集　安福周霆震子。明初寶鈔提舉，坐事謫畢節衛，薦起官行人，使榜葛剌國，被羈，久乃歸，人比之蘇子卿。

侯復　觀光詩集十卷　字祖常，進賢人。永樂中，官國子助教。

錢蒙　綠苔軒詩六卷　字子正，無錫人。

錢子義　種菊庵詩四卷　子正弟，漢府長史。

錢仲益　錦樹齋詩六卷　名允升，以字行，蒙從子。洪武中，爲太常博士，後官長史，預修《太祖實録》。

孫子良　螺城集四卷　錢塘人。永樂甲申進士，武選郎中，出爲交阯參議。

陸顒　頤光集二十卷　字伯瞻，揚州興化人。洪武中，舉明經，官户部員外郎，與修《太祖實録》，奉使朝鮮得專對之體，爲時所稱。

鄧林　退庵集　字士齊，新會人。洪武丙子舉人，廣西貴縣教諭，遷吏部主事。宣德初，以事忤旨，謫居杭州。

鄭珞　訥庵集四卷　字希玉。庶吉士，寧波知府。

鄭瑛　玹齋集一卷　珞兄，俱侯官人。永樂乙未同榜進士，教諭。

任勉　薇庵集　華亭人。洪武甲戌進士，福建右參政。

王源　偉庵集　龍巖人。永樂甲申進士，潮州知府，有惠政，潮人比之韓愈。

姚肇　蒙庵詩集　富陽人。洪武中，舉孝廉，福建布政使。

武信　節齋詩二卷　滁州人。洪武甲戌進士，交阯順化知府。

林士敏　芹邊稿四卷　又　匡廬小稿　名懋，以字行，莆田人。洪武中鄉貢，淮安知府。

高暐　復庵集　字汝晦，浙江臨安人。永樂甲申進士，四川按察司僉事。

瞿祐①　宗吉集四卷　又　存齋樂全集三卷　又　香臺集三卷　又　香臺百咏一卷　又　存齋咏物詩一卷　錢塘人。洪武中，官訓導，歷周府長史。

趙文　慎獨齋稿一卷　字宗文，長洲人。永樂中鄱陽知縣。

葉銘臻　厚澤堂稿一卷②　慈谿人。永樂甲申進士，韓府伴讀。

----

① "祐"，《千頃堂書目》卷十八作"佑"。

② "稿一"，《千頃堂書目》卷十八作"詩集二"。

胡粹中　興復齋稿　名由,以字行,山陰人。楚府右長史。

毛肇宗　耶溪集二十卷　山陰人。永樂甲申進士,周王府教授。

賴添貴　詩一卷　字景望,清流人。永樂乙酉舉人,鄭府長史。

曾真保　樵溪漁叟集一卷　字文鼎,邵武人。永樂辛丑進士,浮梁知縣,奏最加秩六品。

葉生　明德集二十五卷　字則存,慈谿人。永樂甲申進士,蜀府伴讀,預脩《四書五經大全》。

徐曦　大方笑集十卷　字叔睿,開化人。永樂初,預修《大典》,爲楚府伴讀。

劉璃　虛庵集十卷　字伯玉,當塗人。永樂甲申進士,魯府教授,改官閩縣丞,人稱"哦松先生"。

龔澐　泮宮稿一卷　永樂間臨江訓導。

廖謹　澹交集　字慎初,南海人。南安府學教授。

鄭閶[①]　抑齋集一卷　字公望,閩縣人。永樂壬辰進士,廣信府學教授。

陳道曾　吳下集　又　筠陽稿　又　濡須稿　字端誠,晉江人。永樂戊戌進士,無爲州學正。

李卓　效顰集　永豐人。永樂辛丑進士,長沙府學教授。《貢舉考》作黃卓。

郭厓　鏡湖清唱四卷　字敬夫,閩縣人。永樂中布衣。

鄧定　耕隱集二卷　字子靜,閩縣人。永樂中,薦辟不仕。

王肇　蒙齋集六卷　字開若。永樂中,薦辟不仕,王褒子。

蘇鉦　竹坡吟稿二十卷　字良聲,建安人。永樂中高士。

楊讓　澹庵集二十卷　楊榮子。

雷境　閒居叢稿　字彥遇,建安人。永樂中,以孝薦,固辭,學者稱"慎齋先生"。

徐驥　皇華詩一卷　字尚德,浦城人。永樂中太學生。

童叙　文房選粹十卷　字景和,甌寧人。永樂四年,舉孝廉,以親老辭。

李揆　盤洲集一卷　字伯葵,廬陵人。李昌祺父,工爲詩,人稱"李五言"。

---

① "閶",原誤作"閽",據《千頃堂書目》卷十八、文淵閣《四庫全書》第1459册《明詩綜》卷二十一"鄭閶"條改。

謝貞　鶴鳴集一卷　字仕復,安福人。隱居不仕,善爲五言詩,有高岑風,集稱青山謝貞。

朱韞珉　海上詩稿一卷　鄱陽人。從鄭和使西洋,錄所見作。

丁晉　樵雲集　崑山人。洪武中,謫戍莊浪,永樂中選爲肅府校尉。

祖僎　丹淵詩集二卷　字其遠,當塗人。永樂中,預修《大典》。

羅泰　覺非集五卷　字宗讓,閩縣人,別號"覺非道人"。布衣,宣德初,聘典應天京闈,辭不就。集爲徐燉所輯。

周鳴　退齋稿六十卷　字岐鳳,吉水人。官漢府紀善,每諫以當守藩臣禮,庶人怒送於朝,仁宗察其誣,但謫長洲諭,後官兵部員外郎,子叙翰林學士。

以上永樂。

楊溥　楊文定公集十二卷　又　楊文定公詩集四卷①

陳山　詩稿

胡濙　芝軒集

向寶　疏庵日稿　字克忠,進賢人。洪武乙丑進士,都察院右都御史兼詹事府詹事。

熊概　芝山集四十卷　又　公餘集三十卷

章敞　質庵稿一卷　字尚文,會稽人。永樂甲申進士,禮部左侍郎。

李衡　澹軒集　當塗人。永樂甲申進士,南京兵部左侍郎。

俞士吉　樸庵自怡稿　象山人。洪武丙子舉人,南京刑部右侍郎。

吳訥　思庵集十一卷　又　思庵續集十卷　又　思庵詩集八卷　又　思庵文粹□卷②

羅汝敬　寅庵先生集三卷　名肅,以字行,吉水人。永樂甲申進士,工部侍郎。

周述　周孟簡　周氏兄弟集二卷　述字崇述。永樂甲申,與弟孟簡同及第,成祖親閱其卷,獎賞極至,同授翰林院編修,預修《永樂大典》,述累官左庶子。孟

---

① "又楊文定公"五字,朱筆刪去,熊《志》無。

② "□卷",《千頃堂書目》卷十八作"四册"。

簡累官襄府長史。　又　周孟簡翰林集一卷　又　西垣詩集一卷

陳繼　怡庵集二十卷　字嗣初，吳人。以楊士奇薦，授國子博士，改五經博士，直弘文閣備顧問，預修《實錄》，遷檢討致仕。

賴世隆　玉堂稿選二卷　字德受，清流人。宣德庚戌進士，編修。

姜洪　松岡集十一卷　字啓洪，江西樂安人。宣德癸丑進士，翰林院修撰，預修《宣宗實錄》。

李齡　宮詹遺稿六卷　字景熙，潮陽人。宣德己酉舉人，詹事府丞。

潘文奎　愚莊集一卷　字景明，永嘉人。宣德初，官春坊司直郎，預修太宗、仁宗《實錄》，後官福建參議。

胡瀕　燕岡集一卷　吉水人。永樂乙未進士，宣德時，官中書舍人。

楊復　土苴集五十卷　字遂初，長興人。永樂丙戌進士，南京大理寺右少卿。

潘賜　容庵集　字天錫，浦城人。永樂甲申進士，鴻臚寺少卿。

孔諤　舞雩春咏集二卷　曲阜聖後。

黃澤　旂峰詩集十四卷　字敷仲，閩縣人。永樂壬辰進士，浙江布政使。

陳輝　琴邊清唱十卷　字伯煒，閩縣人。永樂乙未進士，廣東按察使。

孫貞　竹齋文集　字宗正，豐城人。洪武癸酉舉人，國子監博士。

戴昴　西澗集一卷　字士儀，浮梁人。洪武癸酉舉人，嘉興府學教授。

王愷　雲谷集　字時舉，蒲圻人。永樂甲申進士，廣東布政司參議。

林實　朴齋集一卷　字仲美，福州長樂人。永樂辛卯進士，廣東按察司僉事。

梁蕚　真趣軒集二十卷　字紹理，臨川人。衡州府學教授，預修太宗、仁宗《實錄》。

高旭　榕軒集二卷　字伊旭，侯官人。宣德癸丑進士，江西按察司僉事。

賀確　友菊詩集八卷　字存誠，上元人。隱居不仕，周叙薦修宋遼金三史，辭不就。

劉績　嵩陽稿①　又　穿雲集　字孟熙，山陰人。隱士，別號西江。

羅紘　蘭坡集十二卷　又　會稽百咏一卷　字孟維，山陰人。

①　"稿"，《千頃堂書目》卷十八作"集"。

王珙　竹居集一卷　字廷珪,常熟人。

高均　武夷百咏一卷　高旭子,一作《木軒稿》。

徐遠　居學齋集六卷　字文穆,錢塘人。居應天,隱士。

胡鎮　涵素詩集三卷　字大寧。亦錢塘隱士。

沈璵　崑岡文稿　字吾溫,太倉州人。洪武中,謫戍滇南,宣德初,始歸,教授鄉里,學有源委。

楊貢　春庵集　字彥華,滁州人。中書省右司郎中楊元杲子,官楚府紀善。

王旭　鳴樵詩集　字士熙,蒲州人。性孝友,洪武間,代叔戍陝右,與曹端友善。

丁嵩　横峰樵唱　永昌人。洪熙初,舉懷才抱德不就,宣德間,應詔言六事徵,至道病卒。

王亶　篤齋集一卷　字彥誠,侯官人。王肇子,宣德中布衣。

程式　蘭省遺音二卷　常熟人。宣德癸丑進士。

黎久　未齋稿十六卷　又　明鐃歌鼓吹曲一卷　字之大,臨川人。宣德中,應薦試優等,爲高要知縣,以直諫下獄者十年。作《鐃歌太平頌》以獻,宣宗欲官以侍從,不果,後爲泌陽知縣。

蕭韶　蕭鳳儀文一卷　常熟人。生宣德間,有俊才。

壺敏　竹松集□卷　又　吳楚資糧四卷　字中行,宣德間人。善繪事。

鄭亮　蒙齋集一卷　字汝明,閩縣人。宣德癸丑進士,工部主事。

以上洪熙、宣德。

馬愉　淡軒文集八卷

陳循　芳洲集十卷　又　續集六卷　又　詩集四卷　又　東行百咏八卷

高穀　文義公集十卷

張益　文僖公集五卷

黃宗載　損齋文集　豐城人。洪武丁丑進士,南京吏部尚書。

王直　抑庵集四十二卷　一作六十二卷。

王英　泉坡文集六卷　又　詩集五卷

錢習禮　錢文肅集十四卷　又　應制集一卷　又　詞垣續稿　又　歸田稿
陳鎰　陳僖敏集六卷
魏驥　魏文靖公摘稿十卷
王瀹　退翁集六卷　王鈍子，南京戶部右侍郎。一作《退庵集》。
陳璉　琴軒稿三十卷
金問　青楊集　又　桂坊集　又　恥庵集　吳縣人。永樂中，以楷書薦。正統中，官南京禮部右侍郎，攝部事。
魯穆　竹素稿　又　游思稿
蔡錫　鄞山稿　鄞縣人。永樂癸卯舉人，巡撫湖廣，大理寺卿。
李奎　九川集六卷　弋陽人。永樂辛卯舉人，大理寺少卿。一本二十卷。
曾鶴齡　松膉集三卷　江西太和人。永樂辛丑進士第一人，翰林院侍講學士，攝南院事。
黎恬　觀過稿　又　徵士集　又　斐然稿　清江人。永樂壬辰進士，右春坊右諭德，預修《宣宗實錄》。
龔錡　蒙齋集十卷　建安人，字台鼎。宣德庚戌廷試一甲第二人，授編修，坐累去官。正統初，鄧茂七亂，錡應募為大軍鄉導，被賊害。
陳叔剛　絅齋集十卷　名根，以字行，閩縣人。永樂辛丑進士，以監察御史預修永樂、洪熙《實錄》，改翰林院修撰，後纂修《宣宗實錄》，陞侍讀，遭父喪卒。
陳叔紹　毅齋集一卷　名振，以字行，叔剛弟。正統乙丑進士，選監察御史，出為湖廣按察副使。
王鑑　翰林集一卷　字欽止，吉水人。正統丙辰進士，選庶吉士。
周旋　畏庵文集十卷①　永嘉人。正統丙辰廷試第一人，官左春坊左庶子兼翰林院侍講。
劉球　兩谿集二十四卷
周忱　雙崖集八卷
張楷　和唐音二十八卷　又　和李杜詩十二卷　又　陝西紀

---

① "文"字，《千頃堂書目》卷十九無。

行集

羅亨信　覺非集十二卷　　字用實,東莞人。永樂甲申進士,巡撫宣府,副都御史。

陳贄　蒙軒集三卷　又　和唐音三卷　又　和陶詩□卷　又　西湖百咏詩　　字惟成,餘姚人。由薦舉官翰林院待詔,歷太常寺少卿。

李時勉　古廉文集十一卷　又　詩集一卷

陳敬宗　澹然文集　又　澹然詩集□卷

邢旭　退省集　　字景陽,邢沂子。永樂甲申進士,正統初四川布政使。

柯暹　東岡集十二卷　　池州建德人。永樂乙酉舉人,預修《大典》,授刑科給事中,疏時政,被謫,後官雲南按察使。

方勉　怡庵集十五卷　　字懋德,歙人。永樂乙未進士,選庶吉士,歷官湖廣右參議。

李昌祺　容膝軒草　又　運甓漫稿①　　名禎,以字行,李揆子。河南左布政使。

丘陵　芸庵集三十卷　　字志高,蘭陽人。宣德己酉鄉試第一人,初官平鄉知縣,歷陝西右布政使。

林文秸　梅湖集二卷　　懷安人。與弟文秩同舉永樂乙未進士,官岳州府通判。

彭琉　息軒集　　安福人。永樂戊戌進士,雲南左布政使。

應履平　東軒集　　奉化人。建文庚辰進士,雲南左布政使。

陳璲　逸庵集　　字廷嘉,臨海人。永樂己丑進士第一人,江西提學僉事。

陳員韜　勿齋稿一卷　　臨海人,陳選父。宣德庚戌進士,歷福建右布政使。

左璫　訥庵集　　字世瑄,南城人。永樂戊戌進士,山東參政。

花潤生　介軒集　　字蘊玉,邵武人。永樂甲申進士,浙江按察司僉事。

沈慶　拙庵集　　字汝會,餘杭人。宣德中舉人,湖廣僉事,有平寇功。

王訓　寓庵文集三十卷　　貴州衛人。宣德己卯舉人,本衛教授。

金實　覺非齋文集二十八卷　　字用誠,開化人。永樂初,詣闕上書稱旨,命

---

① "漫"字原脫,據《千頃堂書目》卷十九、《四庫全書總目》卷一百七十補。

入翰林預修《太祖實錄》,授典籍,又預修《大典》,授春坊司直郎,改授衛王府長史。

聶大年　東軒集四十卷　一作四卷。大年字壽卿,臨川人。薦舉爲仁和訓導,遷教諭,景泰六年卒。

沐昂　素軒集十二卷　黔寧王第三子,鎮守雲南總兵,官左都督,贈定邊伯,諡"武襄"。

沐僖　□□集二卷　昂子,南京錦衣衛千户,贈都督同知。

沐璘　繼軒集四卷　字廷璋,僖子。鎮守雲南總兵,官都督同知,贈右都督。①

王清　建橐集二卷　字一寧,合肥人。臨清衛指揮,爲廣東都指揮使,死黄蕭養之難。

陸愷　恒拙稿　字元之,武進人。正統乙丑進士,户部郎中。

鮑寧　謐齋集十卷　字廷謐,歙人。正統初薦舉,不就。

秦樸　抱拙集六卷　無錫人,秦金曾祖父。布衣。

謝復　西山類稿六卷　字一陽,祁門人。

謝晉　蘭亭集一卷　字孔昭,吴縣人,號葵丘。

沈以潛　潛齋集　吴人。宣德初,徵入爲醫士,以蔣用文薦,授御醫。

張冐　夢庵集　字繼孟,吴人。張芸己子,從宋濂學。

陶元素　松雲集　字希文,上元人。正統丙辰進士,以親老乞終養,遂不復仕。天順己卯、成化辛卯,兩主浙江、河南鄉試。

李澄　竹軒手稿　字文淵,句容人。鉅野縣學訓導。

蹇英　草堂集　又　寓懷稿　字伯榮,巴縣人,蹇義子。以父任,官太常司少卿。

陳勉　秋林集一卷　字進之,無錫人。以貢入太學,受知祭酒李時勉,後官工部員外郎。

劉泰　菊莊晚香集　又　雪餘倡和集　字士亨,錢塘人。隱士。

張倬　毅齋集二十卷　又　筆錄十卷　字士昭,山陰人。正統中舉人,崑山訓導。

葉瑗　薰風吟五卷　字仲美,慶元人。隱居薰山。

---

①　"四""璋",《千頃堂書目》卷十九分別作"三""章"。

徐履誠　城南集二卷　龍游人。正統間,累辟明經,不就。

王阜　詩集一卷　字公大,福州長樂人。正統丁卯舉人,河源教諭。

鄭鯨　雲遨摘稿八卷　字騰海,歙人。集爲程敏政選定。

周鼎　土苴集八卷①　又　土苴詩集二卷　字伯器,嘉興人,②一名鑄,字九鼎。有文名,從金濂平鄧茂七有功,授沐陽縣典史。

黎擴　善鳴稿　字大量,臨川人。正統初,舉賢良,爲蘇州府學教授。

馮善　戒軒集

王佐　雞肋集　字汝學,瓊州臨高人。正統丁卯舉人,臨江同知。

方冕　志雲詩集　字元服,錢塘人。正統中翰林侍讀學士,周叙薦之朝,不報,後爲平江伯陳□客。③

以上正統。

彭時　彭文憲公集四卷　一作八卷。

商輅　商文毅公集三十二卷　又　集十一卷

江淵　觀光、錦榮、鳴玉、全生、休休子等集

王一寧　王文通集八卷　又　節齋文集三十六卷　名康,以字行。

蕭鎡　尚約集二十卷　又　詩集十卷

于謙　節闇集八卷

何文淵　東園遺稿四卷

曹義　默庵集二卷　句容人。永樂乙未進士,南京吏部尚書。

徐琦　徐尚書文集六卷　錢塘人。永樂乙未進士,南京兵部尚書。

孫元貞④　歲寒集二卷　德興人。永樂乙未進士,巡撫浙江,都御史兼兵部尚書。

---

① "土苴集"前,《千頃堂書目》卷十九有"桐村疑舫齋"五字。
② "嘉興",《千頃堂書目》作"嘉善"。
③ 空格處,《千頃堂書目》卷十九作"氏"。
④ "元",《千頃堂書目》卷十八作"原",《四庫全書總目》卷一百七十五"歲寒集二卷"提要:"明孫瑀撰,瑀字原貞,以字行,德興人。"當據改。

張純　紀遇集十二卷　江陵人。永樂辛丑進士,南京兵部尚書。
楊寧　白雲稿　又　臥雲稿　錢塘人。宣德庚戌進士,南京刑部尚書。
習嘉言　使西稿　又　尋樂集　名經,以字行,新喻人。永樂戊戌進士,詹事府詹事兼太常寺少卿。
周叙　石溪集八卷　又　石溪類集十一卷　字伯叙,吉水人。永樂戊戌進士,翰林院侍講學士,攝院事。
俞山　梅莊集　字積之,秀水人。永樂癸卯舉人,太子少傅,吏部左侍郎。
楊鼎　晞顏先生詩一卷　吳縣人。正統初,薦舉邸王長史,十四年,擢兵部右侍郎,不治事,後加禮部尚書。
宋琰　學言稿十五卷①　字廷崇,奉化人。永樂乙未進士,南京兵部右侍郎,預修《宣宗實錄》。
劉清　桴庵集　字廉夫,滁州人。正統戊辰進士,刑部右侍郎,謫四川右參政。
王來　抑齋集　字元之,慈谿人。宣德丙午舉人,南京工部尚書兼大理寺卿。
洪英　澹成集　字寬夫,懷安人。永樂乙未會試第一人,巡撫浙江,右都御史。
王暹　慎庵集四十卷　紹興山陰人。永樂戊戌進士,巡撫河南,都御史。
王詢　誠齋集　公安人。宣德庚戌進士,國子監祭酒。
賈恪　林居集一卷　字惟恭,通許人。正統己未進士,官御史,歷山東右參議,自號"林居子"。
黃潤玉　南山稿　字孟清,鄞縣人。永樂時舉人,歷湖廣按察使。
趙謐　貞齋集一卷　字子安,涇陽人。正統甲子陝西解元,景泰辛未進士,江西右參議。
段堅　容思集　字可久,蘭州人。景泰甲戌進士,南陽知府。
章瑄　竹莊集四十卷　字用暉,會稽人。景泰甲戌進士,遼東行太僕寺少卿。
吳宣　野庵先生集十六卷　字師尼,崇仁人。景泰癸酉舉人,順慶知府。
王佐　梅軒集一卷　字彥弼,王褒從孫。景泰辛未進士,廣東參政。
陸昶　螢窗集　又　秋臺集　又　閩海集　又　雲泉集　字孟昭,常熟人。景泰辛未進士,福建參政。

---

① "學言稿",《千頃堂書目》卷十八作"拙庵學言集"。

朱諲①　紀行集一卷　字元肅,會稽人。景泰中舉人,官國子監學錄,嘗典福建、雲南試事。

蔣主孝　務本集　又　樵林摘稿一卷　蔣用文子。

蔣主忠　慎齋集七卷　與兄主孝皆在景泰十才子之列。

沈愚　簣籟集二十卷　又　吳歈集五卷②　字通理,崑山人。以詩名吳下。

湯公讓　東谷遺稿十三卷　公讓所著有《五雲清唱》《風雅遺音》《蛙池鼓吹》《六體香奩》,諸集皆佚。

劉溥　草窗集二卷　字原博。世以醫名,宣德初,授惠民局副使,調太醫院吏目。與晏鐸、蘇平、湯公讓、王淮、沈愚、鄒亮等稱十才子。

晏鐸　青雲集　字振之,富順人。永樂戊戌進士,官監察御史。

蘇平　雪溪漁唱六卷　又　雲壑集③　字秉衡,海寧人。永樂中,舉賢良方正,與其弟正俱在景泰十才子之列。

鄒亮　漱芳等集二十卷④　字克明,長洲人。正統初,用郡守況鍾薦,授吏部司務,擢監察御史。

王淮　大媿集　字栢源,慈谿人,亦十才子之一,又有駙馬都尉永春侯王寧子貞慶亦在其列,集未見。

錢暉　避庵詩集四卷　字允暉,常熟人。錢甦孫,入貲爲浙江都司經歷。

賀甫　感樓集一卷　字美之,吳人。集楊循吉所選定。正統間,詔有司舉士,無錫以甫名,上以非本邑,罷歸。

鄭文康　平橋集十八卷　字時乂,崑山人。正統戊辰進士,觀政大理寺,移疾歸,遂不仕。

桑琳　鶴溪集二十卷　字廷貴,太倉州人。桑悅父。

---

①　"諲",《千頃堂書目》卷十九作"禋"。

②　"歈",原誤作"歙",《千頃堂書目》卷十九作"歈",北周庾信《哀江南賦》:"吳歈越吟,荆艷楚舞。"據改。

③　"雲壑集",《千頃堂書目》卷十九著者爲"蘇正",《續修四庫全書》第1698册影印清嘉慶二十四年扶荔山房刻本《靜志居詩話》卷七"蘇正":"字秉貞,平弟,有《雲壑集》。"

④　"漱芳"前,《千頃堂書目上》卷十九有"鳴珂"二字。

陳頎　適楚錄　又　游梁錄　字永之，長洲人。景泰間，授武陽訓導。
錢洪　竹深堂詩集四卷　常熟人。與景泰十才子同時。
劉英　賓山詩集六卷　又　蕉雪稿□卷　又　竹東小稿□卷　又　湖山詠錄□卷　字邦彥，仁和人。景泰天順中，舉明經，不起，以詩名。

以上景泰。

徐有貞　武功集八卷
許彬　東魯先生集十卷　又　詩集□卷
薛瑄　敬軒集四十卷　又　河汾詩集八卷
李賢　古穰集三十卷　又　古穰續集二十卷
呂原　介軒集十二卷①
岳正　類博稿十卷
陳文　裘齋稿一卷　又　需軒遺稿一卷②
沈固　耐翁稿　丹陽人。永樂乙酉舉人，户部尚書。
劉廣　衡雲庵集三十卷　萬安人。永樂甲辰進士，□部尚書。
耿九疇　西秦彙稿　平定州人。永樂甲辰進士，南京刑部尚書，謚清惠。
劉鉉　劉文恭公詩集六卷　長洲人。永樂庚子舉人，少詹事兼翰林院侍讀，贈禮部侍郎，謚文恭。
劉儼　文介集三十二卷　吉水人。正統壬戌狀元，太常寺少卿兼侍講學士，③播院事，贈禮部侍郎，謚文介。
林文　澹軒稿十二卷　字恒簡，莆田人。宣德庚戌進士，廷對第三人，官太常寺少卿兼翰林院侍讀學士，卒贈禮部侍郎，謚"襄敏"。
黃諫　蘭坡集一卷　又　使南稿　蘭州人。正統壬戌一甲第三人，翰林院侍講學士，謫廣州通判。

---

① "軒"，《千頃堂書目》卷十九作"庵"。
② "遺"，《千頃堂書目》卷十九作"逸"。
③ "侍講"，《千頃堂書目》卷十九作"侍讀"。

吴與弼　康齋文集十二卷
黃仕儁　詩文二十卷　富順人。正統壬戌進士,刑部右侍郎。
陳泰　拙庵集二十五卷　光澤人。永樂癸卯舉人,總督漕運,右副都御史。
王宇　厚齋集三卷　祥符人。正統己未進士,大理寺卿。
趙昂　貽安集　又　叢桂集　又　竹溪小稿　字伯顒,永清左衛人。正統乙丑進士,通政司右參議。
金潤　靜虛稿　又　靜虛外稿　又　南山十秀集　字伯玉,上元人。正統戊午舉人,南安知府。
張和　篠庵集十卷
張穆　勿齋集二十卷
劉昌　五臺集二十二卷　字欽謨,吳人。正統乙丑進士,廣東左參政。胥臺、鳳臺、金臺、嵩臺、越臺等稿。
劉珏　完庵集　字廷美,長洲人。正統戊午舉人,山西按察司僉事。
杜庠　楚游稿①　江浙歌風集　字公序,長洲人。景泰甲戌進士,攸縣知縣。
成始終　澹軒紀行集七卷　字敬之,無錫人。正統己未進士,湖廣按察司僉事。
卞榮　蘭堂集七卷　字華伯,江陰人。正統乙丑進士,戶部郎中。
孫瓊　鹿城遺稿　崑山人。正統戊辰進士,刑部郎中。
沈彬　蘭軒集十卷　字原質,武康人。正統壬戌進士,刑部郎中。
楊述　蘭谷集二卷　桐鄉人。遼府右長史。
左贊　桂坡文集三十卷　又　桂坡遇録一卷　又　梅花百咏一卷　字時朔,南城人。天順丁丑進士,廣東右布政使。
饒秉鑑　雯峰集　字憲章,廣昌人。正統甲子舉人,廉州知府。
涂謙　觀風稿　又　朝天稿　字恒謙,豐城人。正統乙丑進士,貴州按察使。
孟旻　山房類稿四卷　字廷振,閩縣人。正統己未進士,廬州知府。

---

①　"稿"字原無,據《千頃堂書目》卷十九補。

陳維裕　友竹集四卷　字饒初，福州長樂人。天順庚辰進士，御史。
張濬　孝友堂遺稿一卷　字哲之，閩縣人。天順己卯舉人，饒平令。
蕭儼　竹軒稿二十卷　字畏之，內江人。正統壬戌進士，貴州左布政使。
尹淳　陶冶集二十卷　崇慶州人。正統中舉人，參政。
周瑩　郡齋新稿十卷　字次玉，莆田人。正統乙丑進士，撫州知府，以詩名。
杜瓊　東原集一卷　字用嘉，吳縣人，自號"鹿冠老人"。
羅周　梅隱稿十八卷　字汝濟，山陰人。羅紘子，嘗辟儒官，不就。
羅新　介軒集八卷　周弟。
盧楷　可齋詩集一卷①　字中夫，東陽人。天順壬午解元。
潘琴　竹軒稿七卷　又　咏史詩一卷　字舜絃，景寧人。天順丁丑進士，興化知府。
伍方　柳庵集十八卷　字公矩，嘉興人。景泰甲戌進士，官御史。
陸昂　吟窗渉趣　字元偶，錢塘人。少游劉菊莊之門。
朱元振　壽梅集一卷　松江人。
張城　西莊稿四卷
朱祐　葵軒集一卷

以上天順。

劉定之　呆齋存稿二十一卷　又　續稿五卷　又　藏稿八卷
劉珝　劉古直文集十六卷
彭華　彭文思公集十卷
尹直　澄江集二十五卷
李秉　公餘集　又　江南雜集　又　雲中集②　又　歸田集

---

① 此條書名，《千頃堂書目》卷十九作"三峰盧氏可齋集一卷附錄一卷"。
② "雲"，原誤作"雪"，據《千頃堂書目》卷十九、文淵閣《四庫全書》第541冊《山東通志》卷三十四改。

姚夔　姚文敏公集十卷　一名《蕞蠹堆稿》。
李裕　古澹集四卷　又　東藩倡和集一卷
楊鼎　助費稿二十卷
翁世資　冰崖集
倪謙　玉堂稿一百卷　又　南宮稿二十卷　又　上谷稿八卷　又　歸田稿四十二卷　又　倪文僖公集三十二卷
周洪謨　箐齋集五十卷　又　南皋子集二十卷
程信　晴洲釣者集
項忠　項襄毅公遺稿一卷
王越　王襄敏公集四卷
林聰　見庵集十四卷
張瑄　觀庵集十五卷　又　南征錄三卷　又　粉署餘閒稿一卷　又　凝清集八卷　又　關洛紀巡錄十七卷
胡拱辰　雞肋集　又　錦官稿　又　敬所雜著稿①　又　志拙齋詩集　又　山居雜咏
謝一夔　古源文集六卷　一名《謝文莊公集》。
羅箎　知庵集□卷　南京右都御史。
韓雍　韓襄毅文集十五卷
朱英　誠齋遺稿　又　認真子集②
柯潛　竹巖集八卷
孫賢　鳴盛錄三卷　杞縣人。景泰甲戌廷試一甲第一人，官太常寺卿兼翰林院侍講學士，贈禮部左侍郎，謚"襄敏"。
吳希賢　聽雨亭稿五卷　莆田人。天順甲申進士，南京翰林院侍讀學士，攝院事。
張泰　滄洲集八卷　字亨父，太倉人。天順甲申進士，翰林院修撰。

---

①　"稿"，《千頃堂書目》卷十九無。
②　"集"後，《千頃堂書目》卷十九有"一卷"二字。

陸釴　春雨堂稿三十卷
王臣　北山集三卷　　廬陵人。成化己丑進士,選庶吉士,授編修,歷廣西參政。
葉盛　水東文稿二卷　又　水東詩稿二卷　又　菉竹堂小稿一卷　又　涇東小稿一卷　又　菉竹堂集□卷
楊守陳　楊文懿公集三十卷　《晋庵稿》一卷,《鏡川稿》四卷,《東觀稿》十卷,《桂坊稿》五卷,《金坡稿》九卷,《銓部稿》一卷。
范理　丹臺稿十卷
楊璿　宜閒集十二卷　　無錫人。正統乙未進士,户部右侍郎,尋改都察院左副都御史,巡撫河南。
程萬里　閒情集　　華容人。天順丁丑進士,户部右侍郎。
邢讓　辟雍稿一卷　　襄陵人。正統戊辰進士,禮部右侍郎。
章綸　拙稿　又　困志集
廖莊　漁梁集二卷　　字安止,吉水人。宣德庚戌進士,刑部左侍郎。
曾翬　龍坡集□卷　　吉安泰和人。宣德癸丑進士,刑部左侍郎。
林鶚　畏齋存稿十卷　　台州太平人。景泰辛未進士,刑部右侍郎,贈尚書,諡"恭肅"。
金紳　心雪稿　又　江西巡視稿　　上元人。景泰甲戌進士,南京刑部右侍郎,視部事。
黃孔昭　定軒存稿　　字世顯,台州太平人。天順庚辰進士,南京工部右侍郎。
羅倫　一峰集十卷　　一本十四卷。
莊昶　定山集十卷
黃仲昭　未軒集十三卷
陳獻章　白沙集二十二卷　又　白沙子八卷　又　白沙遺編六卷　楊起元白沙文編六卷
張弼　東海文集五卷　又　東海詩集四卷
胡居仁　敬齋集三卷
陳真晟　布衣存稿九卷
夏寅　夏文明公集四十卷　又　備遺錄二十三卷

張寧　芳洲文集三十二卷① 字靜之，海寧人。景泰甲戌進士，汀州知府。

閻禹錫　自信集 字子與，洛陽人。正統甲子舉人，監察御史。

夏時正　瀛嶼稿一卷　又　留餘稿三十五卷

何衷　靜齋稿 新淦人。天順丁丑進士，南京大理寺右寺丞。

畢亨　復齋小稿六卷 洛陽籍，單縣人。景泰甲戌進士，巡撫應天，副都御史。

張瓚　土苴內外集　又　東征紀行錄　又　征夷雜紀 孝感人。正統戊辰進士，總督漕運，副都御史。

高明　終養錄　又　征閩錄　又　安定錄

汪浩　恆庵集 石首人。景泰辛未進士，巡撫四川兼理貴州，副都御史。

吳琛　愚庵集 繁昌人。景泰辛未進士，總督兩廣，都御史。

盧祥　行素集 東莞人。正統壬戌進士，巡撫延綏，都御史。

丁川　東陵文集 新昌人。天順甲申進士，巡撫延綏，都御史。

盛頤　冰壑集 無錫人。景泰辛未進士，巡撫山東，都御史。

方漢　壽山文集 字孔殷，淳安人。景泰庚午舉人，南京太僕寺卿。

陳鑑　方庵集 長洲人。正統戊辰一甲第二人，國子監祭酒。

岳璿　仕優小稿 字文璣，祥符人。景泰辛未進士，山東左參政。

夏塤　嶺南集　又　江西行稿②　又　三巴稿 字宗成，天台人。景泰辛未進士，巡撫四川，都御史。

鄭環　栗齋稿③ 字瑤夫，仁和人。天順庚辰一甲第三人，南京太常寺少卿。

王徽　辣齋集④　又　引笑集 字尚文，江浦人。天順庚辰進士，南京禮科都給事，陝西參議。

沈鍾　休齋集一卷　又　晉陽稿一卷 字仲律，上元人。天順庚辰進士，按察司副使，提督湖廣、山東、山西學政，在郎署時與羅倫、章懋、黃仲昭、莊昶、周

---

① "芳""三十二"，《千頃堂書目》卷十九分別作"方""四十"。

② "江西"前，《千頃堂書目》卷十九有"嶺南"二字。

③ "齋"，《千頃堂書目》卷十九作"庵"。

④ "辣"，原誤作"辢"，《千頃堂書目》卷十九作"辣"，《本朝分省人物考》卷十二"王徽"條："王徽字尚文，辣齋，其號也。"據改。（《續修四庫全書》第533冊）

孟申、林孟和、支立、項麒、陳壯稱十君子。①

任彥常　克齋稿　上元人。天順壬午鄉試第一，舉成化壬辰進士，福建按察司僉事，提督學政。

蔣誼　紀行集　又　吹映餘音　字宣誼，上元人。成化丙戌進士，南京河南道御史。

李昊　坦拙稿十卷　又　謫居集四卷　字志遠，上元人。成化己丑進士，檢討改禮科給事中，歷廣西太平知府。

朱貞　息軒稿　南京旗手衛人。天順丁丑進士，四川布政司參議。

伊乘　集八卷　字德載，上元籍，吳縣人。成化戊戌進士，四川提學僉事。

秦夔　五峰遺稿二十四卷②　無錫人。天順庚辰進士，江西右布政使。

丁璣　補齋集八卷　字玉夫，丹徒人。成化戊戌進士，廣東提學副使。

張稷　竹西稿　字世用，寶應人。成化壬辰進士，監察御史。

陸容　式齋集三十八卷　又　浙藩稿十卷

孫衍　雪岑集四卷　一作八卷。衍字世延，華亭人。成化戊戌進士，延平知府。

張遜　鈍軒稿　字時敏，無錫人。舉人，福州知府。

張素　檜泉集　又　和續詠史詩　又　詠物詩　字元卿，山陽人。成化乙酉舉人，河陰令。

張愷　蚓竅餘音　字元之，無錫人。成化甲辰進士，福建鹽運使。

薛綱　三湘集二卷　字之綱，山陰人。天順甲申進士，雲南布政使。

張昺　歸田集　又　棟莊集　又　寓鳴集　慈谿人。成化壬辰進士，四川副使。

姜璉　凝香稿　字廷器，蘭溪人。天順庚辰進士，永平知府。

金忠　甕天稿三卷　又　東甌童子吟稿三卷　字尚文，麗水人。天順甲申進士，南京道御史。

金文　晉陽稿　又　讞獄餘興二卷　又　履素閒吟　又　東游稿　又　塤箎和聲　又　鏡潭新咏　字尚德，金忠兄。景泰辛未

---

① "周孟申""支立"，《千頃堂書目》卷十九分別作"周孟中""支玄"。
② "卷"，原誤作"稿"，據文意改。

進士,開封知府。

司馬軫　端齋杜撰十二卷　　字式古,山陰人。□□□□舉人,國子監助教。

王汶　齊山文集　　字允達,王禕曾孫。成化戊戌進士,中書舍人。

王弼　南郭集八卷　　字存敬,黃岩人。成化乙未進士,興化知府。

姚綬　雲東集十卷　　字公綬,嘉善人。天順甲申進士,監察御史,出知永寧府。

倪輔　類劇藏稿　又　獻笑存稿　　字良弼,平湖人。天順甲申進士,湖廣參政。

沈榮　熙貞集①　　字元節,平湖人。天順甲申進士,貴州參政。

盧格　荷亭文集十四卷　　字正夫,東陽人。成化辛丑進士,監察御史。

方佖②　二宜軒集　　衢州人。天順庚辰進士,貴州按察司僉事。

周瑛　翠渠摘稿七卷　　字梁石,莆田人。成化己丑進士,四川右布政使。

宋端儀　立齋稿　　字孔時,莆田人。成化辛丑進士,廣東僉事。

張璸　慎庵小稿六卷　又　錦江雜咏四卷　　字孔圭,浦城人。成化庚子舉人,蘇州同知。

江沂　虛舟集十卷　　字本達,建安人。成化丙戌進士,四川副使。

陳煒　恥齋集十一卷　　閩縣人。天順庚辰進士,浙江布政使。

陳崇德　三峰集一卷　　字季廣,長樂人。成化辛丑進士,浙江布政使。

孫治　鳴春集　　清江人。成化辛丑進士,知縣,以忤汪直棄歸。

丘霽　草堂集　　字時雍,鄱陽人。天順丁丑進士,蘇州知府。

段正　介庵集三十卷　又　課程日紀十卷　　字以中,澤州人。成化丙戌進士,江西參政。

閻仲實　葵庵集　　隴州人。景泰丙子鄉試第一人,成化己丑進士,河南參政。

嚴永濬　兩山集　　字宗哲,華容人。成化戊戌進士,南安知府。

黃瑜　雙槐集　　香山人。景泰戊子舉人,長樂知縣。

李冕　崇岡集一卷　　青城人。天順甲申進士,陝西按察使。

---

① "熙",《千頃堂書目》卷十九作"頤"。
② "佖",《千頃堂書目》卷十九作"泌"。

劉時敉　素庵集三卷　字用行,内江人。天順甲申進士,山東僉事。
滕檳　永昌百咏　又　歸田錄　字秀之,永昌人。成化丁未進士,南京户部郎中。
易貴　竹泉文集十五卷　字天爵,貴州宣慰司人。景泰甲戌進士,辰州知府。
蔣琬　筠清軒集十卷　又　雜文一卷　太保兼太子太保,定西侯,追封涼國公,謚襄毅。
陳文　朴庵歸休稿□卷　長興人。温州衛指揮同知,以征閩功陞浙江都指揮僉事。成化初,總督兩浙漕運。
王桓　雪航集十卷　字公玉,華亭人。
朱翰　石田清嘯十四卷①　一作六卷。成化中嘉興布衣。字漢翔,號石田。
王佐　王古直存稿四卷　字仁甫,黃岩人,自號"古直老人"。
顧文淵　滄江集四卷　字靜卿,錢塘人。諸生。
鄭伉　蛙鳴集　字孔明,常山人。從學吴與弼。
洪貫　太白山人稿五十卷　字唯卿,鄞縣人。成化丁酉舉人,崇化知縣。
張胄　西溪集十五卷　字仲翼,嵊縣人。年十三爲《雪賦》,楊信民薦其經學該博,才堪任使,不報,自號"西溪子"。
丁元吉　文集六十四卷　字无咎,丹徒人。與陳獻章善,號"易洞先生"。
唐成　天傭集二十卷　又　瓢稿十卷　字伯敬,丹徒人。
曾仲質　蘭軒集四卷　又　和馮海粟梅花百咏一卷　字應文,南豐人。陰陽訓術。
吕楨　澗松遺稿十六卷　贛縣人。成化歲貢,睢寧縣丞。
尹東郊　櫟亭集四卷　字敬孚,嘉定州人。博學,善爲詩,郡守魏瀚常薦之朝,不就。
謝省　逸老堂淨稿十九卷　台州人。景泰甲戌進士,官知府。
劉敔　鳳巢小鳴稿六卷　字中和,廬陵人。成化丙午舉人,賓州知州。
林景清　竹窗小稿二卷　字清夫,②連江人。貢士,興國州判官。

---

① "嘯"後,《千頃堂書目》卷十九有一"集"字。
② "清夫",《千頃堂書目》卷二十作"靖夫"。

葉元玉　古厓集十七卷　字廷璽,清流人。成化辛丑進士,潮州太守。
安康　青鸞溪集　字汝錫,思南人。景泰癸酉舉人,澂江知府。
桑悅　民懌文集十六卷①　常熟人。成化□□舉人,柳州通判。
徐威　畸所漫稿二卷　字廣威,江西泰和人。弘治壬子舉人,鄖西教諭,桑悅弟子。
楊光溥　沂川集六卷　沂水人。成化己丑進士,江西副使。
陳炷　留餘存稿十四卷　字文用,閩縣人。成化戊戌進士,浙江僉事。
程楷　念齋集十四卷　字正之,樂平人。成化丁未進士第一人,官編修。
瞿俊　留餘堂集十卷　常熟人。成化己丑進士,官御史。
龍瑄　鴻泥集二十卷　又　燕居集□卷　字克温,宜春籍,金陵人。與丘濬、陳獻章友善。

以上成化。

徐溥　徐文靖公集七卷　又　謙齋集□卷
劉健　晦庵集
丘濬　瓊臺類稿五十二卷　又　瓊臺吟稿十二卷
李東陽　懷麓堂文集三十卷　詩集二十卷　又　後集三十卷　詩集十卷　又　懷麓堂續稿二十卷　又　西涯古樂府二卷　何孟春注。又　講讀錄一卷　又　東祀錄一卷　又　南行稿一卷　又　北上稿一卷　又　求退錄三卷
謝遷　歸田稿十卷
陸簡　龍皋稿十九卷　詹事府詹事兼翰林院侍讀學士,贈禮部右侍郎。
程敏政　篁墩文集九十三卷　又　外集十二卷　又　別集二卷　又　行素稿一卷　又　拾遺一卷　又　雜著十卷　又　篁墩文粹二十五卷　族子程曾輯。
吳寬　匏庵家藏集七十七卷　補遺一卷

———
① "民懌文",《千頃堂書目》卷二十作"思玄"。

張元禎　東白先生文集二十四卷①
王恕　王端毅公集九卷
耿裕　青崖稿　又　澹庵稿
倪岳　青谿漫稿二十四卷
倪阜　東岡小稿六卷　字舜薰，倪岳弟。成化丁未進士，四川布政使。
馬文升　馬端肅公集一卷
王㒜　思軒集十二卷
楊守阯　碧川文抄二十九卷　又　詩二十卷②　又　碧川文選四卷
鄭紀　東園遺稿十三卷　仙游人。天順庚辰進士，南京戶部尚書。
徐瓊　東谷文集
熊翀　止庵集
張升　張文僖集二十二卷
黎淳　龍峰集十三卷
江瀾　銓曹稿　又　東川稿　又　春亭稿
童軒　枕肱集二十卷　又　清風亭稿十卷
劉大夏　東山詩集二卷
張悅　張莊簡集五卷
何喬新　椒丘文集三十二卷　附錄一卷
彭韶　惠安文集十二卷　又　從吾淨稿八卷
閔珪　閔莊懿公集十卷
張錦　秋壑小稿　又　宣政錄　岷州人。成化己丑進士，刑部左侍郎。
劉璋　梅坡集　南平人。天順丁丑進士，太子少保，工部尚書。
徐貫　餘力集十二卷　字原一，淳安人。天順丁丑進士，太子太保，工部尚書，贈少保，諡"康懿"。

---

① "先生文"三字，《千頃堂書目》卷十九無。
② "詩"後，《千頃堂書目》卷二十有一"抄"字，當據補。

程宗　司空集八卷　又　撫夷集　字源伊,常熟人。景泰辛未進士,南京工部尚書。

劉宣　冲淡集　安福人。景泰辛未進士,南京工部尚書,諡"文懿"。

董越　董文僖文集四十二卷

李孟暘　南岡吟稿三卷

張敷華　介軒集

謝鐸　桃溪淨稿四十五卷　又　桃溪詩稿三十六卷　又　偲山集七卷

陳音　愧齋集十卷　一作十二卷。

鄒智　立齋遺文四卷

李文祥　檢齋遺稿二卷

夏鍭　赤城集七卷①　天台人。成化丁未進士,南京大理寺評事。

賀欽　醫閭集九卷

李承箕　大崖集二十卷　字世卿,嘉魚人。少讀書大厓山,舉成化丙午鄉試,師陳獻章,不仕。

李承芳　東崖集　承箕弟,弘治庚戌進士,大理寺寺副。

張吉　古城文略四卷　又　古城詩略十卷　餘干人。成化辛丑進士,貴州布政使。

張詡　東所先生集十卷　又　南海雜咏十卷　字廷實,番禺人。成化己丑進士,通政司參議。

林光　緝熙集十卷　字緝熙,東莞人。成化乙酉舉人,襄府左長史。

羅璟　北上稿一卷　江西泰和人。天順甲申進士,南京國子監祭酒。

張天瑞　雲坪集四卷　字天祥,山東清平人。成化辛丑一甲第二人,官春坊庶子兼翰林院侍讀。

劉戩　晉軒集　字景元,安福人。成化乙未一甲第二人,右春坊右諭德。

劉震　雙谿集　安福人。成化壬辰進士,一甲第二名,國子監祭酒。

---

① "七",《千頃堂書目》卷二十作"四"。

錢福　鶴灘文集六卷　華亭人。弘治庚戌狀元,翰林院修撰。

敖山　石稜粲然稿一卷　字靜之,莘縣人。成化戊戌進士,翰林院編修,江西提學副使。

謝士元　咏古詩集三卷　字仲仁,福州長樂人。景泰甲戌進士,巡撫四川,副都御史。

張貴　六可翁集七卷　字彥質,成都前衛籍,瀘溪人。成化丙戌進士,南京太僕寺卿。

王珣　南軒詩稿二卷　曹縣人,王崇文等父。成化己丑進士,巡撫寧夏,副都御史。

周孟中　畏齋集十卷　字時可,吉水人。成化己丑進士,廣東布政使,詔陞副都御史,致仕。

徐源　瓜涇集二卷　字仲山,長洲人。成化乙未進士,巡撫山東,副都御史。

李應禎　遺集四卷　長洲人。景泰癸酉舉人,南京太僕寺少卿。

楊循吉　遺集　《齋中雜咏》一卷、《都下贈僧詩》一卷、《菊花百咏》一卷、《攢眉集》一卷、《燈窗末藝》一卷。

趙寬　半江集十一卷　字栗夫,吳江人。成化辛丑會試第一人,廣東按察使。

邵珪　半江集六卷　字文敬,宜興人。成化己丑進士,思南知府。

陳章　西潭詩集　字一夔,華亭人。成化戊戌進士,高州知府。

董時望　雲峰集十三卷　江西樂安人。成化甲辰進士,監察御史。

胡爌　蒲塘集□卷　字仲□,蕪湖人。弘治癸丑進士,庶吉士,戶部主事。

吳瑞①　西谿集　又　宦游稿　又　居閒稿　字德徵,崑山人。成化乙未進士,工部郎中。鑿高郵內湖以辟風濤,至今賴之。

祁順　巽川集二十卷　又　使東稿　又　冷庵翠渠倡和　又　寶安雜咏　字致和,東莞人。天順庚辰進士,江西布政使。

杭濟　澤西詩集六卷②　宜興人。弘治癸丑進士,福建布政使。

蕭顯　海釣遺風四卷　又　鎮寧行稿　又　歸田錄　字文明,山

① "瑞",《千頃堂書目》卷二十作"瑀"。
② "詩"字,《千頃堂書目》卷二十一無。

海關人。成化壬辰進士,福建按察司僉事。

潘珏　三覲稿　又　澹翁稿　又　雲萍倡和　字玉汝,婺源人。成化甲辰進士,福建僉事。

楊璡　弦齋集　字用章,祥符人。成化乙未進士,山東僉事。

郭緒　學吟稿　又　撫夷錄　字繼業,太康人。成化辛丑進士,四川右參政。

虞臣　竹西亭稿　又　竹西回文一卷　字元凱,吳縣人。成化戊戌進士,四川右參議。

高鑑　鉄溪集　信陽州人。成化戊戌進士,夔州知府。識何景明于童時,以女妻之。

陳欽　自庵稿□卷①　又　海山聯句錄四卷　南京欽天監人。成化丁未進士,廣東提學副使。

龐泮　諫垣稿　又　薇垣稿　又　歸田稿　字原化,天台人。成化甲辰進士,廣西布政使。

朱繼祖　雙溪存稿　高安人。成化甲辰進士,楚雄知府。

姚文灝　學齋稿　貴溪人。成化甲辰進士,湖廣提學僉事。

劉績　蘆泉集四卷　字用熙,江夏人。弘治庚戌進士,鎮江知府。

李德恢　節庵集二卷　東安人。成化乙未進士,浙江布政使。

吳元應②　雁蕩山樵詩集十五卷　字順德,樂清人。尚書章綸子,復姓吳。成化乙未進士,廣東布政。

王廷　醯雞集六卷　遷安人。弘治癸丑進士,兵科給事中,出爲山東僉事。

李麟　心齋稿六卷　字仁仲,鄞人。弘治癸丑進士,貴州布政使。

李汛　鏡山稿十三卷　字彥夫,祁門人。弘治乙丑進士,思恩知府。

---

① "欽"與空格處,《千頃堂書目》卷二十分別作"矩""一"。

② "吳元應",《千頃堂書目》卷二十作"章玄應",《續修四庫全書》第918册影印民國十年浙江公立圖書館刻本《溫州經籍志》卷二十六"章玄應《雁蕩山樵詩集》"條:"《天一閣書目》四之一'雁蕩山樵詩集十五卷',刊本,明廣東布政東甌吳元應撰,福建僉事孫吳朝鳳輯,閭游居敬校,序稱:'曼亭諱元應,字順德,初襲章姓,至南岡君疏,復吳姓,東甌樂清人'……"。

顧潛　靜觀堂集十四卷　字孔昭,崑山人。弘治丙辰進士,御史,出爲馬湖知府。

唐貴　黄門集二卷　武進人。弘治庚戌進士,户科給事中。

童品　含章子集　字廷式,蘭溪人。弘治丙辰進士,南京兵部員外郎。

鄭汝美　白湖集八卷　閩縣人。弘治癸丑進士。

文林　文温州集十二卷　字宗儒,長洲人。成化壬辰進士,温州知府。

皇甫録　萍溪集二卷　長洲人。弘治丙辰進士。

吕嵤　九栢集六卷　吕原任子,南京太常寺卿。

沈周　石田詩集三卷　又　耕石齋石田詩抄十卷　錢謙益編。

史鑑　西村集八卷　字明古,吴江人。

祝允明　祝氏集略三十卷　又　懷里堂集三十卷　又　祝氏小集七卷　金縷、醉紅、窺簾、暢哉、擲果、拂絃、玉期,共七種。

戴冠　濯纓文集①　又　和會稽懷古詩　字章甫,長洲人。貢士,紹興府學訓導。

唐寅　唐伯虎集二卷　又　重編唐伯虎集四卷

朱存理　野航漫録一卷　又　鶴岑隨筆　又　野航集　字性甫,吴縣人。

繆恭　茆山穢稿　字思敬,浙江太平人。弘治初,上疏請擇宗室賢者封之,以嗣懿文太子,後格不得上而罷。

童琥　梅花詩二卷　又　梅花集句二卷　又　寫懷集　字廷瑞,號草窗,蘭溪人。弘治庚戌進士,工部郎中,按察副使。

張鍾靈　白湖遺稿四卷　字一卿,武昌人。弘治戊午解元。

劉昂　蘭谷詩文抄　又　書香窩裡吟　字孟頼,開封人。貢士,官訓導,學者稱"蘭谷先生"。

朱訥　江陵集二卷　字存仁,寶應人。成化丁酉舉人,江陵知縣。朱應登,其子也。

魏時敏　竹溪集八卷　莆田人。弘治中,以掾史調銓,太宰尹旻聞其能詩,召

---

① "文",《千頃堂書目》卷二十一作"子"。

試之，大加稱賞，俾丞無錫，後改桃源，致仕。

顧磐　海涯集十卷　字子安，一字安甫，南直隸通州人。三歲能識字，八歲能爲文，舉鄉貢，不第卒。

張綬　卓齋集十卷　無錫人。弘治中貢士，東陽訓導。

毛良　心燹稿十卷　字舜臣。世襲南寧伯。

孔弘泰　東莊稿　孔子六十一代孫，字以和。襲封衍聖公。

孔公璜　北窗文稿　字輔文，號"北窗逸叟"，曲阜人。至聖裔，官三氏學錄。

劉嘉緒　遺稿二卷　字協中，劉昌欽謨子。年十六爲諸生，文章與中表楊循吉相頡頏，年二十四卒，都穆序其首。

朱凱　句曲紀游詩一卷　字堯民，長洲人。與存理齊名。

李瑛　名山百咏一卷　字廷玉，別號璞庵，句容人。弘治中隱士，與徐霖、顧璘倡和。

劉教　正思堂遺稿十卷　字因吾，安福人。弘治中舉人。

李河　彭邨集二卷　長安人。弘治中衛輝府教授。

李學曾　鶴村詩選二卷①　字宗魯，茂名人。弘治壬戌進士，吏科都給事中。

陳墀　栢厓集一卷　字德階，閩縣人。弘治乙丑進士，副使。

繆璉　雪崖集一卷　字宗貴，福安人。弘治中隱士。

王朝卿　野堂集一卷　字振之，新建人。弘治丙辰進士，安陸知州。

以上弘治。

王鏊　震澤先生文集三十六卷

楊廷和　石齋集八卷　一作二十二卷。

劉忠　埜亭遺稿十卷

梁儲　鬱洲集九卷

費宏　鐘石先生文集二十四卷　又　自慙漫錄

靳貴　靳文僖公戒庵集二十卷

---

① "村"，《千頃堂書目》卷二十一作"林"。

楊一清　石淙類稿四十五卷　又　石淙詩集二十卷
蔣冕　湘臯集三十三卷
毛紀　鰲峰類稿二十六卷
白鉞　怡情稿　南宮人。成化甲辰廷對一甲第二人,官禮部尚書兼翰林院學士,掌詹事府事,贈太子太保,①謚"文裕"。
李遜學　悔軒集四卷　上蔡人。成化丁未進士,禮部尚書兼翰林院學士,掌詹事府事,贈太子太保,謚"文簡"。
徐穆　南峰稿一卷　字舜和,吉水人。弘治癸丑一甲第二人,官翰林院侍讀學士。②
韓文　忠定集四卷　又　質庵存稿　又　歸田稿
許進　東崖集
黃珣　惕庵稿　又　東山文集　又　素庵詩集　字廷璽,餘姚人。成化辛丑進士,南京吏部尚書,謚"文僖"。
王華　垣南草堂稿③　又　龍山稿　又　讀書雜錄共四十六卷
高銓　平山、遺安二稿　江都人。成化己丑進士,南京戶部尚書,贈太子少保。
張縉　玉堂遺稿　字朝用,陽曲人。成化己丑進士,南京戶部尚書,嘗忤逆瑾,下獄。
雍泰　正誼堂詩集六卷　陝西咸寧人。成化己丑進士,南京戶部尚書。
吳文度　交石集十卷　江寧人。成化壬辰進士,南京戶部尚書。
林瀚　林文安公集二十五卷
呂獻　甲軒文集一卷　又　使交集一卷　字貢夫,新昌人。成化甲辰進士,南京兵部右侍郎。④
屠勳　東湖遺稿十二卷　又　家藏集六卷
李堂　堇山集十五卷　鄞縣人。成化丁未進士,總理河道,工部右侍郎兼僉都御史。

---

① "太保",《千頃堂書目》卷二十作"少保"。
② "侍讀",《千頃堂書目》卷二十一作"侍講"。
③ "垣",原誤作"坦",據《千頃堂書目》卷二十、文淵閣《四庫全書》第525冊《浙江通志》卷二百四十九改。
④ "文集""集",《千頃堂書目》卷二十分別作"稿""稿"。

陳鎬　矩庵漫稿　南京欽天監籍，會稽人。成化丁未進士，巡撫湖廣，右副都御史。

汪舜民　靜軒集十六卷　婺源人。成化戊戌進士，撫治鄖陽，右副都御史。

徐節　蟬噪集①　字時中，壽昌人。成化壬辰進士，巡撫山西，右副都御史。忤劉瑾，削籍，瑾誅復職，致仕。

劉介　東峰咏稿　又　北都集　又　南都集　清澗人。弘治癸丑進士，南京太常寺少卿。

孫需　清簡公集二卷　一名《冰檗稿》。

羅玘　圭峰文集十八卷　又　續集十四卷

儲瓘②　柴墟文集十五卷

孫交　晚節園集　鍾祥人。成化辛丑進士，戶部尚書，贈少保，諡"榮僖"。

石玠　東漵漫稿③　藁城人，石珤兄。成化丁未進士，太子少保，戶部尚書，贈太子少傅。

韓鼎　斗庵集一卷　合水人。成化辛丑進士，戶部右侍郎。

王鴻儒　凝齋集九卷　又　別集二卷

張志淳　南園集　又　永昌二芳記　雲南永昌衛籍，江寧人。成化甲辰進士，南京戶部右侍郎。

傅珪　北潭集二卷　又　文毅公集八卷

王瓚　甌濱集　永嘉人。弘治丙辰一甲第二人，南京禮部右侍郎，贈尚書。

吳儼　吳文肅公摘稿　宜興人。成化丁未進士，南京禮部尚書，贈太子少保。

邵寶　容春堂前集二十卷　又　後集十四卷　又　續集十八卷　又　別集九卷　又　泉齋勿藥集十四卷

章懋　楓山文集九卷　又　遺文一卷

楊廉　月湖文集六十二卷

---

① "集"後，《千頃堂書目》卷二十有"十二卷"三字。
② "瓘"，《千頃堂書目》卷二十作"罐"。
③ "稿"後，《千頃堂書目》卷二十有"一卷"二字。

喬宇　白巖集二十卷

胡汝礪　竹岩集　溧陽人,寧夏中衛籍。成化丁未進士,兵部尚書。

何鑑　五山吟稿　新昌人。成化己丑進士,太子太保,兵部尚書兼督團營。

李貢　舫齋集　字惟正,蕪湖人。成化甲辰進士,兵部右侍郎。

黃瓚　雪洲文集十二卷　又　雪洲續集四卷　儀真人。成化甲辰進士,南京兵部右侍郎。

楊茂元　麟洲存稿　字志仁,鄞縣人。楊守阯子,刑部右侍郎。

林廷選　竹田集二卷　福建長樂人。成化辛丑進士,南京工部尚書。

馬中錫　東田詩集六卷

王鼎　新齋集五卷　又　巡吳錄二卷　福州衛人。成化辛丑進士,都察院右都御史,①掌院事,贈工部尚書。

張綸　敬亭稿　字大經,富峪衛人。成化甲辰進士,右都御史,掌院事,贈太子少保。

陳玉　友石亭集四卷　字德卿,高郵州人。弘治癸丑進士,南京右都御史,②掌院事,贈太子太保。

陳世良　青嶼稿　臨海人。成化丁未進士,南京僉都御史,提督江防。

李浩　南莊稿　又　歸田集　曲沃人。成化甲辰進士,太子少保,禮部尚書,掌通政司事,贈太子太保,諡"莊簡"。

陳珂　東瀛集　又　九溪吟稿　嵊縣人。弘治庚戌進士,大理寺卿。

陳恪　詠史詩　歸安人。成化丁未進士,大理寺卿。凡百三十篇。

任漢　詩六卷　溫江人。成化丁未進士,南京大理寺卿。

周南　知白齋稿③　又　槃錯集　又　和許鄆州詩集④　字文化,縉雲人。成化戊戌進士,提督兩廣,右御史,贈太子少保。

林廷玉　南澗文錄七卷　侯官人,平涼衛籍。成化甲辰進士,總督南京糧儲,

---

① "右",《千頃堂書目》卷二十作"左"。
② "右都御史",《千頃堂書目》卷二十一作"左都御史"。
③ "知"字,《千頃堂書目》卷二十無,《本朝分省人物考》卷五十六"周南"條:"所著有《知白齋稿》……"等故。(《續修四庫全書》第534冊)
④ "詩集",《千頃堂書目》卷二十作"詩"。

都御史。

袁經　犀潭集　寧鄉人。弘治庚戌進士,巡撫遼東,都御史。

馮清　濯庵集二卷　宛平籍,餘姚人。弘治癸丑進士,總督宣大,侍郎。

孫緒　沙溪稿四十卷　故城人。弘治己未進士,太僕寺卿。

文森　中丞集一卷　字宗慶,長洲人。成化丁未進士,巡撫南贛,都御史。

蔡清　虛齋文集五卷　一作十二卷。

魯鐸　文恪公集十卷　又　已有園稿二卷　又　續稿一卷　字振之,景陵人。弘治壬戌進士,國子監祭酒,贈禮部侍郎,謚"文恪"。

王敕　漫游稿　又　雲芝稿　歷城人。成化甲辰進士,南京國子監祭酒。

王雲鳳　虎谷集二十一卷　又　博趣齋稿二十三卷

王萱　青岩集　字時芳,金谿人。弘治壬戌進士,通政司右參議。

姚繼岩　海山集　字元肖,南直隸通州人。弘治乙丑進士,太常寺少卿,徐問嘗稱爲"清苦名臣"。

毛澄　毛文簡公類稿十八卷　又　遺稿二卷

楊潭　紫泉集　直隸新城人。成化丁未進士,户部尚書。

彭澤　幸庵集一卷　又　懷古集一卷

李昆　東岡小稿□卷　字承裕,高密人。弘治庚戌進士,兵部右侍郎。

魏英　報古集　字上華,慈谿人。成化辛丑進士,巡撫貴州,都御史。

王哲　好齋集十卷　吳江人。弘治庚戌進士,巡撫江西,都御史。

白圻　中丞遺稿二卷　字輔之,武進人。成化甲辰進士,總督南京糧儲,副都御史。

林俊　見素文集二十八卷　又　續集十二卷　又　詩集十四卷

李夢陽　弘德集三十三卷　又　空同全集六十六卷

康海　對山集十九卷

王九思　渼陂集十六卷　又　續集三卷

何景明　大復集三十七卷　又　集二十六卷　又　大復遺稿一卷

鄭善夫　鄭文十五卷　又　鄭詩十四卷　又　鄭少谷全集
　　二十五卷
徐禎卿　迪功集六卷　又　迪功五集五卷
朱應登　凌谿集十八卷　又　存笥集一卷
王廷陳　夢澤集十七卷　又　集二十一卷　字稚欽，黃岡人。正德丁
　　丑進士，由庶吉士補吏科給事中，諫南巡，謫知裕州。
段炅　河濱集　蘭州人，段堅子。弘治乙丑進士，翰林院檢討。
康阜　康德瞻集四卷　康海兄，年十九蚤卒，海集其所爲詩賦百十二篇。
康栗　子寬集五卷　康海子。
康河　漳川集一卷　字德清，海從弟。嘉靖癸未進士，贛州知府。
王九峰　白閣山人遺稿　字壽夫，鄠縣人，王九思弟。正德戊辰進士，山西
　　副使。
李兆先　李徵伯存稿十一卷　又　東行稿一卷　李東陽子。
熊卓　熊士選集一卷　豐城人。弘治丙辰進士，官監察御史。
張鳳翔　張伎陵集七卷　字光世，洵陽人。弘治己未進士，户部主事。
景暘　前谿集十四卷　左春坊左中允，管南京國子監司業事。
王韋　南原家藏集八卷　字欽佩，王徽子。弘治乙丑進士，南京太僕寺少卿。
陳沂　拘虛集十二卷　又　續集二卷　又　詩集五卷　又
　　紀游集五卷　字魯南，南京太醫院籍，鄞縣人。正德丁丑進士，山西行太僕
　　寺卿。
都穆　南濠文略　又　南濠詩略　又　南濠文跋六卷
殷雲霄　石川集五卷　又　遺集二卷
田汝耔　水南集十八卷　字勤父，祥符人。弘治乙丑進士，湖廣副使。
楊子器　早朝詩一卷　又　排節宫詞一卷　又　咏史詩一
　　卷　字名父，慈谿人。成化丁未進士，河南左布政使。
韓邦靖　汝慶集二卷　朝邑人，韓邦奇弟。正德戊辰進士，山西右參議。
張賢　二渠巴語一卷　又　宦渠倡和一卷　又　名賢珠玉　字
　　堯臣，祥符人。成化甲辰進士，太原知府。

張琦　白齋集九卷　字君玉,鄞縣人。弘治己未進士,興化知府。
盧雍　古園集十二卷　字師邵,長洲人。正德辛未進士,四川提學副使。
顏木　爐餘稿四卷　字惟喬,隨州人。正德丁丑進士,亳州知州。
江暉　亶爰子集四卷　錢塘人。正德丁丑進士,以庶吉士諫南巡,被杖,歷官河南按察僉事。
趙鶴　具區集　字叔鳴,江都人。弘治丙辰進士,山東提學副使。
鄭瑗　蛣笑集八卷　莆田人。成化辛丑進士,官禮部郎中。
吳昂　南皋集
齊之鸞　入夏錄三卷　又　蓉川全集　字瑞卿,桐城人。正德辛未進士,河南提學副使。
方豪　棠陵集三卷　開化人。正德戊辰進士,湖南副使,諫南巡被杖。
祝鑾　篁谿文集　字鳴和,當塗人。正德戊辰進士,諫南巡被杖,後官四川參政。
陳霆　水南集十七卷　又　續集□卷　德清人。弘治壬戌進士,刑科給事中。忤劉瑾,謫判六安州,後官山西僉事。
田登　偶山集四卷　字有年,長安人。弘治乙丑進士,官刑部郎中,諫南巡被杖,後官湖廣參政。①
羅柔　弦齋集□卷　無錫人。弘治庚戌進士,建寧知府,有廉聲。
許天錫　黃門集三卷　又　交南詩一卷　閩縣人。弘治癸丑進士,工科都給事中。
毛憲　古庵集十卷　武進人。正德辛未進士,禮部右給事中。
倫文叙　迂岡集十卷　又　白沙集十二卷
熊相　台峰集六卷　字尚弼,高安人。正德戊戌進士,監察御史。
王鑾　西冶遺稿　南京錦衣衛籍,吳江人。正德辛未進士,吏部驗封司郎中,諫南巡被杖。
戚雄　雪厓文集　字世英,金華人。正德辛未進士,南道御史。嘉靖初,坐劾李福達、郭勛,免職。

---

①　"中""被杖"原脱,據《千頃堂書目》卷二十一補。

陸淞　東濱先生遺稿一卷① 　字文東,平湖人。弘治己酉解元,庚戌進士,南京光祿寺卿,嘗忤逆瑾,下詔獄。

陳九川　明水先生文集　字惟濬,臨川人。正德甲戌進士,爲太常博士,諫南巡被杖,後官主客郎中。

黃鞏　後峰集□卷

陳茂烈　孝廉集五卷

王守仁　陽明文錄二十卷　又　文錄別集八卷　又　續錄八卷　又　陽明全書三十八卷　又　居夷集三卷

龍光　齊□□遺稿四卷　字冲虛,吉水人。布衣,佐守仁平宸濠及廣西盧蘇二寇,有功。

陸完　水村集二十卷

唐錦　龍江集十四卷　上海人。弘治丙辰進士,江西提學副使。

朱諫　蕩南詩集一卷②　字君佐,樂清人。弘治丙辰進士,吉安知府。

史後　知山稿　又　慕陶集　又　歸得園集　又　處園稿　字巽仲,溧陽人。弘治丙辰進士,光祿寺少卿。

韓智　澹庵稿　滋陽人。弘治庚戌進士,工科都給事中。

陳仁　三渠稿　字子居,莆田人。成化丁未進士,浙江右布政使。

史學　埭谿集二十卷　溧陽人。成化丁未進士,山東左參政。

邢珣　采芹餘興　又　章貢雜稿　又　江藩隨筆　又　歸田野語　字子用,當塗人。弘治癸丑進士,江西左布政使。

任儀　錦屏集十卷　閬中人。成化丁未進士,山西右參政,忤逆瑾,謫西安府同知。

徐珤　石林稿　字信之,江寧人。弘治庚戌進士,浙江布政司參議。

符觀　活溪存稿六卷　新喻人。弘治庚戌進士,浙江布政司參議。

許莊　康衢集一百卷　又　梅花百咏一卷　字德徵,灤州人。弘治癸丑進士,陝西右參政,嘗預修《孝宗實錄》。

---

① "先生遺",《千頃堂書目》卷二十一作"逸"。

② "詩",《千頃堂書目》卷二十一無。

李熙　尚友集　又　明農集① 　字師文，上元人。弘治丙辰進士，浙江副使②。

馬騤　梅軒集六卷　又　手簡一卷　字世用，夏縣人。弘治丙辰進士，鄖陽知府。

華昶　雙梧集　字文光，會稽人。弘治丙辰進士，福建布政使。

徐聯　畏齋稿　字成章，長淮衛人。弘治丙辰進士，陝西按察司副使。

潘鏜　團山集十卷　字宗卿，六安州人。弘治丙辰進士，廣東按察僉事。

汪循　仁峰文集二十五卷　字進之，休寧人。弘治丙辰進士，順天府通判。

錢仁夫　水部詩曆十二卷　又　歸閒文集十八卷　常熟人。弘治己未進士，歷官工部員外郎，學者稱"東湖先生"。

徐璉　玉峰集十五卷　又　五言詩五卷　武邑人。弘治己未進士，知府加布政使。

左經　武昌集　字載道，耀州人。弘治己未進士，湖廣僉事。

程銈　十峰集十卷　字仲申，金華人。弘治己未進士，四川副使，一字瑞卿。

熊桂　石厓稿　字世芳，新建人。弘治己未進士，山東參政。

閻睿　晉郊集　字汝思，祁縣人。弘治己未進士，浙江副使。

張嘉謨　雲岩集　又　西行稿　字舜卿，寧夏衛人。弘治壬戌進士，山東僉事。

蔡潮　文集十卷　臨海人。弘治乙丑進士，河南布政使。

徐文溥　燕程集　又　留都拾遺　又　諫議稿　又　南巡稿　又　東巡錄　又　梧山集　開化人，字可大。正德辛未進士，廣東左參議。

黃琮　求志稿　又　行義稿　又　楚征日錄　又　青田稿　又　謫游稿　又　郟城稿　又　嶺南日課　又　嶺南續課　又　東歸稿　又　乞養堂稿　字元質，上元人。弘治乙丑進士，崇府左長史，預修《孝宗實錄》。

---

① "集"，《千頃堂書目》卷二十一作"稿"。

② "浙江"後，《千頃堂書目》卷二十一有"按察司"三字。

南大吉　瑞泉集一卷　字元善,渭南人。正德辛未進士,紹興知府。
顧彥夫　瀛海集十三卷　字承美,無錫人。正德庚午舉人,河間府通判。
王疇　石洲文集　崇陽人。正德戊辰進士,四川副使。①
湯𤲬　石池集二十卷　潼川州人。正德辛巳進士,溧陽知縣,居憂廬墓,遂不仕。
張文宿　白厓詩集五卷　字拱辰,仁和人。正德癸酉舉人,晉江知縣,有詩名。
頓銳　鷗汀集二卷②　涿州人。正德辛未進士,□府長史。
唐珤　永州集三卷　武進人。正德庚午舉人,永州知府。
周秀　甕山集　字公全,歷城人。貢士,上元知縣,擢懷慶府同知。
沐崑　玉岡詩集六卷　字元中。黔寧王五世孫,鎮守雲南總兵,官征南將軍,黔國公,謚"莊襄"。
楊宏　容堂雜稿　又　自考錄　字希仁,海州人。世襲指揮,歷官中軍都督府都督,同知督理漕運。
陳鐸　秋碧軒集五卷　字大聲,上元人,雎寧伯陳文曾孫。世襲濟川衛指揮,工聲律,人稱"樂王"。
黃省曾　五岳山人集三十八卷
黃雲　丹崖集十卷　字應龍,崑山人。正德中歲貢,高安教諭。
桂華　古山先生文集二十卷　安仁人,桂萼兄。正德癸酉舉人。
孫一元　太白山人漫稿五卷
汪湜　檗庵集二卷　祁門人,字介夫。
徐霖　麗藻堂文集　又　徐子仁詩集四卷
謝承舉　謝子象詩集十五卷　一名璿。上元人。
王寵　雅宜山人集十卷　字履仁,更字履吉,吳縣人。貢士。
薛章憲　鴻泥堂集八卷　又　續集十卷　字堯卿,江陰人,號"浮休先生",薛甲父。

---

① "四川"後,《千頃堂書目》卷二十二有"按察司"三字。
② "鷗汀"後,《千頃堂書目》卷二十二有"漁嘯"二字。

張鈇　碧溪詩集六卷　字子威,慈谿人。正德中布衣。　又　咏史百絕
錢文　鴻山詩七卷　字希翁。正德中無錫諸生。
徐縉　在笥集十卷　字紹卿,吳縣人,徐縉弟。弘正中隱士,與黃省曾等倡和。
徐文彪　貞晦集四卷　字望之,上虞人。正德初貢士,以吏部試。文刺劉瑾,下獄,謫戍鎮番,瑾誅得釋。
和春　南游集一卷
和夏　己卯集二卷　山西陵川人,家於開封。
傅汝舟　行己外篇六卷　又　唫囈棄存六卷　又　粵吟稿一卷　又　丁戊山人集十二卷　又　拘虛集五卷　侯官人。與同邑高瀔齊名,皆鄭善夫友。
傅汝楫　臥芝集四卷　字木剡,汝舟弟。
高鑑　時庵文稿二卷　字孔明,侯官人,高瀔父。歲貢,官清遠教諭。
高瀔　石門集一卷　字宗呂,侯官人,自號"霞居子",又稱"鬐仙子"。善畫,工詩,與鄭善夫、傅汝舟齊名。
張璨　駯齋集二十卷　字韞之,嵊縣人。從羅頎學,天性孝友,父跛不能行,身自負之,弟病養之終身,人稱為"古壹行"。
許陞　嘉會齋稿二卷　上元人。
蕭雍　酌齋遺稿四卷　字宜用,萬安人。正德中貢士。
王希旦　石溪集八卷　字文周,①侯官人。正德癸酉舉人,禮部郎中。
張倬　毅齋集二十卷　又　筆錄十卷　山陰人。正德間舉人,閩縣知縣。
李循義　珠玉遺稿二卷　字時行,鄞縣人。正德中舉人。
王瀛　西湖治興二卷　字元溟,會稽人。正德中布衣。
陳良貴　南坡集四卷　字文介,福建長樂人。正德歲貢,陽朔教諭。
陳文沛　古槐集二卷②　字惟德,福建長樂人。正德丁丑進士,行太僕卿。

---

① "文周",《千頃堂書目》卷二十二作"維周"。
② "古槐集",《千頃堂書目》卷二十二作"世槐堂稿"。

郝鳳升　九龍集四卷[1]　　字瑞竹，汀州衛人。正德辛未進士，大理寺副。
嚴時泰　牢盆集一卷　　餘姚人。正德中舉人，福建運同。
游璉　效顰南行集二卷　　字世重，連江人。正德辛未進士，江西參政。
王磐　西樓集　　字鴻漸，高郵人。
張綎　南湖集四卷　　字世文，王磐婿。正德癸酉舉人，光州知州。
羅燾　淵泉集二卷　　字元溥，上元人。歲貢，官光澤縣主簿。
以上正德。

金皋　谷庵遺稿一卷　　綿州人。正德辛未進士，春坊左贊善。

---

[1] "九龍"後，《千頃堂書目》卷二十二有"山房"二字。